変化する雇用社会における人事権

～配転、出向、降格、懲戒処分等の現代的再考～

労働開発研究会

発刊によせて

　このたび、第一東京弁護士会労働法制委員会においては、同委員会発行の著作として第6冊目となる「変化する雇用社会における人事権～配転、出向、降格、懲戒処分等の現代的再考～」の発刊に至ったことは、同委員会の精力的活動の成果であると喜びにたえません。

　当会の労働法制委員会は、その活動の一環として、労働関係法令等の研究調査活動を活発に行ってきており、各部会における年間の調査研究活動の中から、毎年重要なテーマや今日的な課題を選んで夏季合宿において集中的な研究と討論を行い、その成果を折り込んで著作として発表する活動を継続的に行ってきております。

　今回は、かねてから我が国の企業社会において日本的雇用慣行の特殊性とされている「企業の人事権」については、最近の企業社会の変化から新しい問題や人事権の権利濫用をめぐる考え方、多様な雇用形態における適用関係の新展開といった多面的な把握と検討が必要となってきている処、そこで、同委員会が精力的に調査研究活動を行い、その成果物として本書にまとめられたことは弁護士会活動としてまことにタイムリーな発刊であると思います。

　企業社会における人事権の行使は、労働者や家族の生活と密接な関係をもつとともに、労働者の職業人生にも大きな影響を与えるものであるため、その適正な行使が何よりも重要であることに鑑み、本書が企業社会において有効活用され関係の方々に役立つことを願うものであります。

　　平成29年2月

　　　　　　　　　　　　　　　　　　第一東京弁護士会
　　　　　　　　　　　　　　　　　　　会　長　小　田　修　司

目次

序章

▶巻頭言　人事権と人生　　　　　　　　　　　　　　　　　　　1
　　　　　　　　　　　　　　　　　　　　　　　　安西　愈
▶労働組合関連の人事権行使　　　　　　　　　　　　　　　　12
　　　　　　　　　　　　　　　　　　　　　　　　山口浩一郎
▶変更解約告知と正社員・限定正社員・有期契約労働者　　　　18
　　　　　　　　　　　　　　　　　　　　　　　　小林譲二
▶「転勤」を考える─裁判官の論理と心理─　　　　　　　　　26
　　　　　　　　　　　　　　　　　　　　　　　　相良朋紀
▶管理職と降格　辛い中間管理職を考える　　　　　　　　　　29
　　　　　　　　　　　　　　　　　　　　　　　　奥川貴弥

第1章　企業内人事異動（配転・転勤）　　　　　　　　　34

Q1.　配転とはどのようなものをいうのでしょうか。また，会社はどのような根拠に基づいて従業員に配転を命じることができるのでしょうか。　　　　34
Q2.　就業規則に配転の根拠規定があれば，会社は従業員を自由に配転することができるのでしょうか。　　　　36
Q3.　職種限定合意とはどのようなものですか。明示の合意をしていなければ職種限定合意は成立しないと考えていいですか。　　　　38
Q4.　裁判例では，黙示の職種限定合意の有無を判断する際，どのような要素を考慮していますか。　　　　40
Q5.　裁判例を踏まえると，職種限定合意があると評価されないためにはどのような点に注意するべきでしょうか。　　　　45
Q6.　勤務地限定がある場合の異動に関する注意点とは　　　　47
Q7.　裁判例では，勤務地限定に関する黙示の合意の有無はどのように判断されていますか。どのような事情が重視されているのでしょうか。　　　　49
Q8.　従業員に対して業務内容または勤務地の変更を命じる際には，どの程度の業務上の必要性が要求されるのでしょうか。　　　　53
Q9.　判例では，配置転換命令について，具体的にどのような場合に業務上の必要性が認められていますか。　　　　55
Q10.　業務上の必要性が認められ，かつ従業員本人にとって特段の不利益とならない場合であっても配置転換が違法とされることはあるのでしょうか。　　　　59

i

Q11	転勤命令が無効となってしまう不利益とは（総論）	60
Q12.	転勤命令が無効となってしまう不利益とは（各論）	63
Q13.	転勤によって生じる不利益を考えるにあたって，どこまで個別の事情を把握・考慮しなければいけないのでしょうか。	70
Q14.	裁判例では，配置転換命令について，どのような場合に不当な動機・目的が認定されていますか。	74
Q15.	近時「キャリア権」というものが提唱されていると聞きました。「キャリア権」とはどのような権利のことをいうのでしょうか。「キャリア権」が認められると，企業が労働者の個別同意なしに配転することができなくなってしまうのですか。	78
Q16.	ある特定の職種に就労させるために一定の職業キャリアを有する者を中途採用した場合，明示の合意をしていない場合であっても黙示の職種限定合意が認められ，労働者の同意を得ないと配転を命じることはできないのでしょうか。	80
Q17.	ある特定の職種に就労させるために一定の職業キャリアを有するものを中途採用しましたが，欠員補充のために職種の異なる部署に配転したいと考えています。このような配転を行う場合，どのような点に注意しておくべきですか。	83
Q18.	ある部門の従業員を，他の部署に配置転換し，配置転換による職務内容の変更に伴い，賃金を減額したいと考えています。就業規則に配置転換に伴う賃金の減額を予定した規定はありませんが，労働者の同意を得なくても行えますか。	87
Q19.	職務等級制を採用し，就業規則に配転に伴う賃金の減額を予定した条項がある場合，この規定を根拠に，配転に伴い賃金の減額を行うことができますか。	90
Q20.	配転命令と同時に降格を行い，降格によって賃金を減額することはできますか。	92

第2章　出向　　94

Q1.	出向とはどのような法的性質を有するのでしょうか。また，転籍，労働者派遣，労働力供給とどのような点で異なるのでしょうか。	94
Q2.	どのような場合に出向命令権が認められるのでしょうか。また，どのような場合に出向命令権が濫用となるのでしょうか。	98
Q3.	出向命令権が認められるためには，労働者の個別同意が必要でしょうか。それとも包括的同意で足りるのでしょうか。	99
Q4.	就業規則変更による出向規定の創設はどのような場合に有効になるでしょうか。	101
Q5.	労働協約に基づいて非組合員に出向を命じることはできるのでしょうか。	103
Q6.	労使慣行に基づいて出向を命じることはできるのでしょうか。	105
Q7.	出向元と出向先の関係が密接な事例においては，就業規則の包括的な規定により出向命令権が認められるのでしょうか。	107
Q8.	復帰を予定しない出向命令は認められるのでしょうか。	108
Q9.	中高年齢者に復帰を予定しない出向を命じることはできるのでしょうか。	110
Q10.	どのような場合に出向命令が権利濫用になるのでしょうか。	111
Q11.	出向命令の業務上の必要性についての判断基準はどのようなものでしょうか。	113
Q12.	雇用調整のための出向が出向命令権の濫用に当たるか否かはどのような観点から判断されるのでしょうか。	114
Q13.	業務の外注化に伴う出向が出向命令権の濫用に当たるか否かはどのような観点から判断されるのでしょうか。	115
Q14.	復帰が予定されない場合，出向命令は権利濫用になるでしょうか。また，出向規程に出向期間の延長に関する定めがある場合，出向期間の延長は出向命令権の濫用に当たるでしょうか。	116
Q15.	問題社員，ローパフォーマー等に対する出向命令には業務上の必要性が認められるのでしょうか。	118
Q16.	雇用の維持，確保のための出向には業務上の必要性が認められるのでしょうか。	120

- Q17. 労働者に不利益を与える出向が出向命令権の濫用に当たるか否かはどのような観点から判断されるのでしょうか。 121
- Q18. 労働条件に関する著しい不利益性のうち，出向期間についてはどのように検討すべきでしょうか。 123
- Q19. 業務内容の不利益性についてはどのように検討すべきでしょうか。 124
- Q20. 就業場所の不利益性についてはどのように検討すべきでしょうか。 126
- Q21. 労働時間の不利益性についてはどのように検討すべきでしょうか。 127
- Q22. 賃金の不利益性についてはどのように検討すべきでしょうか。 128
- Q23. 通勤時間の不利益性についてはどのように検討すべきでしょうか。 129
- Q24. 「生活関係」ないし「生活環境」に関する不利益についてはどのように検討すべきでしょうか。 130
- Q25. 出向命令に退職に追い込むためなどの動機・目的が認められると，出向命令の有効性にどのような影響を及ぼすでしょうか。 132
- Q26. 労働者の「キャリア」についてはどの程度考慮すればよいでしょうか。 134
- Q27. 手続きの相当性についてはどう検討すればよいでしょうか。 136
- Q28. 採用後ただちに子会社への出向を業務命令として一方的に命じられるでしょうか。 138
- Q29. 親会社に出向させることを目的に子会社が従業員を採用することに問題はあるでしょうか。 139
- Q30. 出向命令拒否者に対する懲戒処分の程度はどのようなものになるのでしょうか。 140
- Q31. 出向期間を定め，これが満了した場合，当然に出向元へ復帰するのでしょうか。 142
- Q32. 出向元が復帰命令を出すにあたり，出向者の同意は必要でしょうか。 143
- Q33. 出向元は出向期間を一方的に延長することはできるのでしょうか。 145
- Q34. 出向先が出向社員に対し，業務命令として他社への再出向を命じられるのでしょうか。 146
- Q35. 出向では，出向労働者は，出向元及び出向先の双方とそれぞれ労働契約関係があるとのことですが，労働基準法の適用関係はどのようになるのでしょうか。 148
- Q36. 出向元と出向先の就業規則の規定が異なっている場合に，どちらの規定が適用されますか。 151
- Q37. 年次有給休暇の発生日数を決定するための「継続勤務」を考えるにあたっては，出向元の勤続年数も通算するのでしょうか。 154
- Q38. 出向者が退職するとき，退職届の提出先は出向先でもよいのでしょうか。 156
- Q39. 出向元は出向者を解雇できるのでしょうか。 157
- Q40. 出向先は労働者を解雇できるのでしょうか。 158
- Q41. 出向者を解雇するとき，就業規則の解雇規定は出向元の規定によるのか，出向先の規定によるでしょうか。 159
- Q42. 出向元において整理解雇の必要を生じた場合，出向者の取り扱いはどうなるのでしょうか。 160
- Q43. 出向者の退職金の取り扱いについてはどうすべきですか。 161
- Q44. 出向先は出向者を懲戒できるでしょうか。 163
- Q45. 出向先は出向者の企業外非行についても懲戒できるでしょうか。 164
- Q46. 出向元は出向者を懲戒できるでしょうか。 165
- Q47. 出向元は出向労働者に対して安全配慮義務を負うのでしょうか。 166
- Q48. 役員としての出向を命じることはできるのでしょうか。 169
- Q49. 役員としての出向中の行為に関し，出向元は同社の就業規則に基づいて懲戒できるのでしょうか。 170
- Q50. 企業グループ間の出向において，出向者が出向元と出向先の両方の業務に従事する形態の出向（兼務出向）は認められるのでしょうか。また，その場合の就業規則の適用関係はどうなるのでしょうか。 171

Q51.	子会社などに出向する場合，従業員の特定個人情報（マイナンバーを含む個人情報）を出向先に提供することに問題はありますか。	173
Q52.	出向者については，出向先と出向元のどちらに雇用保険の適用関係が生じるのでしょうか。	174
Q53.	出向者については，出向先と出向元のどちらに労災保険の適用関係が生じるのでしょうか。	177
Q54.	出向者については，出向先と出向元のどちらに社会保険（健康保険，厚生年金保険）の適用関係が生じるのでしょうか。	180
Q55.	出向者に関して，出向先は団体交渉応諾義務を負うのでしょうか。	183
Q56.	出向者に対する労働協約の適用関係はどうなるのでしょうか。	185
Q57.	出向元が吸収合併された場合は出向者の地位はどうなりますか。また出向先が吸収合併された場合は出向者の地位はどうなりますか。	190
Q58.	出向元が事業譲渡する場合，出向元で譲渡される事業の部署に所属されている出向者は，当然に事業譲渡先に労働契約が承継されますか。また，事業譲渡先が承継を拒否することはできますか。	192
Q59.	Q58で述べたとおり，事業譲渡先は，承継を拒否することが出来ますが，事業譲渡先が労働者の契約を承継しない場合，他社へ出向していた出向者の地位はどうなりますか。	195
Q60.	出向先が事業譲渡した場合,当該事業に従事していた出向者の地位はどうなりますか。	197
Q61.	出向先が破産した場合は出向者の地位はどうなりますか。	200

第3章　転籍　　　　　　　　　　　　　　　　　　　　　　　　　203

Q1.	転籍とは何ですか。出向とは何が違うのでしょうか。	203
Q2.	転籍が労働者派遣法や職安法上問題になることはありますか。	207
Q3.	従業員を転籍させるには従業員の個別の同意が必要でしょうか。	210
Q4.	転籍後の法律関係はどのようになりますか。	214

第4章　労働契約承継法　　　　　　　　　　　　　　　　　　　　216

Q1.	労働契約承継法は，会社分割制度が導入されるに当たって労働者保護のために制定された法律ですが，具体的にはどのような内容を定めているのでしょうか。	216
Q2.	会社分割に伴う労働契約の承継と類似制度（事業譲渡に伴う労働契約の承継，転籍）ではどのような点が異なっているのでしょうか。	220
Q3.	労働契約承継のための手続き（7条措置）	221
Q4.	7条措置として具体的にはどの程度の協議を実施すればいいのでしょうか。	223
Q5.	労働契約承継のための手続き（5条協議）	225
Q6.	分割会社はこの個別協議をしていれば労働組合との団体交渉に応じなくてもいいのでしょうか。	227
Q7.	どの程度の協議を実施すれば適法と言えるのでしょうか。	228
Q8.	分割会社は，承継によって勤務地が遠隔地となるような労働者がいる場合等に，5条協議において，対象となる労働者の家庭事情などを勘案する必要はありますか	230
Q9.	会社分割により労働契約を承継させるために分割会社が行わなければならない手続きには何がありますか。	232
Q10.	承継法4条および5条に定められた異議の制度はどのような制度ですか。労働者が同条の異議の申出をすることができる場合はどのような場合ですか。	235

Q11.	労働組合への通知（承継法2条2項）の制度はどのような内容ですか。	238
Q12.	会社分割で承継会社等に承継させることのできる労働者の範囲について説明して下さい。	239
Q13.	分割会社と労働者との間で主従事労働者かどうかについて争いのある場合の取扱はどうなりますか。	243
Q14.	主従事労働者は，分割計画書中に名前の記載があれば，本人の意思に関係なく，雇用は承継会社に承継されるのが原則ですが，労働契約の承継を拒否できる場合がありますか。	244
Q15.	労働契約承継後の労働条件はどのような内容になりますか。	246
Q16.	会社と勤務地限定の労働契約を締結している労働者が承継会社に承継された場合，承継会社でも勤務地限定の特約は維持されますか。	247
Q17.	会社分割に伴って労働条件を不利益変更することはできますか。また会社分割前後に分割会社あるいは承継会社等において，労働条件の不利益変更をすることはできますか。	248
Q18.	解約型の転籍合意をすることで労働条件を変更することはできますか。	250
Q19.	分割後に労働条件を変更する場合に，分割会社は労働者に対して条件を説明する必要がありますか。	252
Q20.	労働契約の承継により労働協約はどのように取り扱われるのでしょうか。	253

第5章 降格　　　　　　　　　　　　　　　　　　　　　　　　**257**

Q1.	降格とはどのような措置を意味しますか。	257
Q2.	会社は，いかなる根拠に基づいて労働者を降格させるのでしょうか。	262
Q3.	会社が労働者を降格させる場合，降格について就業規則に定めを置くことが必要でしょうか。	264
Q4.	降格は，どのような手続で行われるのでしょうか。	266
Q5.	人事権に基づく人事異動の措置としての降格と懲戒処分としての降格はどのような関係にありますか。また，会社は，労働者に対して当該労働者が懲戒処分を受けたことを理由に人事異動の措置として降格させることはできますか。	268
Q6.	会社が労働者を降格させる場合，降格に伴って賃金を減額することはできますか。	270
Q7.	会社が労働者に対して行った人事異動の措置としての降格が無効となるのはどのような場合でしょうか。	273
Q8.	降格の有効性が争点となった裁判例にはどのようなものがありますか。また，裁判では降格の有効性の判断にどのような事情が考慮されますか。	277
Q9.	降格が無効である場合，会社はどのような責任を負いますか。また，その場合の労働者は会社との関係でどのような地位になりますか。	283
Q10.	会社は妊娠中の女性労働者の請求に応じて軽易な業務に転換させた場合，それに伴って女性労働者の職位や役職を引き下げることはできますか。また，会社は育児休業から復職した女性労働者を育児休業前の職位に戻さなければいけませんか。	287
◇	女性労働者に対する「配慮」のための配転とマタハラ	292

第6章 限定正社員　　　　　　　　　　　　　　　　　　　　　**300**

Q1.	限定正社員とは何ですか。	300
Q2.	限定正社員制度を導入するメリットは何ですか。	303
Q3.	限定正社員制度はどのような場面で活用すると有効に活用することができるでしょうか。	305
Q4.	限定正社員と正社員で待遇差を設ける場合はどのようなことに注意をすればいいですか（均衡処遇の問題）。	308

Q5.	限定正社員の就業規則にはどのような事項を記載するとよいでしょうか。	314
Q6.	限定正社員の就業規則の具体的な規定例を教えて下さい。	317
Q7.	限定正社員に関する転換制度を設計するにあたり，どのような点に留意すればよいでしょうか。	321
Q8.	限定正社員に関する転換制度の具体的な規定例を教えて下さい。	324
Q9.	限定正社員の具体的な活用事例について教えて下さい。	326
Q10.	限定正社員を解雇する場合，正社員と異なる点はありますか。	330
Q11.	限定正社員の私傷病休職について，正社員と異なる点はありますか。	334

第7章 懲戒　　　337

Q1.	出向命令や配転命令を拒否した従業員に対して，懲戒処分の根拠規定がなく，懲戒処分を科すことはできるでしょうか。	337
Q2.	作成義務が課せられていない労働者が10人未満の企業において，出向命令や配転命令を拒否した従業員に対して，懲戒処分の根拠規定がなく，懲戒処分を科すことはできるでしょうか。	339
Q3.	懲戒処分に関する規定の内容は，どのようなものにすればよいですか。	340
Q4.	出向命令や配転命令を拒否した従業員に対して，業務命令違反という懲戒事由に該当すれば，ただちに懲戒処分は有効になるのでしょうか。	343
Q5.	以前に出向や配転を拒んだことを理由に，当該従業員を懲戒解雇しようと思いますが，長期間が経過していても問題ないでしょうか。	346
Q6.	懲戒処分を科した後に，別の非違行為が発覚した場合に，これを懲戒事由として追加しても問題ないでしょうか。	348
Q7.	出向命令や配転命令を拒否した従業員に対して懲戒処分を科す際の手続きとして，注意すべき点はありますか。	349
Q8.	正当な理由がないにもかかわらず，出向命令や配転命令を拒否し続ける従業員に対して，懲戒解雇処分を科しましたが，退職金を不支給としてもよいでしょうか。	351
Q9.	配転（配置転換・転勤）命令を拒否する社員を懲戒解雇することはできますか。	353
Q10.	出向命令を拒否する社員を懲戒解雇することはできますか。	360
Q11.	転籍を拒否する社員に対して懲戒処分を課すことはできますか。	364
Q12.	出向先での指示命令に従わない社員に対して，どのように対応すればよいでしょうか。	365

第8章 海外人事　　　369

Q1.	当社は，海外子会社に日本で採用した社員を赴任させる予定ですが，どのような準備が必要ですか。出張の場合はどうでしょうか。	369
Q2.	当社社員に海外子会社への出向を命じたところ，家庭の事情を理由に難色を示していますが，どのように対応すればよいですか。また，出向先が危険地域であることを理由とする場合はどうでしょうか。	373
Q3.	当社は最近海外に子会社を設立し，社員を数名出向させることになったため，海外赴任規程を作成することを考えていますが，どのような点に留意して作成すべきでしょうか。	377
Q4.	海外勤務者の労働時間管理について，どのような点に留意したらよいでしょうか。	382

Q5. 当社は，社員をタイの現地子会社に出向させる予定ですが，日本での時間外勤務に対する法定割増率が1.25倍であるのに対し，タイでは1.5倍です。当社は，いずれの基準で割増賃金を支払うべきでしょうか。　　　　　　　　　　　　　385
Q6. 海外勤務を行っている社員がメンタルヘルスの不調を訴えていますが，当社としてはどのような対応が必要でしょうか。　　　　　　　　　　　　　　　　　390
Q7. 当社は，インドネシア所在の子会社A社に出向中の社員を帰任させる予定です。当社で年次有給休暇を付与する際に，A社での勤務年数を通算すべきですか。A社での残存休暇はどうすべきですか。　　　　　　　　　　　　　　　　　　　　393
Q8. 外国人社員を採用するにあたって，どのような点に留意したらよいでしょうか。　　396
Q9. 当社は，外国人従業員を採用時の職場から別の部門に配転させることになりましたが，何か問題はあるでしょうか。また，当該従業員を母国の当社子会社に出向させることについて，どのような問題があるでしょうか。　　　　　　　　　403
Q10. 当社は，工場において多数の外国人労働者に作業に従事させていますが，安全教育を行うにあたって，母国語での説明を行う必要があるでしょうか。　　　406

終章

▶人事権の展開と企業の実務　　　　　　　　　　　　　　　　　　　　409

木下潮音

巻頭言　人事権と人生

第一東京弁護士会労働法制委員会
委員長　安西　愈

1　人事権とは

　人事とは，企業における採用，配置，勤務変更，配転，出向，転籍，昇進（降級），昇格（降格），休職，復職，退職，解雇，定年，再雇用，教育，人事考課，懲戒，表彰等の従業員の採用から退職までの全雇用ステージにおけるこれら企業内における地位の得喪，変更およびこれに関連する人事上の措置や，取扱いをいい，人事権とは使用者が労働者に対しこれらの人事上の措置を業務上の命令として発する権限をいう。
　すなわち，従業員としての企業内における地位の得喪，変更およびこれに関連する取扱いを使用者として指示命令して実施し，労働力と企業組織を結びつけ企業活動を展開する権限である。
　そして，これら人事権を有効に行使して企業組織として提供される労働力を効率的に活用し，企業目的を達するためには，各労働者を全体として統一的，組織的に管理し，企業として労働力の活用とその有効な発揮を図り，業務の遂行を行っていく必要がある。そのためにはこれらの労働者の労働力の基礎である学歴，職歴（経験），能力，技術，資格，職務適性等を把握管理し，職業教育による能力開発を図り，適切な配置・変更等，職務適性の運営を図っていく必要があり，それを「人事管理」という。
　人事管理とは，上記のような従業員の配置，変更やそれに伴う企業内地位の得喪，変更等の管理運用のほか，従業員の毎日の出・退勤，時間外・休日労働等の管理，休暇や育児・介護休業等の労働条件の取扱いや賃金体系上の格付け，その他の処遇を含む労働者の採用から退職までの

巻頭言　人事権と人生

全企業生活上の人的な管理を含むものである。これらの管理は労働力の提供者である「人の管理」として行われるものであるところから、各種の配慮措置や信義則に基づく対応が必要である。またナマ身の人間としての管理が根底にあることから、これらの労働条件を含む健康や生活上の配慮が必要とされ、人事管理とこのような労働条件管理を合わせて「人事労務管理」といわれている。

企業は、いわゆるヒト、モノ、カネで成り立っており、この3つの要素を有機的に関連づけ統合して運営されている。「人事権」とは、いわばヒトとモノ（企業組織）を、どのように有機的に関連づけ、組み合わせて活用していくかということに本質がある。すなわち、「使用者は、事業の効率的遂行のために労働の組織を編成し、そのなかに労働者を位置づけてその役割を定め、さらに労働者の能力・意欲・能率を高めて組織を活性化するための諸種の施策を行う。これが、いわゆる人事権の中心的内容である。また、組織的労働の円滑な遂行のためには、組織体としての規律・秩序を設定し、それを維持する権限も必須となる。これが、企業秩序定立権と称されるものである」[1]といわれているところである。

裁判例上も「一般に、企業にあっては、企業施設と労働力が有機的に統一して構成されていて、労働者は、企業の効率的運営に寄与するため、労働力の提供を約諾しているのが通例であるから、使用者は、この企業を運営するため、労働力を按配して使用する権能を有する」[2]としているところである。

したがって、企業は労働者を採用し、必要な教育をし、適材適所に配置し、昇進させ、企業内の所定の地位につけ、その能力の最大限の発揮活用を図ることを目的とする。そのためには、必要な従業員を企業内の所定の地位につけ、賞罰や、休職・復職等の必要な人事上の措置を講ずる権限がなければ、企業の効率的な運営を図り、存続させ、発展させることはできず、企業社会は維持できない。

しかし、一方において労働者はナマ身の人間であるからその健康の保持や市民社会の生活者として立場の確保、その他文化的な生活といった人間としての配慮や福利厚生上の便宜供与といった関係にもたってい

1　菅野和夫「労働法（第11版）」150頁
2　日紡東京工場事件・東京地決昭31・7・2労民集7巻4号621頁

る。

 そして、これらの人事権は、企業の存立、維持の基本をなすものであるから、企業の自由裁量に委ねられているものである。しかし、一方においてそれはナマ身の労働者を対象とするものであるため、企業内における人事権の円滑な行使のためのルールと労働者の生活確保のための労働条件保障の機能を制度的に担保する必要がある。その両方を目的として、「就業規則」の制度が定められ「常時10人以上の労働者を使用する使用者」は、これを作成し、所轄労働基準監督署長に届出るべきことが、労働基準法上の強行法規として、使用者に義務づけられている（同法第89条）ところである。さらに、一方では、この就業規則が労働契約法第7条によって、労使間の労働契約の内容を定めるものとして直律的効力を有するものとされている。また、人事権は使用者の裁量に基づく一方的な行使のため、時には行き過ぎて労働者の正当な権利の侵害となることもあるため、その不当な行使を権利濫用として無効とする信義則や配慮義務からの要請（労働契約法第3条、第3章等）があり、従来から紛争解決のための判例法理としても人事権の適正な行使、運用が求められているところである（図参照）。

人事権と人事労務管理

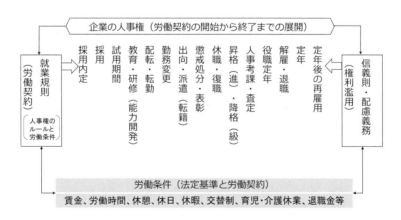

2 人事権の法的根拠は

　企業は，人によって成り立っているのであるから，企業を組織し，運営する権限には当然その基礎を構成する人に関する権限である人事権が内在しているわけである。しかし，企業に対する労働者の労働力の提供というのは，労働契約によるものであるから，労働契約に基づいて使用者は人事権を取得するという関係になる。したがって，人事権は，労働契約を機能させるための不可欠の権利を意味し，労働契約の締結によって当然に（労使間の特段の合意を要することなく）発生する権利と解される[3]のである。それは，基本的には人によって成立する「企業の組織の構成，運営統率の権限」であるから，それを運用する使用者に裁量権が認められているのである。このことは，労働契約法において，「労働契約は，労働者が使用者に使用されて労働し，使用者がこれに対して賃金を支払うことについて，労働者及び使用者が合意することによって成立する」と規定し（第6条），労働契約の成立要件は，契約当事者間において，一方が相手方に「使用されて労働」し，相手方が一方に対して「賃金を支払う」ことを合意するのである。労働契約の成立に必要な合意は，当該労働者が当該使用者の指揮命令に従って労働に従事し，当該使用者が当該労働者の労働に対して報酬を支払うという合意であり，「使用されて労働」するということは，指揮命令を受けて労働力を提供することである。したがって，この「使用されて労働する」という合意の中に，労働者は使用者の指揮命令によって労働力を提供するものであり，その労働力の利用権限を使用者に委ねるという人事権の根拠があるので

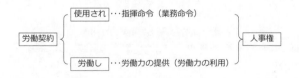

3　土田道夫「労働契約法」351頁

ある（図参照）。

　すなわち，「一般に業務命令とは，使用者が業務遂行のために労働者に対して行う指示又は命令であり，使用者がその雇用する労働者に対して業務命令をもって指示，命令することができる根拠は，労働者がその労働力の処分を使用者に委ねることを約する労働契約にあると解すべきである。すなわち，労働者は，使用者に対して一定の範囲での労働力の自由な処分を許諾して労働契約を締結するものであるから，その一定の範囲での労働力の処分に関する使用者の指示，命令としての業務命令に従う義務があるというべきであり，したがって，使用者が業務命令をもって指示，命令することのできる事項であるかどうかは，労働者が当該労働契約によってその処分を許諾した範囲内の事項であるかどうかによって定まるものであって，この点は結局のところ当該具体的な労働契約の解釈の問題に帰するものということができる。」[4]とされているところである。ここで「一定の範囲での労働力の自由な処分」とは，それぞれの労働契約の趣旨ということであるが，それは「社会通念上の業務の必要性」ということであろう。

　また，「労働者が当該労働契約によってその処分を許した許諾の範囲内」ということに関して，それは「ジョブ型正社員（職務，勤務地，労働時間のいずれかが限定される正社員）は，専門性に特化したプロフェッショナルな働き方，子育てや介護と両立する働き方，正社員への転換を望むが職務等を限定したい働き方などの受け皿として重要である。」[5]とされ，その処分の許諾範囲の例として政府の政策方向が示されている。しかし，これらのいわゆるジョブ型正社員についても「解雇回避努力として配置転換等の人事権の行使が従来どおり求められる。」[6]というのであってみれば，依然として使用者の広範な人事権を前提としている制度といえるのであって，人事権の行使や展開についてほとんど法的な変化がないといえる。

---

[4] 電電公社帯広事件・最高裁一小判昭61・3・13労判470号6頁
[5] 平成26年6月13日規制改革会議第2次答申
[6] 同年7月「多様な正社員」の普及・拡大のための有識者懇談報告書

3　人事権と人生－キャリア権法理の展開

（1）人事権と個人の人生

　人事権は，このように労働契約に基づき使用者の企業の組織運営のための労働力の利用として，その裁量に基づき使用者の一方的に行使されるものである。すなわち，採用からはじまる企業と労働者との関係における，いかなる業務をいかなる場所においてどのように行うかといった基本的な業務命令から，その後の配置，変更，転勤，出向，昇進，昇格，その他の企業との関係における人事ステージにおける人事権の行使は，使用者の裁量権に基づき一方的に行使されるものであり，労働者との合意や労働者の希望に即して行われるべき法的な性質を有するものではなく（労働内容等の他人決定性），企業の業務指揮権によって一方的に決定されるものである。これはいわばマクロの人事権の行使の分野の法理である。

　一方，ミクロの分野の人事権の対象となる労働者は，一人一人のナマ身の人間であり，生活者であって，企業の人事権の行使によって本人の日常生活のみならず家族の生活，子供の教育といった個人的生活や人生にとって大きな影響を受けるものであり，これは労働時間や賃金といった一般の労働条件の比ではない。すなわち，人事異動によって当該労働者の人生が大きく左右されることは枚挙にいとまない事実である。人事異動や配置，昇進や左遷といった企業の人事権行使に伴う人生の悲喜は，昔読んだユーモア作家の源氏鶏太氏のサラリーマン小説がよく物語っている。企業の人事権に翻弄される人生の喜びと哀しみは，労働社会の必然的な出来事といえよう。サラリーマン小説の時代から時は大きく移り変わってはいるが，人事権行使と人生の問題は今も変わりがないといえよう。

　特に，全国異動はもとより海外を含むグローバル化された人事異動が日常の大企業においては，採用時に配置された部署やその後に出会った上司等の影響が，人事権との関係できわめて大きく，その後の人生を左

右することも広く知られた事実である。

　私の場合も，高卒初級職で何も分からないまま採用された香川労働基準局を振り出しの職業生活において，今日の状況といったことは全く予想もされず，それには配属された職場においてキャリア形成について覚醒されたり，その後人事権の行使で指導教育や支援を得た各配転勤先職場での上司に恵まれたからであり，そのような上司に恵まれなかったら，今日の私はなく，定年もはるかに過ぎた今頃は，実家で片手間の農業をしている生活ではなかったかと思われる。「サラリーマンにとっての最大の労働条件は上司である」といわれるのはまさに至言である。

　他人決定の企業社会における人事権行使においては，その配属等の異動先について，労働者の自己決定や配転先の自由選択といったことは，一般的には有り得ない。それを認めては組織的，統一的な企業の展開はできないからである。自己の人生にとって不本意な配転であっても，それが「社会通念上甘受すべき不利益」でない限り，労働者は企業の人事権の行使に従い，誠実に業務を遂行すべき義務があり，それを前提とした個人個人の人生を，その時々に応じて構築していくというのが一般的な生き方となる。

（2）職業生活の自己決定としての職業キャリア権

　このような人事権行使による職業人生の他人決定性に対して，「二度とない人生は悔いなく生きたい。卓越した才能や努力には欠けていたとしても，人生を振り返ったとき，『まあまあだったかなぁ』とつぶやけるくらいには，自分なりに納得のいく人生を送りたい。」ということを目指して，職業キャリア権という，そうした労働者の個人的な想いを法的な次元で受け止め，基礎づけようとする理念が展開されている[7]。そのような職業キャリア権（right to work career）とは，職業生涯とか職業経歴と訳されて職業生活に関し，その形成を使用者の人事権に全面的に委ねるのではなく，自己決定により自分なりに納得できる人生を送ろうという職業生活における幸福追求の権利として，とらえるものである。これを実定法化したのが，雇用対策法の平成13（2001）年改正において

7　諏訪康雄「キャリア権をどう育てていくか？」季労207号40頁

加えられた，同法第3条の「労働者は，その職業生活の設計が適切に行われ，並びにその設計に即した能力の開発及び向上並びに転職に当たっての円滑な再就職の促進その他の措置が効果的に実施されることにより，職業生活の全期間を通じて，その職業の安定が図られるように配慮されるものとする。」との規定である。この条文の，主語は「労働者は」となっているところに意義がある。そして，これは勤労の権利として，我が国の雇用政策の基本法である雇用対策法が，職業生活すなわち職業キャリアを「基本理念」として正面から位置づけたものと解されている。すなわち，同時に改正された職業能力開発促進法（以下「能開法」という。）第2条4項は，「この法律において『職業生活設計』とは，労働者が，自らその長期にわたる職業生活における職業に関する目的を定めるととともに，その目的の実現を図るため，その適性，職業経験その他の実情に応じ，職業の選択，職業能力の開発及び向上のための取組その他の事項について自ら計画することをいう。」と規定した。ここでいう職業生活設計とは，職業をめぐるキャリア・デザインのことで，自らの職業キャリアの設計は，他人任せというわけにはいかず，結局，個々の労働者が自ら計画するほかはないということである。この点については，「各人がその人生を通じて職業キャリアを追求し展開する権利としての『キャリア権』という概念を打ち立て，これを勤労権の中心に据えて，労働者の能力・適性等に応じた就労機会の保障（その支援）を論じる見解も有力となっており，職業能力開発促進法のなかに取り入れられている。」[8]とされている。ここで指摘されている能開法第4条（国の施策）第1項では，上記した同法第3条に規定する基本的理念（いわゆるキャリア権）に従って，国は「必要な施策を総合的に講じなければならない」と定めている。まさしく職業キャリアの尊重は，ここに実定法における理念的基礎を与えられ，その具体化に向けて，これから諸法令，諸施策にこの趣旨を波及させていこうとする基本原則について確認し，同法はそれを支える基本理念を宣明するものであると評価されている。

---

8 菅野和夫、前掲書27頁

(3) キャリア権の展開と限界

とはいえ、自ら設計する職業キャリア権による幸福追求が成立する勤労権が、現実に確保されるとしたら、それは弁護士、公認会計士などの専門職業人や独立自営の一人親方的な場合でなければ無理であって、他人に雇用され、その指揮命令に服する労働者としては限界がある。このことは、能開法第3条でも、「この法律の規定による職業能力の開発及び向上の促進は、産業構造の変化、技術の進歩その他の経済的環境の変化による業務の内容の変化に対する労働者の適応性を増大させ、及び転職に当たつての円滑な再就職に資するよう、労働者の職業生活設計に配慮しつつ、その職業生活の全期間を通じて段階的かつ体系的に行われることを基本理念とする。」ということであり、転職による再就職の場における自己決定に過ぎないともいえる。それは、「事業主は、その雇用する労働者に対し、必要な職業訓練を行うとともに、その労働者が自ら職業に関する教育訓練又は職業能力検定を受ける機会を確保するために必要な援助その他その労働者が職業生活設計に即して自発的な職業能力の開発及び向上を図ることを容易にするために必要な援助を行うこと等によりその労働者に係る職業能力の開発及び向上の促進に努めなければならない。」(第4条1項)とされているとおり、あくまでもそれは事業主である使用者の労働者に対する職業能力の開発、向上の支援ないし援助の促進であるから、企業目的のために活用し、利用されるものにとどまらざるを得ないのである。これを転職による職業能力の開発・活用のための援助も含むとするなら、国の政策的には衰退産業から成長産業への「失業なき労働移動」のための転職のための職業訓練や能力開発であったとしても、一方において個別企業にとっては技術進歩に対応できない労働者への企業外への転出促進としての退職勧奨の問題を生ずることにもなるおそれがあるからである。

さらに、平成27(2015)年の能開法の改正によって、「労働者は、職業生活設計を行い、その職業生活設計に即して自発的な職業能力の開発及び向上に努めるものとする。」(第3条の3)との、労働者自身に職業キャリア形成の努力義務を定め、事業主に対しても「労働者が自ら職業能力の開発及び向上に関する目標を定めることを容易にするために、業

務の遂行に必要な技能及びこれに関する知識の内容及び程度その他の事項に関し，情報の提供，キャリアコンサルティングの機会の確保その他の援助を行うこと。」（第10条の３第１号）とした。そして，「労働者の職業の選択，職業生活設計又は職業能力の開発及び向上に関する相談に応じ，助言及び指導を行う」ことを業とする「キャリアコンサルティング」（第２条第５号）の制度を定めた。そして，「キャリアコンサルタント」を国家資格として「キャリアコンサルタントの名称を用いて，キャリアコンサルティングを行うことを業とする。」（第30条の３）専門家と定め，試験制度と登録要件を法制化して，職業キャリア権の実現の助力に乗り出した。

　同時に職業キャリアの向上のために職業経歴等記録書（いわゆるジョブカード）の正式な様式を定め「国は，労働者の職業生活設計に即した自発的な職業能力の開発及び向上を促進するため，労働者の職務の経歴，職業能力その他の労働者の職業能力の開発及び向上に関する事項を明らかにする書面の様式を定め，その普及に努めなければならない。」（第15条の４）と規定し，その普及を図るものとした。

　このようなキャリア権すなわち職業生活設計の自己決定は，職業人生の企業の人事権による他人決定性という本質的な性質に対して，自己決定性を勤労権という立場から導入しようとするものである。しかしながら，キャリア権といっても自営業者でない限り雇用の場におけるものであり，企業に雇用されなければ職業生活それ自体が成立しないことも明らかである。そして労働者が職業生活の身を置く企業は経済競争社会の中で存立しているものであって，一歩方向を誤れば倒産という，絶えず存立の維持についての危機に晒されている。したがって，経営者としては，労働力の活用とその効率的な展開によって企業の維持・発展が使命であるから，経営責任を有する使用者としては，その労働力の活用を労働者の自己決定に委ねるわけにはいかないことも明白である。すなわち，企業は，その維持発展のために労働者を募集し，採用し，企業の必要性に応じて労働者を教育訓練し，人材の育成とキャリアの発展を図り，そのために必要な人事労務管理を行うものである。

　そして，企業の維持，発展のためには，経済社会の絶えざる変化に対応するための広範な権限である人事権の裁量的な行使がどうしても必要

なのである。しかし，その一方において企業の裁量的人事権の行使の対象となる労働力の担い手である一人一人の労働者の人生も，そこに賭けられている。このように，人事権とは，きわめて人間的な本質を有する権限であり，労働者の人生に関わる影響を有するものであることを人事関係者は忘れてはならないといえよう。

労働組合関連の人事権行使

上智大学名誉教授
山口浩一郎

1 どんな問題か

　労働組合関連の人事権行使といえば，組合役員をしたり組合活動に熱心な組合員に，会社の人事権は公正に行使されているかということが最大の関心事であろう。
　一流企業のトップが何代にもわたって不正経理を平然と命じていたり，内部通報訴訟に勝った従業員に人事異動で嫌がらせをして，再度訴訟をおこされ和解したといった新聞報道をみると，組合関連の人事権行使が公正におこなわれているはずはないと思う人は少なくあるまい。
　この点について，少し考えてみることが小稿の課題である。

2 雑然たる常識

　一昔前は，複数組合の一方の組合員を賃金の面で集団的に差別するとか，昇進・昇格で差別する事件が，裁判所や労働委員会を賑わしていた（例えば，紅屋商事事件・最2小判昭61・1・24労判467号6頁。中労委も『労働委員会における大量観察方式の実務上の運用について』平17・12を公けにしている）。
　今では考えられないが，リボン戦術やビラ貼りをめぐる懲戒処分の事件が，最高裁まで争われたりした（大成観光事件・最3小判昭57・4・13民集36巻4号659頁，国鉄札幌運転区事件・最3小判昭54・10・30民集33巻6号647頁等）。

しかし，個別の人事となると，「適材適所」といわれるだけで決定過程が明らかにされることはなく，はたして妥当な人事なのか否か，決断した人事権者以外は誰も判断できない。

リーディングケースとなった東亜ペイント事件（最2小判昭61・7・14労判477号6頁）でも，当初は組合活動に対する不利益取扱いの疑いがもたれていたのに，立証が難しく，結局夫婦別居をきたす配転として争われ，労働組合関連の場合は，「不当な動機・目的」という形でおさめられている。

いや，逆の証拠もある。組合役員のキャリアーをみてみると，会社から見込まれて企業別組合の役員となり，その能力を仲間から評価されて産別労組に上り，さらにナショナルセンターの幹部になるというパターンがある。また，会社役員を対象とした調査では，取締役のかなりの人が若いときに企業別組合の役員を経験している，と指摘されている。

昨今は，まともに組合活動をしている組合は少なく，争議資金だって何億もため込んでいるという声さえ聞こえてくる。

こんな労働組合やその活動を，会社は本当に嫌悪しているのだろうか。

3　恩地元の人事

こうなると，やはり創造力豊かな小説家の出番であろう。組合役員に対する人事が題材になった有名な作品に，山﨑豊子『沈まぬ太陽』（新潮社・平成11年）がある。

（1）ここに恩地元という人物が登場する。国民航空ナイロビ営業所（ワンマンオフィス）の所長である。

もうケニヤにきて2年半，前任地のパキスタン，イランから数えると，異例の8年になる。イランで帰国の日を前にしていたとき，突然ケニヤ転勤を命じられた。家族（妻と2人の学齢期の子供）を東京に置いたままの単身赴任である。

こうなったのにはわけがある。以前，恩地は国民航空労組（3000人）の委員長だったのである。

（2）入社後ずっと現場にいて本社予算室への転属がきまった矢先，恩地は，会社の諒承をえた前労組委員長の八馬から，委員長への出馬を要請された。八馬の説得は強引で，初めは固辞していた恩地も最後には引き受けてしまった。

　最初の団体交渉では，組合要求（年末3.8か月，週労働時間の短縮，労働協約の改訂）とともに，現場の労働条件や整備士の過重労働の改善を強く要求した。恩地はきびしく対処し，交渉では一切妥協しようとしなかった。

　手を焼いた会社は，前労組委員長の八馬を使ってけん制した。『今の調子では，私の面子はまる潰れ，君を推薦した責任まで問われているんだ。

　君の口調では，組合をやると，職務上，損をするような恨みがましさに聞こえるが，逆だよ。委員長になったからには，組合を踏み台にして出世する者が，多いのだよ。今の労務部長，人事部長，ニューヨーク支店長，すべて然りだ』。

　しかし，スト権を確立され，会社は組合の要求をすべて呑んだ。3000人の組合員は勝利に熱狂した。

（3）　この間，運輸大臣の苦情や日経連の助言等があり，会社は方針を変え，交渉陣を一新した。堂本取締役（戦前共産党員として逮捕され服役中に転向した人物）を労担役員に，八馬前労組委員長が労務課長になった。

　この期の団体交渉で，労働組合は急激なインフレや物価上昇を理由に基本給の20パーセントアップを要求し，会社は，ジェット機の導入や大幅な設備投資の必要を理由に一律4000円と13パーセントアップに固執した。

　途中，若い整備士の作業中の死亡事故（労災）が起きたり，外人パイロットに不満をもつ乗員組合（パイロット組合）の支援があったりして，ついに組合は12時間ストに突入した。航空会社初のストだった。

　スト中会社から団交再開の要求があり，組合も受入れたが，会社回答に進展がなかったのでストは続行された。

　事態を重くみた中央労働委員会が職権であっせんに乗りだし，労使双方ともこれ（一律4000円と17パーセントアップ）を受入れた。

委員長の任期はここで終了したが，意中の候補者に辞退され後任がみつからないため，恩地はもう1期留任せざるをえなくなった。
（4）　次期団体交渉では，労働組合が懸案の労働協約の期限延長と年末手当4.2か月を要求し，会社は2.5か月を回答した。労働協約の延長は会社が拒否した。交渉は難行した。

　行詰りを打開するため，恩地は，欧州七か国訪問から帰国する池内首相の特別機をねらって，ストをする戦術をたてた。

　組合は予定のストを1日延期して，首相帰国の当日も団体交渉が続けられたが，年末手当2.5か月プラス一律8000円，労働協約の改訂はひきつづき検討というのが会社の最終回答であったので，交渉は決裂した。

　ところが，アムステルダムの気象条件から，首相一行の出発は1日延び，到着はまさに組合が1日延期したスト当日になってしまった。驚いた会社は，組合に対し必死でストの中止を求めたが，恩地委員長の回答はこうだった。『会社側回答を不満として，予定通り，明日，午前零時から24時間ストに突入します』。

　幸い，翌日午前零時から決行されたストは，正午で打切られた。年末手当について，昨年を下回らないとの確約を会社がしたというのだった。夕刻首相一行が到着したとき，組合旗も組合員の腕章姿もなく，空港は通常の姿だった。首相は記者会見で上機嫌だった。

　しかし，運輸大臣は，ストを阻止できなかったことで社長を叱責した。直後の株主総会では，社長は留任したものの，天下り人事が強化され，日経連から労務対策のベテランが送り込まれた。

（5）　委員長の任期を終え予算室に復帰して半年ほどたった頃，恩地は，課長からカラチ支店総務主任への転勤の内示をうけた。社長からは懇談の席で2年と約束された。それから8年，テヘラン支店をへて，恩地は今ナイロビ営業所にいる。

4　その評価

　『沈まぬ太陽』の労使関係は，日本の労使関係の代表例といえるものかもしれない。

そうすると，八馬の発言にあるような過去の労組委員長の処遇，八馬自身の待遇からみて，組合活動や組合役員の経歴は，昇進・昇格にとってけっしてマイナス要因でなく，むしろプラス要因である。このことの良し悪しは議論の対象になりうるが，事実としてこういえる。

　では，恩地はなぜそうならなかったのか。恩地の例をみた人は思ったはずだ。やはり真面目な組合役員や熱心な組合活動家は，会社の報復人事の対象になる，と。

　しかし，私は，恩地には組合リーダーとして根本的な欠陥があったと思う。

(1)　周囲の状況　国民航空は民間会社でなく政府関係の特殊法人で，公共性の強い企業である。そのため監督官庁として運輸大臣が任にあたり，予算・決算も国会で議論される。これは国民航空にとっていかんともし難い与件であって，経営政策にも経済計算だけではきまらないという制約条件がある。

　運航路線のような事業計画に政治の介入があるし，採用だって政治家や財界人の縁故採用者が少なくない。労働条件だけが団体交渉で自由にきめられると思うのは錯覚で，恩地にはこの制約条件（周囲の状況）がみえていない。

(2)　極端な戦術　国民航空のような政府が株式を保有する特殊法人は，政府には弱い。この弱点を利用して首相の特別機をターゲットにしてストを打つのは，スト本来の姿でなく，政治的・心理的効果しかない極端な戦術（いわば特攻作戦）で，労使関係からみて合理的とはいえない。警察や公安だって，首相一行をまき込む戦術を拱手傍観することはできまい。

　なんのためらいもなくこういう極端な戦術に走るリーダーは，組織にとって危険である。

(3)　パイプの切断　団体交渉はギブアンドテイク（give and take）で，いつも要求貫徹しかない態度では交渉にならない。恩地の団体交渉はこの点でも疑問が大きいが，交渉中あるいは交渉決裂後の接渉のパイプに配慮していない点で無視できない欠陥がある。交渉には正面（表面）の硬交渉と，蔭（裏面）での柔交渉が必ずある。国際関係では，戦争している当事者でも，蔭の外交パイプはつねに残しているものだ。

恩地は，自分の転勤については料亭で社長と懇談（裏交渉）しているのに，組合の団体交渉はストに入るとそれまでで，相手を尊重したパイプの維持になんの配慮も払っていない。

　要するに，恩地は，正直で真面目な人柄だったかもしれないが，人間的に未熟で自分だけが正しいと思い込み労組委員長としての資格や能力を欠いていた，というのが私の偽らざる評価である。

5　しまりのない結論

　そうすると，最初の課題に戻って，真面目に熱心に組合活動をするとどうなるのか。会社はこういう人を人事上公正に扱うのだろうか。

　それに対する私の答えはアンビバレントで，一般的にはそうともいえるし，そうともいえないというほかない。

　労使関係は長くつづく。いわば相手あっての話である。それなのに相手の立場を理解せず，正義感から自分達の要求だけ強引に主張し，相手の弱味につけ込んで極端な戦術を採用し，パイプを維持しないでつっ走るリーダーは，公正な人事権行使のもとでも良く評価されることはないであろう。私が今自信をもっていえることはそれだけである。

変更解約告知と正社員・限定正社員・有期契約労働者

弁護士
小林譲二

1 変更解約告知の意義と問題点

　変更解約告知とは，「労働条件の変更，ないし新たな労働条件での新契約締結の申込みを伴った従来の労働契約の解約告知（解雇の意思表示）」をいう。労働条件変更のための解雇ということになる。法律上は，労働条件変更を労働者が拒否することを停止条件とする，あるいは労働条件変更の承諾を解除条件とする，解雇の意思表示である。変更された新労働条件による新契約申込みを伴った解雇も変更解約告知とされている。なお労働条件の変更の申込みをしたが，労働者が拒否したことを理由に解雇した場合には，単なる労働条件変更拒絶を理由とする解雇として処理すれば足りる。

　この変更解約告知の定義をみると，労働者には酷でやっかいな意思表示である。もともと労働法は経済的優位にある使用者が従属下にある労働者に対する一方的労働条件決定を規制することに存在理由があり，それ故に労働条件は労使対等決定を原則としている（労基法2条1項，労契法3条1項）。しかし労働条件の不利益変更を承諾しないと解雇されるのであるから，労働者は労働条件変更を承諾するか，これを拒否して解雇（労働契約上の地位・賃金請求権の喪失）を選択するかという，いずれにしても不利益な二者択一を迫られる。経済的従属性の下にある労働者は，労働条件の不利益変更よりは，労働契約上の地位，賃金請求権そのものを失わせる解雇の方が不利益性が大きいから，解雇を回避するために，労働条件変更に同意するという選択をするのが通常であろう。したがって，変更解約告知を肯定すると，使用者はいつでも労働条件を

不利益に変更することが可能となる。使用者の労働条件の一方的変更を規制し、労使対等決定を可能にする力は労働組合であるが、労働組合組織率が17.5％であり、82％以上の労働者が未組織という、わが国の現状では、変更解約告知を肯定することは、使用者による一方的な労働条件の変更が、いつでも、また広範囲に可能となることを意味する。変更解約告知否定説が有力であるゆえんである。わが国には変更解約告知を禁止するに関する明文規定がないから、このような意思表示も私的自治の範囲内として当然に有効とする見解もありうるが、いつでもまた広範囲に「解雇の圧力を背景とした労働条件変更」を可能とする変更解約告知を無条件で認めることはできない（留保付き承諾の要否に無頓着なまま、しかも整理解雇の要件を緩和して肯定したスカンジナビア航空事件・東京地裁決定（平7・4・13労判675号13頁）はこの点で疑問である）。

2 留保付き承諾の可否

　解雇制限法でこの制度を明文で規定しているドイツでも、1969年の改正で、それまで認められていなかった労働者が裁判所で争う権利を留保して承諾することを明文で認めた（留保付き承諾）。労働者が使用者に対して「留保付き承諾」をすると、これも「承諾」であるから使用者は労働者を解雇できない。労働者は変更後の労働条件で就労することにはなるが、雇用が維持された状態で裁判所に労働条件変更の合理性を裁判所で争うことができる。留保付き承諾をした労働者が提訴期間内に提訴し、裁判所が労働条件変更の不合理性を認めた場合には労働条件変更は遡及的に無効となり、当該労働者は旧労働条件に復することになる。裁判所が合理性ありと判断すると、労働条件変更はそのまま確定する。この留保付き承諾を認めても、労働者が労働条件変更の申込みを拒絶すると、解雇されるから、これを争うには、解雇され雇用を喪失したもとで司法審査を受けることになる。

　変更解約告知に関する明文規定を持たないわが国でも、変更解約告知を肯定する学説は「留保付き承諾」を認めたうえで、変更解約告知を肯定するのが一般である（荒木・労働法第2版379、西谷・労働法第2版・

424，菅野・労働法11版・763頁など）。

　この留保付き承諾が正面から問題となったのが，後記の有期労働契約の満了時に変更解約告知がされたケースでもある「ヒルトンホテル事件」である。同事件・東京地裁判決（平14・3・11労判825号13頁）は，平均で15％の賃金減額をした労働条件変更の合理性は認めたが，労働条件変更の合理性は更新拒絶・雇い止めの合理性を根拠づけられないこと，雇い止めか労働条件変更かの二者択一を迫って労働条件変更をしようとすると，使用者はいつでも労働条件変更が可能となることから，労働者が労働条件変更に同意しなかったこと，あるいは留保付き承諾をしたことを理由に雇い止めをすることは許されないと判示し，留保付き承諾を認めた。

　同事件控訴審判決は，労働条件変更に合理性がある場合には，労働者が留保付き承諾は単に労働条件変更を拒否したものであるから（同判決は明示していないが民法528条を適用した結果である），雇い止めもやむを得ないとした。留保付き承諾を認めると，労働条件が労働者によって異別になり，労働条件の合理的変更を必要とする使用者にとって不安定となるという理由も付加している（東京高判平14・11・26労判843号20頁）。

　このヒルトンホテル事件・東京高裁判決は，変更解約告知を否定する学説はもちろんだが，留保付き承諾を否定している点で，変更解約告知を肯定する学説からも支持されていない。後記の就業規則法理でも，裁判所が労働条件変更の不合理性を認めた場合には，提訴した労働者とそれ以外の労働者では労働条件が異別になることになるから，労働条件が異別になり使用者の地位を不安定にするという理由は理由にならないだろう。なお付言すれば，ヒルトンホテル事件・高裁判決によっても，労働条件変更が不合理な場合には，労働者が拒絶しても，解雇・雇い止めは無効となるから，変更解約告知は使用者にとってもリスクが大きいものであることに注意を要する。

　変更解約告知を肯定する場合には，留保付き承諾が不可欠の条件にとなると考えるが，その場合，民法528条の解釈としては新契約の締結の場合の規定であり，一旦成立した労働契約のような継続的契約関係には適用されないと解すべきである（荒木・前掲380頁，土田・労働契約法

533頁、西谷・前掲425頁）。変更解約告知を肯定するとしても民法528条との関係、提訴期間や司法審査の判断要件、判決の効力などについて立法的な解決がいずれにしても必要である。

3　就業規則法理と変更解約告知

　ところで、これまであまり強調されてこなかったが、就業規則法理（労契法7条、特に10条）は、使用者の労働条件変更権を認める機能を有し、労働者からみると、雇用を維持したままで労働条件の不利益変更を争うことができるから、「雇用維持型労働条件変更法理」の機能を有している。したがって留保付き承諾を認めた「変更解約告知」と同様に労働者の雇用を維持した状態で労働条件変更の司法審査を受ける点で共通する。

　ドイツでは、わが国のような就業規則法理は認められていないが、職務限定・勤務地が特定されているのが通常のドイツでは職務変更にともなう格付けの変更や、事業所閉鎖等にともなう勤務地の変更が必要となる場合には、労働者の自由意思に基づく同意が必要となるから、労働者が使用者の変更提案に同意しない場合には、従前の労働契約を解消するしかなくなる。そこに「変更解約告知」の必要性・合理性の根拠があるが、わが国では秋北バス事件・最高裁判決以来、労働条件の集団的・画一的処理の必要性を根拠に「就業規則法理」が確立され、労契法に明文化された。就業規則による変更の司法審査の場合には使用者に合理性の要件の主張・立証責任があるが、使用者に強い労働条件変更権を認めている就業規則法理のほかに、「変更解約告知」という解雇の圧力を背景とする労働条件変更法理を認める必要があるかが問題である。

　結論的には、就業規則法理（労契法10条）が妥当しない個別労働契約の変更の場合に限り、留保付き承諾を認めることを条件に変更解約解約告知を肯定すべきであろう（西谷・前掲423頁、菅野・前掲764頁、荒木・前掲374頁）。大阪労働衛生センター第一病院事件・大阪地裁判決（平10・8・31労判751号38頁）は、就業規則法理があるわが国では、変更解約告知は認められないとしたが、就業規則法理が妥当しない個別労働契約の場合には就業規則法理では対処できないであろう。

したがって，まず就業規則法理が妥当する限り，変更解約告知を就業規則法理は適用できない。すなわち労基法上，就業規則の作成・変更が必要であり，また就業規則の新設・変更による労働条件の集団的・画一的処理が必要な場合には，変更解約告知は適用できない。労契法10条には就業規則の新設による変更が明記されていないが，もともと秋北バス事件最高裁判決も就業規則の新設による労働条件変更の事案であり，判例法理をそのまま条分化したとされる労契法10条の解釈として，就業規則の新設による変更については同条の類推適用によると解すべきである（菅野・前掲204頁）。

上記のヒルトンホテル事件も，実際の事案は50人を超える常用配膳人の基本時間給を一律に平均15％削減するというものであるから，もともと就業規則の新設・変更による集団的・画一的処理が必要な事案であった。しかし同ホテルの使用者は常用配膳人に適用すべき就業規則を作成していなかったから，就業規則法理からは就業規則を作成して労働条件の変更をすべき事案であった。しかし地裁・高裁・最高裁とも，原告のこの主張には一顧だにしなかった。いわば最高裁が確立した就業規則法理を適用すべき場合に，裁判所自らその適用を否定したのはとうてい妥当とはいえないだろう。

就業規則法理が妥当せず，個別労働契約の変更によるしか方法がない場合に限り変更解約告知を適用できる。この場合は，労契法10条但書から，就業規則の基準以下でない限り（労契法12条），個別労働契約の効力を認める法制のもとでは，個別労働契約の内容の変更の必要性が発生した場合，労働者の個別同意が必要となるからであり（西谷・前掲423頁以下，荒木・前掲375頁），労働者の自由意思・真意性を担保するためには留保付き承諾が必要となるからである。また個別的労働契約による労働条件の個別化は今後いっそう進むと考えられる。

4 変更解約告知の有効要件

変更解約告知を肯定した場合にはその司法審査が問題となるが，労働条件変更を拒絶して解雇されたため，解雇の効力を争う場合か，留保付

き承諾をして雇用を維持したまま労働条件変更の不合理性を争った場合であるかを問わず，不同意の場合には解雇をしなければならないほど労働条件変更に緊急の必要性に基づくものであることが必要であり，整理解雇に準じた判断基準によることを要する（西谷・前掲426頁）。前掲スカンジナビア航空事件・東京地裁判決の判示した要件はいわゆる整理解雇の4要件と比べても緩い感を否めない。

5　正社員と変更解約告知

就業規則により職種・勤務地とも限定されておらず，労働契約の内容としても無限定とされている，わが国の大企業の正社員に対する変更解約告知については上記のことがそのまま妥当する。賃金制度の変更など重要な労働条件の変更は，就業規則による集団的・画一的な処理が必要な場面であるから，変更解約告知を適用する場面は多くないだろう。従事していた職種の変更，就労場所の変更である転勤については，配転命令権の法的根拠の有無，信義則違反の有無，濫用性の有無の判断による処理で足り，変更解約告知の適用の余地はない（長期間，同一の職種・勤務地に勤務し，家族生活が形成されていたのに，異職種への配転や転勤命令が出された場合には，労働契約上，職種・勤務地が特定されていると解すべきだと考えるが，ここでは別の問題である）。

6　限定正社員と変更解約告知

労働契約上，職種が限定され，勤務地が特定されている場合（いわゆる「限定正社員」）には，使用者に配転命令権がないから，同意がなければ変更できない。当該職種の廃止，当該勤務地の事業所自体の廃止などの業務上の必要がある場合でも，同様である。ただし，この場合でも他の職種や勤務地変更が可能である限り，労働者の同意が得られれば解雇回避可能性があるのであるから，職種変更・勤務地変更に同意している労働者を解雇することはできない。このような場合に労働者の同意を

得る手段として，留保付き承諾を認めた変更解約告知を利用することは可能であろう。

7 有期契約労働者と変更解約告知

　問題が複雑になるのは，有期労働契約の期間満了時に変更解約告知がなされる場合である。しかし有期労働契約の場合には，まず，当該有期労働契約が労契法19条の要件を充足しなければならない。同条の要件を充足しない限り，更新後の労働条件の変更の可否も問題とならないからである。

　そこで，その要件の第1は，労契法19条1号か2号に該当し，雇止め法理が適用される状態なっていることが必要である（荒木・西谷古希記念（上）404頁，荒木・前掲470頁は「雇い止め法理適用適状」と呼称している）。そうでなければそもそも当該有期労働契約は期間満了で終了し更新されないから，契約の存続を前提とする労働条件の変更も問題とならないからである。しかも，現行労契法19条では，第2に，期間満了前の労働者の更新の申し込み，満了後でも契約締結の申し込みがあり，第3に，雇い止め法理適用適状にある場合には，「使用者が当該申込みを拒絶することが，客観的合理的な理由を欠き，社会通念上相当である認められない」ことが必要である（現行法前の判例法理としての解雇権濫用法理の類推適用の法理の適用）。この「客観的合理的な理由・社会的相当性」の有無の判断で，初めて変更解約告知の効力が判断されることになる。すなわち正社員に対する変更解約告知と同様に，労働条件変更の申込みを拒絶したときには雇い止めとするほどの緊急の必要性に基づく客観的合理性・社会的相当性が必要となる。この場合に，労働条件変更に同意しないことを理由に雇い止めが必要な程度に緊急の必要性が認められない場合には，雇い止めは無効となるから，この場合には，19条の法的効果として「使用者は，従前の有期労働契約と内容である労働条件と同一の労働条件で当該申込みを承諾したものとみな」される。

　逆に，上記の緊急の必要性が認められる場合には，雇い止めに客観的合理的な理由があることになるから，雇い止めは有効となる。

しかし議論の前提として，前述のヒルトンホテル事件のように，有期労働契約でも10名以上の多数の有期契約労働者を雇用し，更新を繰り返している労働者に対して，賃金の一律減額や，賃金制度の改定などの場合には，就業規則の作成・変更による労働条件の集団的・画一的処理が必要な場合であるから，変更解約告知を利用することはできないことを改めて確認すべきである。この観点からみると，実際に期間満了の際に有期契約労働者について変更解約告知を適用できる労働条件は，パート労働者に多いといわれる「勤務地限定特約」や「職種限定特約」がある場合に勤務地を変更するような場合に限られると思われる。

「転勤」を考える—裁判官の論理と心理—

TMI総合法律事務所顧問弁護士
相良朋紀

　裁判官には転勤が付き物である。裁判官として裁判所に任用された以上，日本国の裁判所がある限りどこへでも行く，そういう建前で裁判官となる。裁判官の身分保障は任地にまで及ぶ，という勇ましい解釈までありながらそれを盾に転勤を拒否することは考えられないのが実情である。そうなると，長い裁判官生活の間には意に沿わない転勤を命ぜられ，やむなくこれに従うことをほとんどの裁判官が経験する。

　裁判官のこの経験は，転勤の可否が問題となる労働事件を担当したとき，その判断に微妙な影を落とす。我々は耐えがたきを耐えながら転勤して苦労している，それなのにこの程度の辛抱もできないというのは贅沢ではないか。元来雇用関係では転勤は当然に甘受すべきではないのか。裁判官も人の子であるというわけで，自ら体験した苦労は他人も受け入れて当然という心理状態が無意識のうちに判断の根底に芽生えてくるのである。

　この心理状態は，次のような思考を経て更に増幅されてゆく。すなわち，労働者の地位は，終身雇用制の掛け声のもと，戦後徐々に安定したものとなってきたのであり，裁判所も解雇権の濫用という法理をいわば創設して，身分の安定に寄与してきたはずである，雇用が確保される限り転勤のような派生的な苦痛は忍んでほしい。

　しかし，裁判官である以上，そのような大雑把な思いだけで結論を出すことはありえない。法的な論理構造の中で正当性が肯定できなければならないわけで，どのような論理構成を取るかによって判断に多少の違いが出てくることもある。論理的には，合意がなければ原則的には転勤を命じられないのが本則という考え方（この場合，黙示の合意をどの程度認めるかで結論は動く）から，雇用契約である以上，明示的に転勤を

禁ずる合意がなければ当然に雇用主に命令権があるという考え方まであり得るのであって，どれを取るかによって結論が異なるようにみえるが，通奏低音のように思考過程の根底に流れる心理に違いがないので，意外に最終結論が違うことは少なかったような気がする。要するに，ほとんどが使用者の指揮命令権の範囲内であると考えていたのでる。

実際の裁判例において，転勤の命令自体の効力が否定されたものは，組合の重要人物を遠ざけるといったような不当労働行為がらみの事案が多かったように思われ，裁判所は転勤自体には冷たいということがいわれてきたのではなかろうか。

しかし，果たしてこの見方は現時点においても正しいのであろうか。もはや単なる「伝説」と化してはいないか。

労働者が転勤の負担を甘受すべきであるというのは，我国に終身雇用制が存在し，その制度のもとにおいては雇用が安定し，生活は向上していくという前提があるからである。しかし，現在もそういってよいのかといわれると，疑問がないではない。

昭和の時代，高度成長期に入ると，雇用契約は，労働者の側からいわば無限定の労務を使用者の指揮命令に応じて提供するものとし，その代わり企業の側は年功賃金制度により毎年の定期昇給やベースアップに応じる，という形態が一般化していったように思われる。労働者側は，雇用の安定と引き換えに企業の成長から必要とされる長時間労働に応じ，賃金の上昇による生活の向上を目指し，成長する企業側は，これに応えることが可能であったといってもよい。そのような関係の中では，労務の提供場所をどうするかということはいわば副次的な問題で深刻化しなかった，と言ったら言い過ぎであろうか。

ところが，時代は進む。経済の過熱現象は終焉を迎え，いわゆるバブルの崩壊が始まる。それと同時に，1989年のベルリンの壁崩壊に象徴されるグローバリゼーションの時代に突入する。企業は最早自国の内部だけで活動しているのでは生き延びることができない時代となり，中小企業でさえ新興国に生産拠点を移すところが出てくる。グローバル時代の経営は変化が激しく，長期的な安定を望むことが困難となり，企業の側では雇用関係の調整ができる態勢が必要となってきた。他方で，国内で

の雇用は縮小するとともに賃金の向上が望みにくくなることにより，労働者の側では，生活の向上を物質的な面から精神的な部分に求め，「ささやかでも実感のできる幸福感」が重要と感じる人々も出てきた。こうした実態が派遣労働などを正当化し，いわゆる非正規労働を生み出したものと考えられる。雇用の多様化の時代である。この制度が認知されたことにより，やむなく非正規労働をせざるを得ない人々が増加し，格差の問題が深刻化しているのが現状である。

極めて大雑把な概観で，単純すぎるきらいもあるが，我国の社会の変化がこのようなものであるとすると，雇用関係から生じる問題の解決も「昔日の尺度で測る」わけにはいかなくなったはずである。

例えば「転勤」問題を考えても，労務の提供をどこでするかはどのような生活ができるかということに直結する事柄であるから，「生活の質」重視の働き方を選択した非正規労働者にとってはおよそ考えられないことになろう。転勤を拒否しない建前の正規労働者にしても，かつての「モーレツ」社員の働きぶりは論外であり，ワークライフバランスが大事となれば簡単に転勤に応じることもできない。ましてや女性の活躍で配偶者も働いていれば尚更である（今や配偶者がいるだけで幸せなのかもしれないが）。賃金の向上もあまり望めず，少子高齢化で将来は暗いのならば，社命第一とはいかないことも尤もである。他方で，最近の「同一労働同一賃金論」では，転勤のリスクが賃金格差を正当化するという議論があるようで，これを強調すれば転勤に文句は言わないという裁判官並みの基準がなお活きているということになるのだろうか。どうも，転勤ひとつとっても種々の要素を考えなければならなくなってきたようで，世の中は複雑化し，紛争解決は困難化しているという決まり文句はあながち嘘ではないのかも知れない。

時は移ろい，社会は変わる。昔の幸せな一時期に労働事件を担当した者にとっては，「そんな時代もあったね」と懐かしむことしかできそうもない。「諸行無常」は現代の裁判官にとっても「通奏低音」として鳴り響いているようである。

管理職と降格　辛い中間管理職を考える

弁護士
奥川貴弥

1　はじめに

　課長等の中間管理職は，上司と部下の板ばさみになり，業務現場で辛い立場に置かれていますが，実は，中間管理職は，現場で精神的につらい思いをするだけでなく，法的にも保護が十分でないと考えられています。
　中間管理職が役職を降格（職）されたときにどのような救済の方法があるかについて検討してみます。

2　管理職とは

　管理職という用語は，部下に業務に関する指揮・命令・監督をする地位にある者，例えば部長とか課長（ライン管理職）をいいます。会社では一般的に係長職以上の役職にある者を管理職といっています。
　これに対し労基法41条2号の管理監督者は経営者と一体的な立場にあるものをいい，管理職の肩書があれば管理監督者にあたるわけではありません（荒木尚志「労働法」172頁）。つまり管理職は労基法41条2号の労働時間規制の適用除外の管理監督者とは異なります。ところが，中には両者を混同して使用しているものがあります。管理職と管理監督者は区別して使用したほうが無難と思います。

3 管理職（ライン管理職とスタッフ職）の降格

ところで，会社が広く採用していた職能資格制度は職務遂行能力を職能資格としてランク付けするものですが，「一度身についた能力は減らない。」ということで，実際は年功序列型制度となっています（平野光俊「日本労働研究雑誌」597号74頁）。このような職能資格制度の下では，労働者は原則として年功的に職能資格が昇格しますので，それに伴い職能資格に対応するライン管理職に昇進させる必要が出てきます。ところが，ライン管理職のポストは限られているため，全員をライン管理職に昇進させようにも，ポストが不足します。そこで，会社はライン管理職に対応（処遇が同等）するスタッフ職を設定し，ライン管理職に昇進しなかった労働者をスタッフ職に就かせるようになりました。スタッフ職には専任部長，専任課長，専門部長，専門課長（菅野「労働法」11版414頁）や，中にはシニアスタッフやシニアマネージャーなどのモダンな職名が用いられることもあります。

役職を含めた企業内の職務遂行上の地位を職位といい，ライン管理職とスタッフ職を含みますが（菅野「新雇用社会の法」152頁），管理職は指揮命令系統にたずさわるライン管理職をさし，部下なしのスタッフ職は含まれません。

管理職の場合は，降格するかどうかの判断においてその職責上，能力不足・成績不良は一般従業員以上に厳しく判定されるのはやむを得ないとされています（土田道夫「労働契約法」586頁）。

しかし，スタッフ職については，降格の前後で待遇が異なっても対象職務は同程度であることが多く，降格は単なる給与の切下げにすぎない場合があります。例えば，部長待遇職から課長待遇職への降格についての裁判例で「待遇職は管理職ではないことから，その昇進・降格についての被告の裁量は管理職についての昇進・降格のそれと比較すれば狭く解すべきである。」としたものがあります（近鉄百貨店事件・大阪地判平11・9・20労判778号73頁）。

4 降格処分を争う裁判の訴えの利益

　職能資格としての等級を争った裁判で訴えの利益を認め雇用契約上の地位を確認した例はいくつもあります（マッキャンエリクソン事件・東京地判平18・10・25労判928号5頁，聖望学園事件・東京地判平21・4・27労判986号28頁。ただし住友スリーエム事件・東京地判平18・2・27労判914号32頁は，職能資格の確認を求めましたが，訴えの利益がないということで却下されています。）

　これに対し，役職の降格を無効とする判例はありますが（最近の判例を網羅したものに，石嵜信憲「配転・出向・降格の法律実務」606頁），無効を認めながら一定の役職（例えば部長や課長）の地位にあることの確認を認めたものは見当たりません。

　不思議なことに，労働者が役職の降格無効を主張する事件で，原告の請求する「請求の趣旨」に降格前の地位の確認を求めた例が見当たらないのです。その理由は，訴え提起時に原告が地位の確認を請求しても，裁判所からその請求を取下げるように説得されるため，原告は却下か棄却になることを見込んで，その説得に応じる場合が多いのだと思います。私も聖望学園事件で説得されて役職の地位の確認の請求を取下げました。

　訴訟で役職の地位確認が認められないのは，この訴えの利益の有無の問題があるだけでなく（但し「労働事件審理ノート」第3版86頁は，訴えの利益を認めているようです。），就労請求権が実務上認められていないことも理由の一つです。確かに就労請求権を認めたとしても執行方法は間接強制しかないように思われますので（幾代通「注釈民法」16巻33頁），労働者に就労の喜びや新たな技能の習得ができるかどうか疑問です。今後も判例変更は期待できないと思われます（就労請求権を認めるドイツでは執行はどうなっているのでしょうか。）。

　また，職能資格の降格が無効になって元の資格に戻った場合は，会社は賃金の差額を支払うことで済みますが，役職の降格が無効となって役職を元に戻すと，すでに就いている役職者がいるのに，もう一人同じ役

職者が生じる（例えば総務部長が二人）ということになり，現実的な難しい問題もあります。

5　管理職を降格から守る方策

　以上のように，訴訟で管理職を降格から救済するのは簡単ではありません。そこで，訴訟によらずして管理職の降格を含む労働条件を守るにはどのような方法があるかについて考えてみます。

　具体的には，会社の利益代表者に含まれない管理職の組合加入を認め，団体交渉で労働条件を守る方法が考えられます。労組法2条但書1号によると，会社の利益代表者が組合員として参加している組合は労組法上の労働組合とは認められません。

　人事権を持った上級管理職などは利益代表者にあたるとされています。課長職は会社の利益代表者に該当する者もいますが，大多数は利益代表者という程の権限を持っていません。

　この点に関し，部長と同質の職務権限を有している副部長は利益代表者に該当するが，課長は該当しないとした判例（放送映画製作所事件・東京地判平6・10・27労判662号14頁）は妥当だと思います。

　ところで，日本の労働組合は会社毎の組合，つまり企業別組合が大多数を占めていますが，組合と会社で組合員の範囲に関する協約を締結している場合があり，通常，一律に役職が課長職以上は組合員になれない旨規定されています。そして，かかる協約は，労使でどの役職の労働者が利益代表者であるかをめぐる紛争を防止することから有効とされ，仮に利益代表者にあたらない者までを非組合員とする場合には，組合自治の立場から放任され，組合はその協約に拘束されるとされています（菅野「労働法」11版790頁，日本アイ・ビー・エム事件・東京高判平17・2・24労判892号29頁）。

　しかし，本来誰を組合員にすべきかは，組合の自主的判断に委ねるべきことです。したがって組合規約で組合員の範囲を定めるのは自主規制として許されるとしても，会社が一律に課長職以上の労働者を組合から排除する協約を組合と締結することは，会社の協約締結にあたっての対

応いかんでは組合の内部組織に関する支配介入に該当する恐れがあります。前述のように課長職の中に，利益代表者にあたるものとそうでないものがいるのですから，組合員とすべきかどうかは個別具体的に判断すべきであり，少なくとも，協約で課長職以上の労働者を一律に組合員から排除する協約は違法ではないとしても妥当ではないと思います。

昭和20年代は課長職は組合員とされている企業も多数あったようです（山崎憲「働くことを問い直す」27頁）。

ましてや課長職に対応するスタッフ職も，一律に協約で組合員資格がない扱いにされているとすると，大きな問題です。

なお，課長職労働者に組合加入を認めたとしても，管理職のなかには利益代表者には該当しなくとも，組合の自主性を阻害する恐れのある労働者もいます。組合は個別的判断で組合員として不適当な労働者の組合加入を拒否できることは当然です。

役職の降格は，就業規則など労働契約上の根拠がなくとも使用者の大幅な裁量が認められるとするのが判例ですが，もし課長が組合員であれば，利益紛争として降格が団体交渉の対象となることは明らかであり，課長職にとってもメリットがあるし，組合も勢力拡大につながりメリットがあると思われます。

一方，会社からすれば課長職が非組合員であれば争議での代替要員が確保できるし，人員整理のさいは，組合との交渉なしに肩たたきや解雇ができるというメリットがあるため，課長職を組合員化することに大きな抵抗があると思われます。

組合員でない役職者は降格や役職を解任されたり，意に反してライン職からスタッフ職にされたり，役職定年による賃金の大幅な切り下げや退職勧奨の対象となっても誰も助けてくれません。課長や課長級スタッフになる前は組合員として何十年も組合費を払っていたにもかかわらず，肝心なときに組合が助けてくれないとすると不満が出るのは当然です。労使とも協約のあり方について検討してもよいのではないでしょうか。

第1章 企業内人事異動（配転・転勤）

Q1. 配転とはどのようなものをいうのでしょうか。また，会社はどのような根拠に基づいて従業員に配転を命じることができるのでしょうか。

A. 配転とは，従業員の配置の変更であって，職務内容または勤務場所が相当の長期間にわたって変更されるものをいいます。会社は一般的には就業規則の規定を根拠として従業員に配転を命じることができます。

1．配転とは

「配転」とは，従業員の配置の変更であって，職務内容または勤務場所が相当の長期間にわたって変更されるものをいいます。このうち，同一勤務地（事業所）内の勤務箇所（所属部署）の変更が「配置転換」と称され，勤務地の変更が「転勤」と称されています（菅野和夫『労働法〔第11版〕』弘文堂・2016年，684頁）。

2．配転命令権の根拠

労働契約は労働者が使用者に「使用されて労働」し，使用者がこれに対して「賃金を支払う」ことを合意することによって成立します（労契法6条）。

日本の企業においては，長期的な雇用を予定した正社員は職種・職務内容や勤務地を限定せずに採用され，広範囲な配転が行われていくこと

が通常です。このような長期雇用の労働契約関係においては、労働者の職種・職務内容や勤務地は使用者の命令によって定まることになります[1]。すなわち、使用者の側に、人事権の一内容として労働者の職務内容や勤務地を決定する権限（配転命令権）が帰属することが予定されている、といえます。一般的に、就業規則には「会社は業務の都合により従業員に対して配転、転勤を命じることがある。」といった規定があり、この規定が労働契約における配転命令の根拠[2]となります（労契法7条本文）[3]。

この点、東亜ペイント事件・最二小判昭61・7・14労判477号6頁は、会社が労働者の個別同意なく転勤を命じることができる根拠について、①労働協約及び就業規則に業務上の都合により従業員に転勤を命ずることができる旨の定めがあること、②実態として配転が頻繁に行われていること、③対象者が大学卒業資格の営業担当者としてとして入社しており労働契約成立時に勤務地限定合意がされなかったこと、を理由としてあげています。この判断は転勤命令について判示したものですが、職種変更の配置転換も含めた配転命令権一般について、同判決の判断枠組みに従った判断がなされています（菅野和夫・安西愈・野川忍編集代表『論点体系 判例労働法3』有斐閣、2014年、12頁）。

もっとも、使用者による配転命令権の行使も無制限に許されるものではなく、Q2で述べるとおり一定の限界があります。

---

1 「雇用契約それ自体の中に具体的な職務は定められておらず、命令によってそのつど職務が書き込まれるべき空白の石版であるという点が、日本型雇用システムの最も重要な本質」であり、このような雇用契約の性格を「一種の地位設定契約あるいはメンバーシップ契約と考えることができる」とする見解もあります（濱口桂一郎『日本の雇用と労働法』日経文庫、2011年、16、17頁）。
2 なお、配転命令の根拠については、配転命令を、労働の場所・種類の決定を包括的に使用者に委ねる包括的合意によって基礎づけられる労務指揮権（形成権）の行使として行えるとする「包括的合意」説と、配転命令は、労働者との労働の場所・種類に関する労働契約上の合意の範囲内でのみ可能とする「契約説」の争いがありましたが、包括的合意説も特約による配転命令権の制限可能性を認め、他方、契約説も包括的合意による配転命令権を承認し、権利濫用法理の適用も否定しないため、両説は両立するものであり、配転命令権の存在根拠の立証責任に違いがあるくらいである、とされています（荒木尚志『労働法〔第2版〕』有斐閣・2013年、393〜394頁参照）。
3 菅野和夫『労働法〔第11版〕』弘文堂・2016年、684頁参照

Q2. 就業規則に配転の根拠規定があれば, 会社は従業員を自由に配転することができるのでしょうか。

A. 就業規則に配転の根拠規定があっても, 労働契約, 権利濫用法理, 法令等による一定の限界があります。

1. 労働契約による配転命令の制限

就業規則に包括的な配転命令の根拠規定があっても, 職種限定合意 (Q3参照) や勤務地限定合意 (Q6参照) がある場合, 労働者と使用者の間の個別の合意が優先するため, 配転命令権はその合意の範囲内のものに限定されます (労契法7条ただし書)。この場合, 本人の同意がなければ, 配転を命じることはできません (労契法8条)。

2. 権利濫用法理による制限 (Q10〜Q12参照)

そして, 使用者の配転命令権が肯定される場合でも, 配転は労働者の家庭生活やキャリアに影響を及ぼすものであることから, 権利濫用法理 (労契法3条5項) による制約を受けます。具体的には,「①業務上の必要性が存しない場合又は②業務上の必要性がある場合であっても, 当該転勤命令が他の不当な動機・目的をもってなされたものであるとき若しくは③労働者に対し通常甘受すべき程度を著しく超える不利益を負わせるものであるとき等, 特段の事情の存する場合」(下線及び番号は筆者), 配転命令は, 権利濫用にあたり無効となります (東亜ペイント事件・最二小判昭61・7・14労判477号6頁)。

この点, 業務上の必要性と労働者の不利益の関係については,「東亜ペイント事件の文理上は, 両者を相関的に比較考量するものではないが, 両者を比較考量して判断するのが相当と考えられる」と解されています (山口幸雄, 三代川三千代, 難波孝一編「労働事件審理ノート〔第3版〕」, 判例タイムズ社, 2011年, 80頁)。

なお，東亜ペイント事件の判断枠組みは①業務上の必要性について，「余人をもって代えがたい」という高度の必要性は要求されず，「労働力の適正配置，業務の能率増進，労働者の能力開発，勤務意欲の高揚，業務運営の円滑化など企業の合理的運営に寄与する点が認められる限りは，業務上の必要性の存在を肯定すべきである。」として広く業務上の必要性を認めているのに対し，③労働者の被る不利益は通常甘受すべき程度を「著しく超える」不利益でない限り権利濫用とはしないとしているため，使用者に対して配転の広い裁量を認めるものであるといえます。

3．法令による制限

　なお，上記のほか，不当労働行為（労組法7条）にあたる配転，差別的取扱いにあたる配転（労基法3条），公益通報者保護違反の配転（公益通報者保護法5条），妊娠・出産・産前産後休業等を理由とする不利益取扱いにあたる配転（均等法9条3項），育児・介護休業等を理由とする不利益取扱いにあたる配転（育児介護休業法10条等）等の強行法規に違反した場合も，配転命令は無効となります。

Q3. 職種限定合意とはどのようなものですか。明示の合意をしていなければ職種限定合意は成立しないと考えていいですか。

A. 職種限定合意とは，労働契約において，労働者を一定の職種に限定して配置し，それ以外の職種へは異動させない旨の労使当事者間での合意をいいます。職種限定合意は，会社と労働者の明示の合意に限らず，黙示の合意によっても認められます。

解説

　職種限定合意とは，労働契約において，労働者を一定の職種に限定して配置し，それ以外の職種へは異動させない旨の労使当事者間での合意をいいます。この合意がある場合，就業規則に配転命令の根拠規定があっても個別の合意が優先され，使用者の配転命令権はその合意の範囲内のものに限定されます（労契法7条ただし書）。異なる職種への配転は労働条件の変更にあたり，労働者の同意を得なければ実施できません（労契法8条）。

　そして，職種限定合意は，明示の合意に限らず，黙示の合意によっても認められるとされています。黙示の合意が認められるかどうかについて，裁判例の詳細はQ4（40頁〜44頁）で検討しますが，一般的に，長期雇用システムにおいては雇用維持のため配転による柔軟な労働条件変更を認めざるを得ないことから，裁判所は容易に職種限定合意を認めない傾向にある，といわれています。

　この点の代表的な事例が，車軸の加工部門で勤務するいわゆる「機械工」として採用され，17〜24年の間「機械工」として勤務してきた労働者が生産体制の変更に伴い自動車の「組立工」への配転命令を受けた日産自動車村山工場事件・最一小判平元・12・7労判554号6頁です。最

高裁は，就業規則に配転条項があること，本件配転前にも機械工を含めて異職種間の異動が行われた例があること，配転の対象及び範囲等も拡張するのが時代の一般的趨勢であること等を理由に，「機械工以外の職種には一切就かせないという趣旨の職種限定の合意が明示又は黙示に成立したものとまでは認めることができ」ないとして職種限定合意を否定した原審（東京高判昭62・12・24労判512号66頁）の判断を維持しています。

　なお，職種限定合意が否定されても当然に配転が認められるわけではなく，別途権利濫用法理（労契法3条5項）の検討が必要となります（権利濫用法理についてはQ10～12参照）。

Q4. 裁判例では、黙示の職種限定合意の有無を判断する際、どのような要素を考慮していますか。

A. 裁判例では、黙示の合意の有無は、①職務の性質、②採用時の具体的事情、③採用後の勤務状況、④就業規則等の規定内容、⑤社内における異動の実情等を総合的に考慮して判断されています。

1. 職種限定合意の判断要素

　職種限定合意は、明示の合意[4]に限らず、黙示の合意によっても認められるとされています。裁判例では、黙示の合意の有無は、①職務の性質、②採用時の具体的事情、③採用後の勤務状況、④就業規則等の規定内容、⑤社内における異動の実情等を総合的に考慮して判断されています。
　もっとも、専門職、特殊技能職にかかわる裁判例とそれ以外の裁判例では重視している要素が異なっているため、以下、専門職・特殊技能職にかかわる裁判例とそれ以外の2つの類型に分けて検討していきます。

4　なお、労働条件通知書の「従事すべき業務」（労基法15条2項・労基則5条1項1号の3）は雇入れ直後に従事すべき業務を明示すれば足りるものと解されており、就業規則等に配転の根拠規定が存すれば、この記載だけで職種を限定する合意があると評価されるものではありません。

2．専門職・特殊技能職にかかわる裁判例

（1）肯定例

　一般的に，医師，看護師，弁護士のような専門職は職種限定合意が認められやすい[5]とされており，裁判例では，看護師（東邦大学事件・東京地判平10・9・21労判753号53頁），病院の検査技師（大成会福岡記念病院事件・福岡地決昭58・2・24労判404号25頁），大学教員（金井学園福井工大事件・福井地判昭62・3・27労判494号54頁）等が職種限定合意を認められています。

（2）否定例

　これに対し，一定の専門性があると思われる職種であっても，職種限定合意が否定されている事例があります。例えば，児童養護施設の児童指導員（東京サレジオ学園事件・東京高判平15・9・24労判864号34頁）は，「医師や看護師のような特殊な技能，知識を要するものであったり，国家試験に基づく特別の公的資格を要するもの」ではなく比較的短期間の現場経験で資格の取得が可能であること，職務内容に日常の家事的業務も含まれていること等から高度の専門性を有する職種とまではいえないことを理由に，職種限定合意が否定されています。

　また，従来は高度の専門職として職種限定合意が認められていた職種であったアナウンサー（日本テレビ放送網事件，東京地決昭51・7・23判時820号54頁）も，近年の事例（九州朝日放送事件・最一小判平10・9・10労判757号20頁）では職種限定合意が否定されています。最高裁は，採用時にアナウンサーとしての特別の技能や資格は要求されていなかったこと，就業規則に職種限定の定めはなく，労働協約上アナウンサーも

---

[5] 東京エムケイ事件・東京地判平20・9・30労判975号12頁は，「当該職種が高度の専門性を有するもの（例えば，税理士，弁護士，医師等）であれば，その資格等に着目して労働契約等を締結し，その職種に就けたというのが当事者の合理的意思と考えられる」と述べています。

配転の対象とされていること，一定の年齢に達するとアナウンサー以外への配転が頻繁に行われていること等を理由として，「アナウンサーとしての業務以外の職種には一切就かせない」という趣旨の職種限定合意が成立したものと認めることはできない，として職種限定合意を否定した原審（福岡高判平8・7・30労判757号21頁）の判断を維持しています[6]。

（3）まとめ

以上のとおり，専門職，特殊技能職ではその職種が高度の専門性を有するかどうかが重視されています。高度の専門性があるとして職種限定合意が認められているのは，医師や看護師のような特殊な技能，知識を要するものであったり，国家試験に基づく特別の公的資格を要するものが多いといえます。他方，それ以外の事例においては，むしろ職務内容の専門性が高くないこと，採用時に特別の資格や技能を有しなかったこと等から専門性の程度が高度とまではいえないことが職種限定合意を否定する方向で考慮されているものが多いといえます。

3．専門職，特殊技能職以外の裁判例

（1）肯定例

次に，専門職・特殊技能職以外の職種であっても，ある特定の職種で就労させることを前提として採用した者について，職務限定合意が認められた事例があります。

---

[6] このほか，航空会社のフライトアテンダント（ノース・ウエスト航空（FA配転）事件・東京高判平20・3・27労判959号18頁）も，就業規則及び労働協約の配転条項がFAにも適用され，この条項を排除して職種をFAに限定する旨の明示の合意がされたと認める証拠がないこと等を理由に，職種限定合意が否定されました。同判決は，FAの専門性の程度について，応募条件として何も専門的知識が要求されていないこと，FAに採用された者が約4週間という比較的短期間のFAトレーニングを修了すればFAとして旅客機に乗務できることが認められること等を理由に，「FAはその業務内容によって職種限定の合意を基礎づけることできるほど高度の専門性を有する職種であると認めることはできない」と判断しています。

事務系業務の社員を警備業種へ配置転換しようとした**ヤマトセキュリティ事件・大阪地決平9・6・10労判720号55頁**では，語学堪能を採用条件とする社長秘書募集に応募して採用されたこと，一般社員と警備職社員の勤務形態及び採用状況の違い等を理由として，「社長秘書業務を含む事務系業務」の社員としての職種限定合意を認めています。

また，キャディ[7]（**東武スポーツ（宮の森カントリー倶楽部・配転）事件・宇都宮地決平18・12・28労判932号14頁**），及び損害保険契約募集等を担当する契約係社員（**東京海上日動火災保険（契約係社員）事件・東京地判平19・3・26労判941号33頁**[8]）も，その職種の専門性ないし特殊性から，一般職とは異なる就業条件が適用されることを前提に雇用契約を締結しており，異職種配転が原則として行われていなかったこと等から職種限定合意が認められています。

(2) 否定例

これに対し，ある特定の職種で就労させることを前提として採用した場合であっても職種限定合意が否定されている事例があります。

中途採用した総務管理職を営業職に配置転換した**目黒電気製造事件・東京地判平14・9・30労経速1826号3頁**は，総務管理職は経験が重視されるものの特殊技能を要する専門職とまではいえないこと，就業規則に配置転換を予定した条項があり，配置転換を同一職種内に限定することを要件としていないこと，及び異職種配転の実績があること等を理由に「総務担当の管理職以外の職種には一切就かせない」という趣旨の職種限定の合意が成立していたとまではいえない，として職種限定合意を否

---

[7] なお、同判決はキャディ職が一定の専門的知識を要する職種であることに言及していますが、高度の専門性があるとまでは言及していないため、この類型として整理しています。

[8] なお、同事件は、「職種限定の合意を伴う労働契約関係にある場合でも、採用経緯と当該職種の内容、使用者における職種変更の必要性の有無及びその程度、変更後の業務内容の相当性、他職種への配転による労働者の不利益の有無及び程度、それを補うだけの代替措置又は労働条件の改善の有無等を考慮し、<u>他職種への配転を命ずるについて正当な理由があるとの特段の事情が認められる場合には、当該他職種への配転を有効と認めるのが相当である</u>」と判示しましたが、この考え方は職種限定合意を無意味にしてしまうものであり、一般化できるものではないと考えます。

第1章　企業内人事異動（配転・転勤）

定しています。

　また，中途採用のシステムエンジニアを倉庫係に配置転換した<u>エルメスジャポン事件・東京地判平22・2・8労判1003号84頁</u>は，就業規則に配置転換の条項があること，及び異職種配転の前例があることからすれば，システムエンジニアの経験を有し，人材紹介会社を経て，IT技術者として中途採用されたという採用の経緯があるとしても，対象者に限って就業規則の配置転換の規定の適用を排除したとの事実を伺わせる事情もない以上，「情報システム専門職以外の職種には一切就かせない」という趣旨の職種限定の合意が明示又は黙示に成立したとまで認めることはできない，として職種限定合意を否定しています。

（3）まとめ

　以上のとおり，専門職・特殊技能職以外の職種では，職種限定合意の有無の判断において，その職種の会社における位置づけが一般職とは異なるものかどうか，という点が重視されていると思われます。具体的には，入社時において採用の手続が他の職種と異なるどうか，就業規則の配転の範囲がどのようになっているか，異なる職種への配転の前例があるか等が重要な考慮要素となっているものが多いといえます。

Q5. 裁判例を踏まえると，職種限定合意があると評価されないためにはどのような点に注意するべきでしょうか。

A. 就業規則において対象となる従業員の職種が配転の対象であることを明確にしておくこと，また，採用時において将来配置転換がありうることを十分説明した上で労働条件通知書または雇用契約書に明記しておくことが重要です。

解説

　Q4で検討したとおり，裁判例で職種限定合意について判断した事例は多数に上っています。裁判例を踏まえて注意しておくべきポイントを確認しましょう。

　まず，就業規則において対象となる従業員の職種が明確に配転の対象となっていることが必要です。職種限定合意が否定された事例では，就業規則に配転条項があり，その従業員も配転条項の対象であることが述べられているものがあります（九州朝日放送事件・最一小判平10・9・10労判757号20頁，ノース・ウエスト航空（FA配転）事件・東京高判平20・3・27労判959号18頁等）。このため，その従業員の職種が就業規則上配転の対象外とされてしまうと，逆に職種限定合意があるという方向で考慮されてしまう可能性が高いといえます。したがって，就業規則においてその従業員の職種が配転の対象であることを明確にしておく必要があります。

　そして，これだけ多くの裁判例で職種限定合意が問題になっていることからすれば，その従業員の職種について将来配置転換の可能性があるのであれば，採用時において将来配置転換がありうることを十分説明した上で労働条件通知書または雇用契約書に明記しておくべきでしょう。

第1章　企業内人事異動（配転・転勤）

　なお，職種限定合意が成立しない場合であっても，労働者の職種の特定に対する期待が相当なものである場合，労働者の職種の特定の期待に対する配慮に欠ける配転が権利濫用とされる場合があります（Q15参照）。

Q6. 勤務地限定がある場合の異動に関する注意点とは

どのような場合であれば，契約により勤務地を限定している従業員に対して配置転換を命じることができるのでしょうか。また，勤務地限定に関して明示の合意をしていない場合であれば，勤務地は限定されていないという理解でよいでしょうか。

A. 勤務地を限定している従業員に対しては，個別合意がなければ勤務地の変更を命じることができません。

また，明示的に勤務地限定の合意をしていなかったとしても，黙示の合意の成立が認定される場合があります。黙示の合意の有無は，当事者間の意思解釈の問題となりますが，具体的には，たとえば採用の経緯や会社における配置転換の実績・必要性等を踏まえた当事者間の認識（ないし認識可能性）に基づいて判断されることになります。

1　勤務地限定について

　会社と労働者との間で勤務地を限定する旨の合意を行っている場合，労働者の同意なくして一方的に勤務地の変更を命じることはできなくなります。たとえ，就業規則に配置転換を命じることがある旨定められていたとしても，個別合意が就業規則に優先するため（労契法7条但書），やはり勤務地の変更には労働者の同意が必要です。
　このような勤務地限定の合意は，明示的なものに限られず，黙示であっても認められることがあります。明示の合意があれば，争うまでもなく勤務地変更には個別合意が必要ということになりますが，明示の合意がない場合には，そもそも勤務地限定の合意があるのか否かという事実

認定から争いとなります。

　そして，勤務地限定の合意の存在が否定されたとしても，当然に勤務地の変更が認められるものではなく，配転命令に関する有効要件である，①業務上の必要性があること，②不当な動機・目的がないこと，③労働者に対して通常甘受すべき程度を著しく超える不利益を負わせるものではないことという要件を個別に検討して，配転命令の有効性が判断されることになります。各要件の解釈に関する詳細は該当のQを参照ください。

　以下，勤務地限定合意がどのような場合に認められるか（主として黙示の合意について）を検討します。

2　勤務地限定合意の意思解釈

　明示の合意があれば勤務地限定の合意は容易に認定できますが，明示の合意がない場合，どのような事情に基づいて黙示の合意の有無を判断すべきかが問題となります。

　主要な考慮要素としては，募集時・採用時における説明・当事者間の認識，当該企業における配置転換の実態・慣行のほか，諸事情（事業の規模・事業所の数・従業員の構成・労働者の学歴・雇用形態・資格・採用場所（地方の現地採用か否か）・経営状況等）から配転を予測すべき状況にあったかといった点が挙げられます。

Q7. 裁判例では,勤務地限定に関する黙示の合意の有無はどのように判断されていますか。どのような事情が重視されているのでしょうか。

A. 裁判例では,募集時・採用時における説明・当事者間の認識,当該企業における配置転換の実態・慣行のほか,諸事情（事業の規模・事業所の数・従業員の構成・労働者の学歴・雇用形態・資格・採用場所（地方の現地採用か否か）・経営状況等）から配転を予測すべき状況にあったかといった諸般の事情に照らして黙示の合意の有無が判断される傾向にあります。

解説

黙示の合意は,当事者間の意思解釈の問題となります。そのため,募集時・採用時における説明・当事者間の認識,当該企業における配置転換の実態・慣行のほか,諸事情（事業の規模・事業所の数・従業員の構成・労働者の学歴・雇用形態・資格・採用場所（地方の現地採用か否か）・経営状況等）から配転を予測すべき状況にあったかといった諸般の事情に照らして合意の有無が判断されることになります。

裁判例における具体的な判断は以下のとおりです。

（1）肯定例

黙示の合意を肯定した例は次のとおりです。

・新日本製鉄事件（福岡地判小倉支判昭45・10・26判時618号88頁）
　八幡製鉄所の現場労働者に対する君津製鉄所への転勤命令について,八幡製鉄所で現地採用された現場労働者であること,慣行上転勤がなかったこと,入社時に君津製鉄所はなかったこと等から,勤務地限定の黙示の合意が認められました。

第1章　企業内人事異動（配転・転勤）

・吉富製薬事件（福岡地判小倉支判昭53・6・5労判309号58頁）
　福岡の工場に勤務する高卒労働者に対し，大阪本社営業部門への配転を命じた事案につき，現地で工場勤務労働者として採用されたこと，定年まで現地工場で働くことが通常であったこと，高卒労働者は地元の高校を卒業し両親と同居したり勤務の傍ら農業等に従事したりする者が多いこと，営業業務に従事することが想定されていないこと等から，勤務地限定の黙示の合意が認められました。

・ブック・ローン事件（神戸地判昭54・7・12労判325号20頁）
　事務補助職の女性従業員に対する和歌山から大阪への転勤命令について，就職するきっかけとなった新聞の募集広告には勤務場所が和歌山市内となっていたこと，18歳で採用され両親とともに居住していたこと，勤務場所が和歌山市内とされていたことを重視して応募したこと等から，勤務地限定の黙示の合意が認められました。

・日本レストランシステム事件（大阪高判平17・1・25労判890号27頁）
　関西地区の管理職候補として中途採用された者に対して東京への転勤を命じた事案について，中途採用のアンケートでは関西地区以外の地域で勤務することを前提としていないこと，募集広告には関西地区のレストラン調理師資格を有する管理職候補として現地採用されたもので本社にて幹部要員として採用された者でなかったこと，面接の際に長女に特定疾患（心臓病三種合併症）があることに触れ大阪で勤務したい旨述べ会社担当者もこれを了解する姿勢をとっていたこと，一度も関西エリア以外で勤務していないこと，マネージャーを地域外に広域異動させることは稀であったこと等から，勤務地限定の黙示の合意が認められました。

（2）否定例

　黙示の合意が否定された例は次のとおりです。
・エフピコ事件（東京高判平12・5・24労判788号22頁）
　現地工場採用の労働者に対する経営合理化を理由とする茨城の工場から広島の工場への転勤命令について，転勤の趣旨が余剰人員の雇用の維持にあり，就業規則上の転勤条項を明確に承知した上で雇用されたものであるとして，勤務地限定の合意が認められませんでした。
・小野田化学工業事件（福岡地小倉支判昭50・7・1労判234号46頁）

門司工場事務課に勤務する高卒の勤続15年の労働者に対する，欠員補充を理由とする名古屋営業所への転勤命令について，本人が採用選考の際に会社に提出した入社希望者身上報告書において，いずれの事業場に転勤しても差し支えない旨上申していたこと，これまでの営業所の欠員を補充するために工場から転勤が行われていたことなどから，黙示の勤務地限定の合意が認められませんでした。

・日本発條伊那工場事件（長野地飯田支判昭54・5・29労判322号39頁）

伊那工場で現地採用された工員に対する伊那工場から横浜工場への余剰人員解消のための転勤命令について，当該労働者の採用時に限ってみても，同工場から他工場へかなり多数の転勤実績があること，これまでも他工場へ応援に行った実績があること等から，勤務地を伊那工場に限定する黙示の合意が認められませんでした。

・日本合成ゴム事件（津地判昭45・6・11労民集21巻3号900頁）

工場所在地（四日市）において採用され同工場に勤務する現場の作業員に対して，新たに建設した千葉の工場への転勤を命じたことにつき，入社時に転勤について記載がある就業規則その他の諸規程を遵守する旨の誓約書を提出していること，これまでも多数の従業員が千葉工場に転勤しており，一度も従業員から異議が出ていないこと等から，黙示の勤務地限定の合意が認められませんでした。

4 まとめ

勤務地を限定している従業員に対しては，個別合意がなければ勤務地の変更を命じることができません。したがって，まずは勤務地限定の有無が問題となりますが，明示の合意が存在すれば，この点は明らかであるため，合意の有無が問題となるのは，主として黙示の合意の場合です。

黙示による勤務地限定の合意の有無を判断する際に考慮される事情とは，具体的には，前述のとおり，募集時・採用時における説明・当事者間の認識，当該企業における配置転換の実態・慣行のほか，諸事情（事業の規模・事業所の数・従業員の構成・労働者の学歴・雇用形態・資格・採用場所（地方の現地採用か否か）・経営状況等）から配転を予測すべ

き状況にあったかといった点が挙げられます。

　特に，募集・採用時に，当事者間のやり取り等において，勤務地を限定する旨の認識を共有していたのであれば，たとえ書面化していなかったとしても，勤務地限定に関する黙示の合意は認められやすいといえるでしょう（ただし，書面化していないため，そのようなやり取りがあったということについて立証の問題は残ります。）。

　また，このようなやり取りがなく，同種労働者について配転の実績が多数存在するような場合には，黙示の合意の存在は否定されやすいといえます。

　一方で，配転の実績がほとんどないような場合ですが，その場合であっても，係る一事をもってただちに勤務地限定の黙示の合意があったと認められるものではないものの，勤務地限定の扱いが，いわば労使慣行のようになっている場合には，当事者間の意思解釈としても，黙示の合意が認定される可能性があるでしょう。

Q8. 従業員に対して業務内容または勤務地の変更を命じる際には，どの程度の業務上の必要性が要求されるのでしょうか。

A. 職務内容や勤務地が限定されていない従業員に対する配置転換については，業務上の必要性が広く認められており，余人をもって替え難いといった高度の必要性ではなくとも，労働力の適正配置，業務の能率増進，労働者の能力開発，勤務意欲の高揚，業務運営の円滑化など企業の合理的運営に寄与する点が認められる限りは，業務上の必要性が肯定されます。

解説

勤務地の変更を命じるに際してどの程度の業務上の必要性が要求されるかは，東亜ペイント事件（最二小判昭61・7・14労判477号6頁）で最高裁判決が，「そして，使用者は業務上の必要に応じ，その裁量により労働者の勤務場所を決定することができるものというべきであるが，転勤，特に転居を伴う転勤は，一般に，労働者の生活関係に少なからぬ影響を与えずにはおかないから，使用者の転勤命令権は無制約に行使することができるものではなく，これを濫用することの許されないことはいうまでもないところ，当該転勤命令につき業務上の必要性が存しない場合又は業務上の必要性が存する場合であつても，当該転勤命令が他の不当な動機・目的をもつてなされたものであるとき若しくは労働者に対し通常甘受すべき程度を著しく超える不利益を負わせるものであるとき等，特段の事情の存する場合でない限りは，当該転勤命令は権利の濫用になるものではないというべきである。右の業務上の必要性についても，当該転勤先への異動が余人をもつては容易に替え難いといつた高度の必要性に限定することは相当でなく，労働力の適正配置，業務の能率増進，

労働者の能力開発，勤務意欲の高揚，業務運営の円滑化など企業の合理的運営に寄与する点が認められる限りは，業務上の必要性の存在を肯定すべきである。」と判示しています。

　したがって，配転命令が有効となるためには，①業務上の必要性があること，②不当な動機・目的がないこと，③労働者に対して通常甘受すべき程度を著しく超える不利益を負わせるものではないことが要件となります。

　上記判例は，勤務地の変更を命じる場合の業務上の必要性について述べたものとなりますが，その判断枠組みは，職務内容の変更も含めた配置転換一般について引用されることが通常となっています。そして，勤務地に変更はなく，職務内容が変わるのみである場合には，転居を伴うものではなく，労働者の生活関係に対して特段影響を与えるものではないため，業務上の必要性はより緩やかに認められるものと考えられます。

Q9. 判例では，配置転換命令について，具体的にどのような場合に業務上の必要性が認められていますか。

A. ローテーション人事といった一般的な配置転換のほか，能力の問題，人間関係の摩擦，人件費削減等といった目的についても，広く業務上の必要性が肯定されています。

解説

1 裁判例の検討

　裁判例において，業務上の必要性が肯定された例としては，ローテーション人事の必要性（東亜ペイント事件・最二小判昭61・7・14労判477号6頁），協調性・管理能力に問題があること（北海道厚生農協連合会（帯広更生病院）事件・釧路地判平9・3・24労判731号75頁），ＧＥヘルスケア・ジャパン事件・東京地判平22・5・25労判1017号68頁）），人間関係の摩擦が生じていたために組織の円滑な運営の観点から行うこと（精電舎電子工業事件・東京地判平18・7・14労判922号34頁）），人件費の節約・余剰労働力の適正配置（ノース・ウエスト航空事件・東京高判平20・3・27労判959号18頁）），欠員補充（エルメスジャポン事件・東京地判平22・2・8労判1003号84頁））などがあります。

（1）ローテーション人事に関して

　ローテーション人事に関して上記最高裁判決は，「本件についてこれをみるに，名古屋営業所の金永主任の後任者として適当な者を名古屋営業所へ転勤させる必要があつたのであるから，主任待遇で営業に従事していた被上告人を選び名古屋営業所勤務を命じた本件転勤命令には業務上の必要性が優に存したものということができる。」として，会社の広

い裁量を認めています。

　勤務地や職務内容が限定されていない場合，円滑な組織運営のために，配置転換に関して企業に広汎な裁量が認められてしかるべきでしょう。したがって，不合理であることが明らかとなるような事情がない限り，ローテーション人事のための配置転換に関しては，原則として業務上の必要性は認められるものと考えられます。

（2）協調性・管理能力の問題について

　協調性・管理能力を問題にして配置転換を行う場合，協調性・管理能力の欠如を基礎付ける具体的な事実関係をきちんと立証できるか，これまでに注意・指導等を行っているか等といった事実関係が重要になるものと考えられます。また，管理職の場合は，「管理職の配置に関する業務上の必要性については，当該職員の能力，適性，経歴，性格等の諸事情のほか，組織や事業全体の運営を勘案した総合的見地からの判断がされるべきである。」（**北海道厚生農協連合会（帯広更生病院）事件・釧路地判平9・3・24労判731号75頁**）と判示されている例があるように，より大局的見地を加味した総合判断を行うことも認められるものと考えられます。

（3）人間関係の摩擦・軋轢

　組織内で人間関係の摩擦・軋轢が生じている場合に，その原因がどちらであるかにかかわらず，渦中の人物を別の部署へ配置転換するというケースについて，裁判例では，「被告組織内において上記のような対立関係が生じた以上，業務改善がある程度遅れることとなったとしても，なお組織の和を維持しつつ徐々に改善を進めるとの方針を採ることに転換することは，経営判断としての批判はあり得るとしても，なお，一つの方策として企業経営に当たる者の裁量の範囲内にあるというべきであるから，このことから，直ちに本件配転の必要性が存しなかったものと断ずることはできない。」（**精電舎電子工業事件（東京地判平18・7・14労判922号34頁）**）とされ，企業の広汎な裁量が認められています。

　人間関係の摩擦・軋轢が生じた原因が判明しているのであれば，原因に該当する者を別の部署へ配置転換することは当然認められるものと考

えられますが，そのような場合ではなく，原因が明らかではなかったとしても，組織の和を維持するという企業運営のためであれば，配置転換について広く業務上の必要性が認められるものと考えられます。

(4) 人件費の節約

　人件費削減のため，フライトアテンダントの業務に従事していた従業員に対して，地上職への配置転換を行なった事案につき，裁判例では，「被控訴人全体の経営状況，日本地区の経営状況は，前記のとおり，本件配転命令までの間，毎年多額の損失を重ねる状態であったことが認められ，平成14年9月10日には被控訴人の最高経営責任者であるY1が全従業員に，少なくとも1億ドルのコスト削減と売上げ増を実現すること，コスト削減方法について全従業員からアイデアを募集すること等を内容とするメッセージを発するなど，被控訴人は経営上必要な施策を実施しなければならない状況であったから，被控訴人が，各部署の余剰人員を調査し，真に余剰のある部署について，人員調整などの措置を講じること自体は，必要性があったといえる」(**ノース・ウエスト航空事件・東京高判平20・3・27労判959号18頁**))とされています(もっとも，同時案では配転により月額数万円の不利益を受けること等から，結論として配転命令は違法とされています。)。

　このように，多額の損失を重ねるなど，深刻な経営状況にある場合には，人件費削減目的による配置転換について業務上の必要性が認められるものと考えられます。ただし，人件費削減目的で配置転換を行なう場合，それによって給与減額も行なうことになるため，配転命令が権利の濫用として違法と判断される可能性もあります。通常の配置転換とは異なる場面であるため，慎重な検討が必要になるでしょう。特段経営状況に問題がない中，経営合理化を目的に給与減額を伴う配置転換を行なうような場合には，労働者の被る不利益の程度に照らして，業務上の必要性もより厳格に判断される可能性があります。その場合には，業務上の必要性のほかに，給与制度をどのように定めているか，制度運用の実態，適正な手続きの確保等といった事実関係に関しても重視されることになるものと考えられます。

(5) 欠員の補充

　退職者が生じた場合に欠員を補充するために行なう配置転換は，当然のことながら業務上の必要性が認められるものと考えられます。ただし，事案によっては，業務上の必要性がそれほど高くないにもかかわらず，人選の合理性が疑問視されるような欠員補充を行なった場合に，配転命令権の濫用と評価されている裁判例もあるため注意が必要です（<u>エルメスジャパン事件・東京地判平22・2・8労判1003号84頁</u>）。

2　まとめ

　職務内容や勤務地が限定されていない従業員に対する配置転換については，業務上の必要性が広く認められており，判例も示すとおり，余人をもって替え難いといった高度の必要性ではなくとも，労働力の適正配置，業務の能率増進，労働者の能力開発，勤務意欲の高揚，業務運営の円滑化など企業の合理的運営に寄与する点が認められる限りは，業務上の必要性が肯定されます。具体的には上記裁判例において紹介したとおりであり，ローテーション人事といった一般的な配置転換のほか，能力の問題，人間関係の摩擦，人件費削減等といった目的についても，広く業務上の必要性が肯定されています。

　もっとも，業務上の必要性が認められる場合であっても，労働者に対し通常甘受すべき程度を著しく超える不利益を負わせるものであるとき，不当な動機・目的があるときには，配転命令が権利濫用として無効になるため，業務上の必要性以外の点についても十分に検討することが重要です。

Q10. 業務上の必要性が認められ，かつ従業員本人にとって特段の不利益とならない場合であっても配置転換が違法とされることはあるのでしょうか。

A. 配転命令が不当な動機・目的に基づく場合，業務上の必要性の有無や従業員にとっての不利益の程度を問わず，当該配転命令は権利濫用として違法となります。

解説

　配転命令が有効となるためには，①業務上の必要性があること，②不当な動機・目的がないこと，③労働者に対して通常甘受すべき程度を著しく超える不利益を負わせるものではないことが要件となり，いずれかの要件を欠く場合，配転命令は権利の濫用として無効になります（東亜ペイント事件・最二小判昭61・7・14労判477号6頁）。
　不当な動機・目的とは，退職に追い込む目的や，会社にとって都合の悪いとする者に対する嫌がらせ・報復の目的等，それ自体不合理な目的のことを指し，たとえ業務上の必要性があったとしても，当然権利の濫用に該当することになります。
　したがって，業務上の必要性が認められ，かつ従業員本人にとって特段の不利益とならない場合であっても，配転命令が不当な動機・目的に基づく場合には権利濫用として無効になります。もっとも，配転命令が不当な動機・目的に基づく場合，通常は，業務上の必要性が乏しかったり，従業員に対して著しい不利益を与えるものであったりする場合が多いといえます。これは，そのような内容の配転命令であるからこそ，不当な動機・目的に基づくものと認定されやすいという表裏の関係にあるためと考えられます。

Q11 転勤命令が無効となってしまう不利益とは（総論）

転勤命令によって，どのような種類の不利益が，どの程度生じると，転勤命令が権利濫用となり，無効となってしまうのですか。

A. 転勤命令によって生じる不利益については，その不利益が「通常甘受すべき程度を著しく超える不利益」であるか否か，を検討することになります。転勤命令によって，労働者に「通常甘受すべき程度を著しく超える不利益」を負わせる場合には，たとえ転勤命令に業務上の必要性があったとしても，権利濫用により無効になります。

この不利益は，大きく，「労働者本人の病気」，「家庭生活上の不利益（夫婦別居，育児，通勤等）」，「家庭生活上の不利益のうち特に介護・病気の家族（両親，子供）の看護に関する不利益」の3つに分類することができます。そして，Q8で解説されている業務上の必要性の程度，不利益の具体的内容・性質，不利益を緩和する配慮・援助の有無等が考慮要素となります。なお，不利益の種類に応じた検討は，Q12をご覧ください。

1 転勤命令とそれによって生じる不利益

転勤とは，勤務地の変更を伴う労働者の配置の変更です。つまり，転勤とは，使用者が，労働者に対して，これまでと異なる場所での勤務（労務の提供）を命じる人事権の行使であり，労働者に転居を強いるものです。転勤は，これまで生活していた場所からの転居を強い，労働者の生活環境等に変化を生じさせますので，必然的に，労働者又はその家族に一定の不利益を発生させます。

もっとも，労働契約の内容として個別に勤務地を限定する旨の合意を

しておらず，かつ，就業規則に転勤を命じる根拠規定がある場合には，労働者は，原則として，労働契約に基づいて使用者の命令する場所で勤務する（使用者に労務を提供する）義務があることになります。

一方で，業務上の必要性があり，労働契約の内容として使用者が転勤を命じることができるからといって，権利濫用になるような場合にまで，無制限に人事権の行使が認められるわけではありません。

2 最高裁（東亜ペイント事件）の判断基準

Q8でも紹介した東亜ペイント事件・最判昭61・7・14労判477号6頁は，転勤命令に伴って生じる不利益について，「当該転勤命令につき…業務上の必要性が存する場合であっても，…労働者に対し通常甘受すべき程度を著しく超える不利益を負わせるものであるとき等，特段の事情の存する場合でない限りは，当該転勤命令は権利の濫用になるものではない」と判示しています。つまり，最高裁は，転勤命令によって通常生じる不利益は甘受すべきであるが，転勤命令によって「通常甘受すべき程度を著しく超える不利益」を労働者に負わせる場合には，人事権の行使としての転勤命令が権利濫用となり，無効になる場合があると判示しています。

3 不利益の種類と裁判例の傾向等

（1） 不利益の種類

転勤命令によって生じる不利益は，大きく，次のとおり，分類することができます。
- 労働者本人の病気
- 家庭生活上の不利益（夫婦別居，育児，通勤等）
- 家庭生活上の不利益のうち，特に介護・病気の家族（両親，子供）の看護に関する不利益

（2） 裁判例の傾向

　前掲東亜ペイント事件以降の裁判例を概観すると，転勤命令に伴う家庭生活上の不利益（夫婦別居を強いられる，育児の担い手が減り負担が増える等）については「転勤に伴い通常甘受すべき程度のもの」と評価される傾向にあります（後記「Q12」参照）。

　一方で，「通常甘受すべき程度を著しく超える不利益を負わせるもの」として，転勤命令が権利濫用であると認められる傾向にあるのは，労働者本人の健康に問題がある場合や，家族の介護や病気の家族の看護等が問題になる場合であることがわかります（後記「Q12」参照）。

　また，2001年に改正された育児介護休業法26条にて「養育又は家族の介護の状況」について使用者の配慮義務が規定されると，当該条文に触れた上で権利濫用を認める裁判例も現れるようになりました。

（3） 今後の動向

　2007年に労働契約法第3条3項で「仕事と生活の調和への配慮」が労働契約の締結・変更の基本理念として規定されました。また，少子化や労働者の健康の問題との関連で，ワーク・ライフ・バランスの社会的要請（2007年のワーク・ライフ・バランス憲章等）も高まってきています。

　今後，転勤命令の濫用判断における「転勤に伴い通常甘受すべき程度の不利益」か否かの判断基準について，「仕事と生活の調和」が重視される方向へと修正がなされる可能性もありますので，実務的には留意が必要です。

Q12. 転勤命令が無効となってしまう不利益とは（各論）

　転勤命令によって生じる不利益は，大きく分けると，「労働者本人の病気」，「家庭生活上の不利益（夫婦別居，育児，通勤等）」，「家庭生活上の不利益のうち，特に介護・病気の家族（両親，子供）の看護に関する不利益」に分類できるとのことですが，その分類ごとに，権利濫用か否かの判断において傾向などはありますか。

A. 不利益の種類によって使用者が配慮すべき内容・程度等が異なり，権利濫用性の判断の傾向も異なります。従って，転勤命令の発令にあたっては，次に解説するとおり，不利益の種類に着目した丁寧な検討が必要になります。

1　労働者本人の病気について

（1）　裁判例及びその傾向

　まず，東亜ペイント事件以降，労働者本人が病気である場合の配転命令について判断した主要な裁判例には，次に述べる2つがあります。いずれも転勤命令が権利濫用にあたるとされました。

（2）　裁判例の検討

ア．損害保険リサーチ事件・旭川地判平6・5・10労判675号72頁
　この裁判例は，労働者本人が神経症を罹患し復職する際の旭川から東京への転勤命令が問題になった事案ですが，主治医の治療機会の確保，家族のサポートの重要性等を理由に，転勤命令により労働者に「通常甘受すべき程度を著しく超える不利益」を負わせるものとして，権利濫用にあたるとされました。

イ．ミロク情報サービス事件・京都地判平12・4・18労判790号39頁

この裁判例では労働者本人がメニエール病に罹患しており，病気のために発令先の勤務場所まで長時間（1時間40分以上）の通勤に耐えられるか疑問であること等を理由に，権利濫用にあたるとされました。

（3） まとめ

このように，労働者本人に重大な病気がある場合，転勤によってその病気の治療等に支障・困難が生じる場合には，「通常甘受すべき程度を著しく超える不利益を負わせるもの」として，転勤命令が権利濫用にあたると評価される傾向にあります。

2 家庭生活上の不利益（夫婦別居，育児，通勤等）について

（1） 裁判例及びその傾向

ア　次に，転勤に伴って生じる家庭生活上の不利益（夫婦別居，育児，通勤等）について検討します。

転勤命令によって夫婦の共同生活（単身赴任）や育児，通勤に生ずる不利益を主たる争点として判断された裁判例は，前掲東亜ペイント事件以降，チェース・マンハッタン銀行事件・大阪地判平3・4・12労判768号128頁，川崎重工業事件・最判平4・10・20労判618号6頁，共栄火災事件・秋田地判平5・5・17判タ837号262頁，JR東日本（東北地方自動車部）事件・仙台地判平8・9・24労判705号69頁，帝国臓器製薬事件・最判平11・9・17労判768号16頁，ケンウッド事件・最判平12・1・28労判774号7頁，メレスグリオ事件・東京高判平12・11・29労判799号17頁，新日本製鐵（総合技術センター）事件・福岡高判平13・8・21労判819号57頁等があります。

これらの裁判例では，単なる家庭生活上の不利益（夫婦別居，育児，通勤等の不利益）は，いずれも「通常甘受すべき程度を著しく超える不利益を負わせるもの」ではないとして，権利濫用であることが否定され

ています。
イ．これらの裁判例をみると，共稼ぎ夫婦が別居を余儀なくされた事案等においては，各種手当ての支給，配偶者の就職斡旋などについて使用者が一定の経済的配慮等をしていることが権利濫用でないことを基礎づける事実として，特に評価されていることがわかります。

具体的には，前掲帝国臓器製薬事件では，本来は支給基準に該当しない手当を含め手厚く手当の支給をしたこと等が，前掲新日本製鐵（総合技術センター）事件では配偶者の再就職斡旋の申し出・持ち家処分の援助をしたこと等が，前掲JR東日本（東北地方自動車部）事件では盛岡への転勤について同じ会社である夫についても盛岡への転勤の橋渡しの労をとることもやぶさかでない旨会社が述べていること等が，権利濫用の判断にあたって肯定的に評価されています。

（2） 上記裁判例等を踏まえた検討

ア．前掲帝国臓器製薬事件の第一審では，労働者が単身赴任をせざるを得ない合理的事情がある場合は，使用者は転勤命令に際して信義則上，単身赴任の不利益を軽減・緩和するよう配慮する義務を負う，とされました。

かかる「義務」が常に使用者に要求されるかは措くとしても，上記裁判例を見る限り，不利益を緩和する措置としての一定の経済的配慮等が濫用を否定する重要な要素となっていることがわかります。
この配慮について分析すると，大きく，
・単身赴任を回避し，家族帯同の転勤を可能とする措置（配偶者の就職斡旋，保育所の紹介，帯同可能な社宅の提供等），
・単身赴任が避けられない場合の不利益の軽減措置（別居手当の支給・帰省交通費の補助等），
に分けることができます。
イ．また，通勤時間増加に伴う育児に関する支障等が問題になった前掲ケンウッド事件では，勤務時間，保育問題等についての話し合いに当該労働者が積極的に応じようとはせず本件異動命令の拒否の態度を貫いたことも考慮され，濫用ではないと判断されています。

第1章　企業内人事異動（配転・転勤）

（3）　裁判例等を踏まえて使用者のとるべき対応

　このように，裁判例では，転勤命令に伴う家庭生活上の不利益（夫婦別居を強いられる，育児の負担が増える等）については，「通常甘受すべき程度を著しく超える不利益」ではないと判断される傾向にありますが，使用者が転勤による不利益を緩和する措置としてどのような配慮をしたか，また使用者が労働者との間で不利益緩和に向けて話し合う努力をしたかなどが考慮されており，実務的には，使用者は，これらのポイントを意識した丁寧な対応をとるべきといえます。

　特に，Q11で述べたとおり，転勤命令の権利濫用判断における「転勤に伴い通常甘受すべき程度の不利益」か否かの判断基準について，今後，「仕事と生活の調和」の方向へ修正されていくことも想定されるため，今後はさらに留意が必要です。

3　家庭生活上の不利益（介護，病気の家族（両親，子供）の看護）について

（1）　裁判例及びその傾向

　家庭生活上の不利益のうち，介護，病気の家族（両親，子供）の看護について配転命令権の濫用と判断した裁判例として，北海道コカ・コーラボトリング事件・札幌地判平9・7・23労判723号62頁，日本ヘキスト・マリオン・ルセル事件・大阪地決定平9・10・14労判962号152頁，明治図書出版事件・東京地判平14・12・27労判861号69頁，日本レストランシステム事件・大阪高判平17・1・25労判890号27頁，ネスレ日本（配転本訴）事件・大阪高判平18・4・14労判915号60頁，NTT西日本（大阪・名古屋配転）事件・大阪高判平21・1・15労判977号5頁，NTT東日本（北海道・配転）事件・札幌高判平21・3・26労判982号44頁等があります。

　一方，NTT東日本北海道支店事件・札幌地判平15・2・4労判846号

89頁．NTT東日本（首都圏配転）事件・東京地判平20・3・26労判959号48頁では，配転命令によって親の介護等に具体的な支障を生ずるとまでは認められないとされました。

上記2で検討したとおり単身赴任等のケースであれば，経済的な援助等の配慮を行うことによって権利濫用性が否定される傾向が強いといえますが，介護，病気の家族（両親，子供）の看護のケースについては，その介護や病気の状況・程度によっては，その不利益の性質上，必ずしも経済的援助によっては不利益性が緩和されるわけではないため，異なった傾向があるといえます。

（２） 育児介護休業法改正及びそれを踏まえた裁判例の動向

ア．平成13（2001）年に改正された育児介護休業法26条にて使用者の配慮義務が規定されると，この改正以降，裁判例において，当該条文に触れた上で権利濫用を認めるものが現れるようになりました。例えば，前掲明治図書出版事件，前掲ネスレ日本（配転本訴）事件，前掲NTT西日本（大阪・名古屋配転）事件，NTT東日本（北海道・配転）事件などの裁判例です。

労働契約との関係でいえば，使用者は，育児介護休業法26条によって，転勤を命じることができなくなるわけではなく，また，配慮義務が直ちに労働契約上の義務となる（労働者が配慮義務の履行を請求できる）わけでもありません。あくまで配慮義務は，人事権濫用の一考慮要素にとどまるものであり，その違反が人事権濫用に直結することもありません。

イ．しかしながら，改正以後の裁判例では，育児介護休業法26条に触れ，次のように判示されています。

まず，前掲明治図書出版事件では，育児介護休業法26条の「配慮」について，「育児の負担がどの程度のものであるのか，これを回避するための方策はどのようなものがあるのかを，少なくとも当該労働者が配置転換を拒む態度を示しているときは，真摯に対応することを求めているものであり，既に配置転換を所与のものとして労働者に押しつける態度を一貫してとるような場合は，同条の趣旨に反し，その配転命令が権利の濫用として無効になることがある」とした上で，本件において使用者

が本件転勤命令を再検討することが一度もなかったことは同条の趣旨に反する，とされました。

　また，前掲ネスレ日本（配転本訴）事件では，「育児介護休業法26条の配慮の関係では，本件配転命令による被控訴人らの不利益を軽減するために採り得る代替策の検討として，工場内配転の可能性を探ることは当然である」とされました。

ウ．そして，前掲明治図書出版事件，前掲ネスレ日本（配転本訴）事件の事案では，使用者は労働者に対して一定の経済的配慮を行っていましたが，不利益の性質上，それらの経済的配慮では足りない，とされました。

　すなわち，前掲明治図書出版事件では，裁判所は，「少なくとも金銭的な不利益については，相当程度の配慮を尽くしているといえる」としながら，「債権者に生ずる不利益は，金銭的なものだけではなく，妻が共働きであることを前提とした育児に関するものであると認められるところ，…（略）…その育児に関する不利益（長女は皮膚をかかないように看護している必要があるし，長男も間欠的，突発的な発作があるし，入浴や食事等の生活の全般に気をつかわざるをえないから，これに仕事を持った親一人で対処するのは，肉体的にも，精神的に過酷である）は，著しく，金銭的な填補では必ずしも十分な配慮とはいえない」とされました。

　また，前掲ネスレ日本（配転本訴）事件でも，借上社宅，諸手当の支給等では，被る不利益を補填しえないとされ，妻の看護や母親の介護の状況について配慮を十分に行ったものとは言い難い，とされました。

（3）　裁判例の検討

ア．このように，裁判例をみると，労働者の意向聴取によって看護・介護の状況（特に，本人が看護・介護を行う必要があるのか，他に代替手段があるのか）等を把握し，本人による看護・介護の必要性が高い場合はできるだけ転勤を回避し，転勤が避けられない場合は手厚い経済的支援を講ずることが求められている，といえます。そして，このような配慮を欠いたまま転勤を命じることは，他の事情と相まって，「通常甘受すべき程度を超える不利益」を生じさせるものとして濫用になる傾向が

ある，といえます。

　また，上記（2）でみたように，使用者は，転勤自体については相当の経済的配慮（帰省費用，諸手当支給等）を講じていたとしても，介護・看護等の状況によっては）その不利益の性質上通常の経済支援だけでは不十分とされる場合があることがわかります。

イ．一方で，育児介護休業法や上記裁判例は，介護・看護等に問題を抱える労働者に対する転勤自体を禁じているわけではないのであって，その介護・看護の具体的状況に対応して適切な配慮を行えば，濫用性は否定されることになります。

　例えば，育児介護休業法改正前の事案ではありますが，前掲ケンウッド事件では転勤による通勤時間の長時間化によって生ずる子の保育問題について，使用者が勤務時間を含めて話し合いを求めたにも拘わらず，労働者がこれに応じようとしなかったことも考慮して，濫用ではないとされています。

　また，前掲NTT東日本北海道支店事件では，札幌から東京への転勤命令につき，会社には看護休暇や介護休職の制度があり，労働者が行ってきた週1～2回の父親の介護は十分行うことができるとして，配転禁止仮処分申立てを却下しました。この裁判例では，使用者がなすべき配慮の内容・程度があくまでも介護の内容・程度に応じて決定されることを明らかにしています。また，同様の判断は，前掲NTT東日本（首都圏配転）事件でもなされています。

（4）　裁判例等を踏まえて使用者のとるべき対応

　このように，家庭生活上の不利益のうち，介護，病気の家族（両親，子供）の看護に関する不利益については，そもそも経済的な援助等によって緩和できる性質のものでないことが多く，その不利益の内容・程度によっては，「通常甘受すべき程度を著しく超える不利益」と判断されやすい傾向にあることがわかります。そのため，使用者は，介護，病気の家族（両親，子供）の看護等の問題を有する労働者に転勤を命じるにあたっては，経済的な援助等だけではなく，労働者が個別に抱える事情に応じて，適切かつ丁寧な配慮をする必要があることに留意が必要です。

第 1 章　企業内人事異動（配転・転勤）

Q13. 転勤によって生じる不利益を考えるにあたって，どこまで個別の事情を把握・考慮しなければいけないのでしょうか。

　　　　家族の介護の事情，病気に関する事情などはプライバシーにも関わる事項であり，使用者が必ずしも把握しているものではありません。
　　　　転勤命令によって生じる不利益を考えるにあたって，どこまで個別の事情を把握し，考慮しなければいけないのでしょうか。

A.　使用者としては形式的に知らなかったということでは済まされないため，発令の前後であったとしても，看護又は家族の介護の事情等が明らかになった場合には，これをもとに実情の調査，配慮の検討・実施や配転命令の再検討を行う必要があります。
　円滑な人事権の行使のためには，日頃から定期的に家族状況を申告させたり，正式な発令の前に，ゆとりをもって転勤の内示・打診をし，労働者の事情等を把握・確認することが望ましいといえます。

1　はじめに

　Q12で述べたとおり，転勤命令によって労働者が被る不利益の種類・内容によって，使用者が配慮すべき内容やその程度も変わってきますが，使用者は，家族の介護の事情，病気に関する事情などはプライバシーにも関わる事項であり，使用者として必ずしも把握しているものではありません。
　そこで，使用者が，どこまで個別の事情を把握し，考慮しなければならないのか，また，どの程度事情を収集すべきなのか等が問題となります。

2 裁判例及びその傾向等

(1) 北海道コカ・コーラボトリング事件・札幌地判平9・7・23労判723号62頁

ア この裁判例の事案では、転勤命令を発令する約2ヶ月前に、会社が従業員に対し、家族の家族状況申告書の提出を依頼しましたが、これに対し、当該労働者は、長女、二女及び両親について何らの問題ない旨の申告書を提出していました。

しかし、転勤命令の内示の段階で、はじめて、実際には、長女（中3）が躁うつ病（疑い）により同一病院で経過観察することが望ましい状態、二女（小3）が脳炎の後遺症によって精神運動発達遅延で定期的にフォローすることが必要な状態であることに加え、隣接地に居住する両親の体調がいずれも不調（父親が足が不自由で身体障害6級認定のほか糖尿病で週1回通院、母親は子宮摘出手術後の体調不良に加えて白内障の手術が必要な状態）であること等が判明しました。

イ この事案において、裁判所は、「債権者は、右のような家庭状況を、転勤の内示を受けるまで債務者に申告せず、却って、長女、二女及び両親に何らの問題もないかのごとき家族状況申告書を提出し、債務者をして転勤の人選を誤らせており、その対応には遺憾な点が存するが、結局、本件転勤命令が出される1か月以上前には債務者に対し家庭状況を申告し、転勤には応じ難い旨伝えていることを考慮すると、債権者の右対応によって右認定が左右されるものではない」と判示しました。

(2) ネスレ日本（配転本訴）事件・大阪高判平18・4・14労判915号60頁

ア この裁判例の事案では、会社が一律に配転を命じた上で、事後的に従業員個別の事情について個別面談で聴取するという方法がとられましたが、当初、当該労働者から転勤が困難である旨の個別事情の申告はなく、後日個別事情が明らかになりました。

この事案において、裁判所は、当初個別面談で具体的な申告がなかったとしても申告期限内に書面でなされた転勤困難である旨の申し出や事

情の申告をもって配転命令について再考を求めている場合には，それを信義則に反するとして無視するのは明らかに不当である，としました。

イ　さらに，控訴審でも維持されている第一審判示部分では，「母が要介護2の認定を受けているので介護の必要性があることを申述したにもかかわらず，被告は，その事実を聴取することなく，配転命令に従うことを求めた」，「要介護者の存在が明らかになった時点でもその実情を調査もしないまま，配転命令を維持したのは，改正育児介護休業法第26条の求める配慮としては，十分なものであったとは言い難い」と判示されています。

（3）　育児介護休業法26条に関する厚生労働省通達

裁判例に加え，「子の養育又は家族の介護を行い，又は行うこととなる労働者の職業生活と家庭生活との両立が図られるようにするために事業主が講ずべき措置に関する指針（平成21・12・28厚労告第509号）」では，「法第26条の規定により，その雇用する労働者の配置の変更で就業の場所の変更を伴うものをしようとする場合において，当該労働者の子の養育又は家族の介護の状況に配慮するに当たっての事項」について，「配慮することの内容としては，例えば，当該労働者の子の養育又は家族の介護の状況を把握すること，労働者本人の意向をしんしゃくすること，配置の変更で就業の場所の変更を伴うものをした場合の子の養育又は家族の介護の代替手段の有無の確認を行うこと等」とされています。

3　裁判例等を踏まえて使用者のとるべき対応

以上の裁判例及び通達を踏まえると，使用者としては当該労働者の個別事情を形式的に知らなかったということでは許されず，転勤命令の発令前後において，労働者の申告により，労働者の養育又は家族の介護の事情が明らかになった場合には，これをもとに実情の調査，配慮の検討・実施や配転命令の再検討を行う必要があるといえます。

従って，円滑な人事権の行使のためには，日頃から定期的に家族状況

を申告させたり，正式な発令の前に，ゆとりをもって転勤の内示・打診をし，労働者の事情等を確認することが望ましいといえます。

Q14. 裁判例では，配置転換命令について，どのような場合に不当な動機・目的が認定されていますか。

A. 配転前に退職勧奨を行っていた，配転対象者が内部通報を行っていた等の事情がある場合や，配転先の業務が当該労働者にとって相応しいものではないあるいは給与等の労働条件の面で大きな不利益を被るといった事情が認められるような場合には，その配転前・後の各事情に鑑みて，不当な動機・目的が認定される可能性があります。

解説

1 裁判例

裁判例において，配転命令が不当な動機・目的に基づくものであると判断された事案をいくつか紹介します。

(1) 退職勧奨を拒否した者に対する配転
・フジシール（配転・降格）事件（大阪地判平12・8・28労判793号13頁）
　退職勧奨を拒否した直後に従前の開発業務とは全く異なった業務に従事させていること，原告が担当した業務がその経験や経歴とは関連のない単純労働であり，当該業務を原告に担当させる業務上の必要性があったとはいえないこと等から，配転命令は退職勧奨拒否に対する嫌がらせとして発令されたものというべきで権利の濫用として無効であるといわざるをえないとされました。
・日本ガイダント工業事件（仙台地判平14・11・14労判842号56頁）
　執拗に退職勧奨し，これに応じなかった者に対して配置転換を命じていること，配転命令以後の営業事務職としての就業実態が営業事務職の名

に値しない状態であるといわざるを得ないことからすれば、配転命令に業務上の必要性があったともいえず、むしろ、給与等級を下げることを目的とした配転命令といわざるを得ないとして、当該配転命令は権利の濫用により無効とされました。

・日本アムウェイ事件（東京地判平18・1・13判時1921号150頁）

　外資系企業に管理職として中途採用された者に対し、所属部門解散に伴い会社都合退職するか、あるいは管理職から非管理職へ給与減額を伴う配転に応じるかを提案したところ、退職を拒否したことから配転となり、警備等の業務を命じられたという事案につき、「原告からはその仕事を取り上げて他の担当者に引き継がせた上で人事部付きとして原告のキャリアを生かすような特段の仕事を用意するわけでもなく冷遇するのは、会社の人事権の行使として見て合理性・説得力に欠けるものである。」として、業務上の必要性がない、あるいは乏しく、実際には不当な動機・目的に基づく配置転換であったとして当該配転命令は無効と判断されています。

（2）内部通報を行った者に対する配転

・オリンパス事件（東京高判平23・8・31労判1035号42頁）

　Y社が営業チームリーダーのAを企画営業部部長付へ配置転換したことにつき、他社から転職者の受入れができなかったことにつきAの言動がその一因となっているものと考え、Y社の信用の失墜を防ぐためにしたAの本件内部通報等の行為に反感を抱いて、本来の業務上の必要性とは無関係にしたものであって、その動機において不当なもので、内部通報による不利益取扱を禁止した運用規定にも反するものであり、その後の2回にわたる配転命令も、いわば第1回配転命令の延長線上で、同様に業務上の必要性とは無関係にされたものであること、第1回ないし第3回配転命令によって配置された職務の担当者としてAを選択したことには疑問があること、第1回ないし第3回配転命令はAに相当な経済的・精神的不利益を与えるものであることなどの事情が認められるから、いずれの配転命令も人事権の濫用にあたり無効であると判断されています。

(3) 単純作業や閑職への配転

・ベネッセコーポレーション事件（東京地立川支判平24・8・29労働判例ジャーナル14号1頁）

　配転先である人材部業務支援センターでは業務の大半は単純作業であること，社内ネット，イントラネット上の人財部ホルダーやチームサイトにアクセスができない状況にあること，人財部担当者一覧には，業務支援センターの名前，メンバーの氏名などが一切記載されていないこと等を総合すると，業務支援センターは人財部の正式な部署といえるような実態ではなく，人財部付の延長線上にあるといわざるを得ず（人財部付に配属された社員は名刺も持たされず，社内就職活動をさせられるほかは，単純労働をさせられたのみであること，電話にも出ないよう指示されていたこと等を総合すると，人財部付は実質的な退職勧奨の場となっていた疑いが強く，違法な制度であったといわざるを得ないと認定されている。），違法な実態を引き継いでいると認められるとされ，人材部業務支援センターへの配転命令は人事裁量の範囲を逸脱しており違法と判断されました。

・新和産業事件（大阪高判平25・4・25労判1076号19頁）

　退職勧奨を繰り返し，拒否した後に配転を命じていること，配転先には2名の従業員を配置することが必要なほどの業務量はなく，行うべき業務はほとんど存在しないこと，本件配転命令は，職種を総合職から運搬職に変更し，これに伴い，賃金水準を大幅に低下させるものであることからすると，本件配転命令は，業務上の必要性とは別個の不当な動機及び目的によるものということができるとして，無効と判断されています。

2　まとめ

　不当な動機・目的が認定された例では，そのほとんどが業務上の必要性も否定されているか乏しいと判断されています。嫌がらせや報復といった目的で配転が命じられる場合，業務上の必要性は考慮されていない

ことが多いためでしょう。

　不当な動機・目的は内心の事情であるため，直接立証するというより，前後の経緯等を総合して判断することになることが多いといえます。その際，配転前の事情としては，退職勧奨を行っていたといった事情や，会社が配転対象の労働者を嫌悪していたことを基礎付けるような事情（内部通報を行っていた等）がある場合，配転後の事情としては，配転先の業務がいわゆる窓際のような内容で，仕事の質・量などが当該労働者にとって相応しいものではないことといった事情や，配転後に給与等の労働条件の面で大きな不利益を被っているような事情が認められるような場合には，その配転前・後の各事情に鑑みて，当該配転命令は対象者を退職に追い込む，あるいは対象者に対して嫌がらせや報復を行う目的で行われたものと推認される可能性が高いといえるでしょう。

　このうち，退職勧奨を拒否した者に対して配転を命じる場合については，雇用を維持するため等といった正当な業務上の理由が存在する例も考えられます。退職勧奨後に配置転換を行ったからといって，ただちに不当な動機・目的の存在が推認されるものではないと考えられますが，業務上の必要性や労働者の被る不利益の程度には十分に配慮しなければ，退職に追い込むための，あるいは退職勧奨に応じなかったことに対する制裁的な配転であると判断される可能性があるため注意が必要です。

　いずれにしても，業務上の必要性があることおよび労働者の被る不利益の程度が著しくないことを十分に検討することが重要であり，そのような検討を経た上で配置転換を命じれば，不当な動機・目的が認定されるおそれは少ないといえるでしょう。

第1章　企業内人事異動（配転・転勤）

Q15. 近時「キャリア権」というものが提唱されていると聞きました。「キャリア権」とはどのような権利のことをいうのでしょうか。「キャリア権」が認められると，企業が労働者の個別同意なしに配転することができなくなってしまうのですか。

A. キャリア権は，「働く人1人ひとりが，その意欲と能力に応じて自己が望む仕事を選択し，職業生活を通じて幸福を追求する権利」と定義されています。「キャリア権」が認められたとしても，直ちに企業が労働者の個別同意なしに配転することができなくなってしまうというものではありません。

1．はじめに

近年，本問で解説する「キャリア権」に典型的に表れているように，職業キャリアに対する意識が高まっています。従業員が，職業キャリアを理由に配置転換に難色を示した場合，企業はその従業員の個別の同意を得ない限り配転を行うことができなくなってしまうのでしょうか。

2．職業キャリアとキャリア権

そもそも，職業キャリアとは，「人が職業につくことを準備し，職業を選択し，展開し，その遂行能力を高め，あるいは職業を転換するなかで，経済的報酬や社会的評価を獲得するとともに，自己実現をしていく過程，および，その結果として生ずる履歴のこと」を指すとされています（キャリア権研究会「報告書」2011年，7頁）。この点について，近時，

「キャリア権」という考え方が提唱されています[1]。キャリア権は，「働く人1人ひとりが，その意欲と能力に応じて自己が望む仕事を選択し，職業生活を通じて幸福を追求する権利」と定義されています。

キャリア権は，日本では当たり前とされてきた正社員の終身雇用制が実態として崩壊しつつあるなかで，働く人たちが自分の人生設計においてその職業人生を能動的に形成していくことの重要性が増していることから，労働市場において職業キャリアが個人の価値として高く評価されるようになるための背景となるキャリア形成と展開の法的基礎と根拠を提供するために提唱されたものです。キャリア形成を自己責任のみに任せても個人でできることには限界があることから，自己責任を前提としながら，企業や政府によるサポートを求める必要があるので，キャリアを働く人たちの権利として構成しています。

もっとも，キャリア権によりキャリア形成プログラムから外れる配置転換や出向を拒否できるとまでは考えられておらず，「政策面での配慮を国に要請するが，当面はプログラム規定にすぎないので，ただちに請求権が生まれることはない。」と考えられています。（以上につき，キャリア権研究会「報告書」，2011年，キャリア権研究会7～12頁）[2]。

したがって，「キャリア権」が認められたとしても，直ちに企業が労働者の個別同意なしに配転することができなくなってしまうというものではありません。

---

1 諏訪康雄「キャリア権の構想をめぐる一試論」（1999年、日本労働研究会雑誌468号54頁）
2 キャリア権については，本書巻頭言「人事権と人生」（1頁～11頁）もご参照。

Q16. ある特定の職種に就労させるために一定の職業キャリアを有する者を中途採用した場合，明示の合意をしていない場合であっても黙示の職種限定合意が認められ，労働者の同意を得ないと配転を命じることはできないのでしょうか。

A. 職種限定合意が認められた場合，本人の同意を得ない限り，配転を命じることはできません。一般的には，一定の専門職を中途採用した場合は職種限定合意が認められやすく，それ以外の職種については，職種限定合意が認められないことが多いと思われますが，最終的には個別事情によって決定されます。

1．職業キャリアと職種限定合意

　Q15で前述したとおり，キャリア権が認められたとしても，直ちに企業が労働者の個別同意なしに配転することができなくなってしまうというものではありません。もっとも，本件のように，ある特定の職種に就けるために一定の職業キャリアを有する者と労働契約を締結した場合，職業キャリアも一つの考慮要素として黙示の職種限定合意（労契法7条ただし書）が認められるかが問題となります（職種限定合意一般についてはQ3参照）。

2．裁判例の検討

（1）専門職・特殊技能職の場合

　まず，一般的に職種限定合意が認められやすいとされる医師，看護師，弁護士等の専門職については，中途採用の場合であってもその資格等に着目して労働契約を締結し，その職種に就けることが通常でしょうから，職種限定合意が認められやすいと思われます（Q4参照）。職種限定合意が認められた場合，本人の同意を得ない限り，配置転換を命じることはできません（労契法8条）。

（2）専門職・特殊技能職以外の場合

　では，専門職・特殊技能職以外の場合はどうでしょうか。中途採用のシステムエンジニアを倉庫係に配置転換した**エルメスジャポン事件・東京地判平22・2・8労判1003号84頁**は，就業規則に配置転換の条項があること，及び異職種配転の前例があることからすれば，システムエンジニアの経験を有し，人材紹介会社を経てIT技術者として中途採用されたという採用の経緯があるとしても，対象者に限って就業規則の配置転換の規定の適用を排除したとの事実を伺わせる事情もない以上，「情報システム専門職以外の職種には一切就かせない」という趣旨の職種限定の合意が明示又は黙示に成立したとまで認めることはできない，として職種限定合意を否定しています。

　また，中途採用した総務管理職を営業職に配置転換した**目黒電気製造事件・東京地判平14・9・30労経速1826号3頁**も，総務管理職は経験が重視されるものの特殊技能を要する専門職とまではいえないこと，就業規則に配置転換を予定した条項があり，配置転換を同一職種内に限定することを要件としていないこと，及び異職種配転の実績があること等を理由に「総務担当の管理職以外の職種には一切就かせない」という趣旨の職種限定の合意が成立していたとまではいえない，として職種限定合意を否定しています。

このように，専門職・特殊技能職以外の場合，裁判所は，一定の職種に就くことを予定して一定の職業キャリアを有する労働者を中途採用した場合であっても，就業規則に配置転換条項があり，その労働者について配置転換条項の適用を排除する合意をしていない場合は容易に職種限定合意を認めない傾向にあると思われます。

　職種限定合意が否定された場合，会社は，その労働者の個別の同意を得ることなく，就業規則や労働協約の配置転換条項に基づいて，一方的に配転を命じることができます。ただし，労働者の職種の特定に対する期待が相当であれば，「相応の配慮」を求められ，配慮を欠く配転が権利濫用とされる場合があります（Q17参照）ので，その点には注意が必要です。

Q17. ある特定の職種に就労させるために一定の職業キャリアを有するものを中途採用しましたが、欠員補充のために職種の異なる部署に配転したいと考えています。このような配転を行う場合、どのような点に注意しておくべきですか。

A. その労働者を配転しなければいけない業務上の必要性がどれだけあるのか、慎重に検討することが必要です。また、労働者に著しい不利益が生じないよう、労働者の権限及び給与の額はできる限り維持することが望ましいと思われます。以上の検討を踏まえ、配転にあたり、労働者に対し、配転の必要性について十分な説明を、行うことが重要です。

1．職業キャリアと権利濫用

Q16で検討したとおり、ある特定の職種に就労させるために一定の職業キャリアを有するものを中途採用した場合であっても、高度の専門性を有するとされる職種を除き、職種限定合意は容易に認められず会社は配転を命じることができることが通常です。もっとも、会社に労働者に対する配転命令権がある場合であっても、①業務上の必要性が存しない場合又は②業務上の必要性がある場合であっても、当該転勤命令が他の不当な動機・目的をもってなされたものであるとき、若しくは③労働者に対し通常甘受すべき程度を著しく超える不利益を負わせるものであるとき等特段の事情の存する場合、配転命令権の行使は権利濫用とされ、無効となります（東亜ペイント事件・最二小判昭61・7・14労判477号6頁）。本件では、職業キャリアも一つの考慮要素として、会社の配転命令が権利濫用とならないかが問題となります。

2．①業務上の必要性（詳細についてはＱ８参照）

　この点は，前掲東亜ペイント事件において，「余人をもって代えがたい」という高度の必要性は要求されず，「労働力の適正配置，業務の能率増進，労働者の能力開発，勤務意欲の高揚，業務運営の円滑化など企業の合理的運営に寄与する点が認められる限りは，業務上の必要性の存在を肯定すべきである。」とされています。本件では，欠員補充を理由として配置転換をしようとしているため，業務上の必要性があることは認められると思われます。

　もっとも，後述する通り，人選の合理性に疑義がある等業務上の必要性が高くない場合で，労働者の職種の特定に対する期待が相当である場合，権利濫用判断において考慮される場合があります。

3．②不当な動機・目的（詳細についてはＱ14参照）

　嫌がらせや退職に追い込むことを目的とするような場合です。本件でも，このような目的があると，配転命令は権利濫用とされることになります。

4．③通常甘受すべき程度を著しく超える不利益

　本件のように，職種変更が問題になる場合は，主として生活上の不利益が問題となる転勤の場合と異なり，職業上の不利益や経済上の不利益が問題になることが多いといえます。

　裁判例では，権限を大幅に縮小する従前のキャリアを活かせない部署への配転（北海道厚生農業協同組合連合会事件・釧路地帯広支判平9・3・24労判731号75頁）や，職種を変更しそれに伴い賃金を2分の1以下へと大幅に減額する配転（新和産業事件・大阪高判平25・4・25労判1076号19頁）は，通常甘受すべき程度を著しく超える不利益であると判断されています。

　上記の裁判例の考え方からすれば，労働者にとって通常甘受すべき程

度を著しく超える不利益と評価されないためには，権限及び給与の額はできる限り維持することが望ましいと思われます。加えて，「5④その他」で後述する通り，本人の職業キャリアに対する期待をどう評価するか，ということが問題になりえます。

5．④その他

前掲東亜ペイント事件が，濫用判断の考慮要素として上記①〜④以外に「等」としていたことから，近時の裁判例は，濫用判断においてその他の事情も考慮するようになっている，といわれています（菅野和夫・安西愈・野川忍編集代表『論点体系 判例労働法3』有斐閣，2014年，14頁）。

例えば，<u>エルメスジャポン事件・東京地判平22・2・8労判1003号84頁</u>は，採用の経緯等から，情報システム専門職としてのキャリアを形成していくという当該労働者の期待が合理的で保護に値するものであることから，かかる期待に対して「相応の配慮」を要するとした上で，「<u>本件配転命令は，業務上の必要性が高くないにもかかわらず，被告において情報システム専門職としてのキャリアを形成していくという原告の期待に配慮せず，その理解を求める等の実質的な手続を履践することもないまま，その技術や経験をおよそ活かすことのできない，労務的な側面をかなり有する業務を担当する銀座店ストックに漫然と配転したものといわざるを得ない</u>（下線は筆者）。このような事実関係の下においては，本件配転命令は，配転命令権を濫用するものと解すべき特段の事情があると評価せざるを得ないから，無効というべきである。」として，労働者の職種の特定に対する期待への配慮を欠いたことを権利濫用と評価するにあたって考慮しています[34]。

3　もっとも，上記のような権利濫用の要素にキャリア尊重を含めた判例は，「事案の特殊性に依拠しており，一般的な強行規定や請求権として位置づけることは到底できない状態にある」との指摘があります（諏訪靖雄「キャリア権を問い直す」2012年，季刊労働法238号59頁）。
4　エルメスジャポン事件と同時期に，労働者のキャリアに重きを置かず使用者に広い裁量を認める判断をした裁判例として，製造本部EHS（環境・安全衛生）室長を物品等の受入検査部門（トランザクション業務＝主として不具合品の管理業務や

また，職業キャリアについて直接言及したものではありませんが，異なる職種への配転に当たっての手続，説明の妥当性に着目し，濫用判断の要素としている裁判例があります。直源会相模原南病院（解雇）事件・東京高判平10・12・10労判761号118頁は，事務系の職種であるケースワーカー及び事務職員を労務職系のナースヘルパーに配転しようとした事案において，「業務の系統を異にする職種への異動，特に事務職系の職種から労務職系の職種への異動については，業務上の特段の必要性及び当該労働者を異動させるべき特段の合理性があり，かつこれらの点についての十分な説明がなされた場合か，あるいは本人が特に同意をした場合を除き，一審被告が一方的に異動を命じることはできないものと解するのが相当」とし，労働者らが配転の理由の説明を求めたのに対し，明確な説明がなされていないこと等を理由に，配転命令を拒否したことには正当な理由がある旨判断しています。

　以上の裁判例を踏まえると，本件のように一定の職業キャリアを有するものを異なる職種へ配転する場合，その労働者を配転しなければいけない業務上の必要性がどれだけあるのかを慎重に検討することが必要です。その上で，配転にあたり，労働者に対し，配転の必要性について十分な説明を行うことが重要です。

代替品の調達）へ配置転換したGEヘルスケアジャパン事件・東京地判平22・5・25労判1017号68頁があります。

Q18. ある部門の従業員を，他の部署に配置転換し，配置転換による職務内容の変更に伴い，賃金を減額したいと考えています。就業規則に配置転換に伴う賃金の減額を予定した規定はありませんが，労働者の同意を得なくても行えますか。

A. 就業規則に配置転換に伴う賃金の減額を予定した規定がない場合，配置転換によって職務内容が変わったとしても，労働者の個別の同意を得ない限り賃金を減額することはできません。

解説

　長期雇用システム下の配転は，基本的には配転によって賃金が下がらないことを前提に行われ，そのことがまた，頻繁かつ広範な配転が円滑に実施される基礎的条件となってきました。このような長期雇用システム（規程上，慣行上）を採用している企業においては，労働者を別個の職種に配転し，職種が変わったことを理由に賃金を引き下げることは，配転命令によってはなしえず，労働者の個別の同意を得なければなりません（菅野和夫『労働法〔第11版〕』弘文堂・2016年，689頁参照）。

　例えば，**西東社事件・東京地決平14・6・21労判835号60頁**は，編集者を倉庫係に配転し，倉庫係が軽作業であることを理由に給与を約66万円から約26万円に減額した事例において，「労働契約も契約の一種であり，賃金額に関する合意は雇用契約の本質的部分を構成する基本的な要件であって，使用者及び労働者の双方は，当初の労働契約及びその後の昇給の合意等の契約の拘束力によって相互に拘束されているから，労働者の同意がある場合，懲役処分として減給処分がなされる場合その他特段の事情がない限り，使用者において一方的に賃金額を減額することは許さ

れない。」、「配転命令により業務が軽減されたとしても、配転と賃金とは別個の問題であって、法的には相互に関連していないから、配転命令により担当職務がかわったとしても、使用者及び労働者の双方は、依然として従前の賃金に関する合意等の契約の拘束力によって相互に拘束されているというべきである。」とし、配転命令があったことは契約上の賃金を一方的に減額するための法的根拠にはならない、と判断しています[5]。

　また、職務等級制のような制度を採用している場合であっても、職務等級の変更に伴い賃金が大幅に減額になることが就業規則等で労働契約の内容になっていなければ、配転によって職務内容が変わったことを理由に賃金を減額することはできません。コナミデジタルエンタテインメント事件・東京高判平23・12・27労判1042号15頁は、職務価値に応じて等級（グレード）が決まり等級内の段階（役割グレード）により役割報酬が決まる職務等級制下で、育児休業から復帰した女性労働者の担当業務の変更に伴い役割グレードを引き下げ、併せて役割報酬を引き下げた事例において、「被控訴人（筆者注：会社、以下同じ）においては、本件手引き（筆者注：会社作成にかかる「人事制度の手引き」と題する書面、以下同じ。）からも明らかなように、「役割グレード」と「報酬グレード」及び「役割報酬額」とが連動するものとされており、役割グレードの引下げは当然に報酬グレード（役割報酬額）の引下げとなり、年俸（役割報酬部分）の引下げを伴うものとされているのであるが、そもそも被控訴人の就業規則や年俸規程では、報酬グレード（役割報酬額）が役割グレードと連動していることを定めている条項は存在しないのであり、本件手引きによっても、役割報酬の大幅な減額を生じるような役割グレードの変更がなされることについて明確に説明した記載は見当たらないのである。しかるに、被控訴人においては、担当職務の変更により役割グレードが変更され、その結果として役割報酬額も引き下げられているところ、役割報酬額の引下げは、労働者にとって最も重要な労働条件の一つである賃金額を不利益に変更するものであるから、就業規則や年俸規程に明示的な根拠もなく、労働者の個別の同意もないまま、使用

5　デイエフアイ西友（ウエルセーブ）事件・東京地決平9・1・24労判719号87頁も同旨。

<u>者の一方的な行為によってそのような重要な労働条件を変更することは許されないというべきである。</u>」(下線は筆者)としています。この事案では、役割グレードと役割報酬が連動することは本件手引きによって社員に周知されていましたが、裁判所は、そのような周知だけでは不十分であり、役割グレードが変われば役割報酬の減額もあることについて、就業規則等で労働契約の内容となっていなければならないことを指摘したものであるといえます。

　以上のとおり、就業規則に配置転換に伴う賃金の減額を予定した規定がない場合、配転命令によって職務内容が変わったことを理由として賃金を減額することは、従業員の個別の同意がない限り許されません。

Q19. 職務等級制を採用し，就業規則に配転に伴う賃金の減額を予定した条項がある場合，この規定を根拠に，配転に伴い賃金の減額を行うことができますか。

A. 職務等級制で配転に伴う賃金減額の根拠規定がある場合であっても，その規定を根拠に賃金の減額をするには，そのような不利益を労働者に受任させることが許容できるだけの高度な必要性に基づいた合理的な事情が必要です。

解説

職務等級制を採用し，就業規則に配転に伴う賃金減額の根拠となる規定がある場合，職務の変更に伴い賃金が減額になることが制度上予定されていることになります[6]。もっとも，このような制度であっても，賃金という重要な労働条件を使用者が何らの制約なく一方的に変更することができるのかが問題となります。この点，退職勧奨に応じない高齢労働者を，新部門を設立して配転し，就業規則の規定を根拠に賃金を従前の半分程度に減額した日本ドナルドソン青梅工場事件・東京地八王子支判平15・10・30労判866号20頁は，就業規則に異動にともなう賃金の減額の根拠規定が定められていたとしても，「給与という労働者にとって最も重要な権利ないし労働条件を変更するものであることに照らすと，使用者の全くの自由裁量で給与の減額を行うことが許容されたものとは到底解されず，これらの規定を根拠として使用者が一方的に労働者の給与の減額をする場合は，そのような不利益を労働者に受忍させることが許

---

6 なお，職務等級制度の運用の実態として，職務と賃金等級が厳密に関連付けられていないとして，職種変更に伴う賃金減額の効力が否定された事例もあります（東京アメリカンクラブ事件・東京地判平11・11・26労判778号40頁参照）。

容できるだけの高度な必要性に基づいた合理的な事情が認められなければ無効であると解すべきである。」，そして，労働者にとっての給与の重要性に鑑みると，配転に伴う給与の減額が有効となるためには，「<u>配転による仕事の内容の変化と給与の減額の程度とが，合理的な関連を有すると解すべきである</u>し，また，これらの規定が能力型の給与体系の採用を背景として導入されたことに鑑みれば，<u>給与の減額の程度が当該労働者に対する適切な考課に基づいた合理的な範囲内に評価できることが必要であると解すべきである。</u>」とし，「<u>上記規程に基づく給与減額の合理性の判断に際しては，減額によって労働者が被る不利益性の程度（当該給与の減額に伴ってなされた配転による労働の軽減の程度を含む。），労働者の能力や勤務状況等の労働者側における帰責性の程度及びそれに対する使用者側の適切な評価の有無，被告の経営状況等業務上の必要性の有無，代償措置の有無，従業員側との交渉の経緯等を総合考慮して，判断されるべきものと解される。</u>」（下線は筆者）と判示した上で，給与の減額の程度が大きいこと，給与減額の前提となる評価の適切性に問題があること，被告の経営上の必要性が高かったとはまではいえないこと，十分な代償措置も講じられていないこと，社内組合も同意したものとは言い難いこと等から原告の給与を約半分に減額することを内容とする給与辞令は合理性を有しない無効なものである，と判断しています。

　したがって，職務等級制で配転に伴う賃金減額の根拠規定がある場合であっても，使用者が一方的に労働者の賃金の減額をするには，上記判断要素に照らし，そのような不利益を労働者に受忍させることが許容できるだけの高度な必要性に基づいた合理的な事情があるかについて，慎重な検討が必要です。

Q20. 配転命令と同時に降格を行い,降格によって賃金を減額することはできますか。

A. 労働者の適性,能力,実績等の労働者の帰責性の有無及びその程度,降格の動機及び目的,使用者側の業務上の必要性の有無及びその程度,降格の運用状況等を総合考慮し,従前の賃金からの減少を相当とする客観的合理性があることが必要です。

配転と降格を同時に行い,降格によって賃金を引き下げようと意図する場合には,降格の要件も満たす必要があり,降格の要件を満たさない場合には,配転と降格の両者が一体として無効となります(菅野和夫『労働法〔第11版〕』弘文堂・2016年,689頁参照,降格については第5章参照)。

この点,業務ごとに給与等級が位置付けられた賃金制度を有する会社において,退職勧奨に応じない営業職係長を営業事務職に配転し,配転に伴う給与等級の降格によって賃金が半減した事案である日本ガイダント工業仙台営業所事件・仙台地決平14・11・14労判842号56頁は,労働者の業務内容を変更する配転と業務ごとに位置付けられた給与等級の降格の双方の効力を有する配転命令のうち,従前の賃金を大幅に切り下げる場合の配転命令の効力を判断するにあたっては,賃金が労働条件中最も重要な要素であり,賃金減少が労働者の経済生活に直接かつ重大な影響を与えることから,配転の側面における使用者の人事権の裁量を重視することはできず,「労働者の適性,能力,実績等の労働者の帰責性の有無及びその程度,降格の動機及び目的,使用者側の業務上の必要性の有無及びその程度,降格の運用状況等を総合考慮し,従前の賃金からの減少を相当とする客観的合理性がない限り,当該降格は無効と解すべきである。」。そして,降格が無効となった場合には,本件配転命令に基づく賃金の減少を根拠付けることができなくなるから,賃金減少の原因となった配転自体も無効となると解した上で,本件では労働者の賃金を従

前の約半分にすることについて客観的合理性がないとして、本件配転命令全体を無効と判断しています。

　したがって、降格を伴う配転を行い降格によって賃金を減額する場合は、上記判断要素に照らし、従前の賃金からの減少を相当とする客観的合理性があるか、慎重な検討が必要です。

第2章 出向

Q1. 出向とはどのような法的性質を有するのでしょうか。また，転籍，労働者派遣，労働力供給とどのような点で異なるのでしょうか。

A. 出向（在籍出向）とは，労働者が出向元との雇用契約を結んだまま，出向先とも雇用契約を結ぶ人事異動をいいます。指揮命令権の帰属は契約により定まります。

類似の概念として，出向元企業との雇用契約を解消し，出向先企業とのみ雇用契約を結ぶ移籍出向（転籍）もあります。

1．出向の意義

「出向」（在籍出向）とは，労働者が自己の雇用先の企業に在籍のまま，他の企業の従業員（ないし役員）となって相当長期間にわたって当該他企業の業務に従事することをいいます（菅野和夫『労働法〔第11版〕』弘文堂・2016年690頁）。

2．出向と転籍の違いは何ですか。

転籍（移籍出向）とは，元の企業との雇用関係を終了させて，新たな企業との間に雇用関係を成立させる人事異動をいいます。

出向（在籍出向）は，元の企業との労働契約が維持される点で，転籍

（移籍出向）とは異なります。

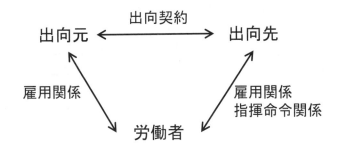

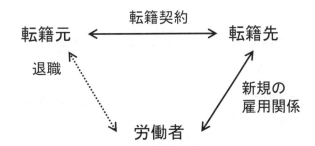

3．出向と労働者派遣の違いは何ですか。

　次に，労働者派遣法によれば，「労働者派遣」とは，「自己の雇用する労働者を，当該雇用契約の下に，かつ，他人の指揮命令を受けて，当該他人のために労働に従事させることをいい，当該他人に対し当該労働者を当該他人に雇用させることを約してするものを含まない」と定めてい

ます（2条1号）。

　出向は，「自己の雇用する労働者を，当該雇用関係の下に，かつ，他人の指揮命令を受けて，当該他人のために労働に従事させる」労働者派遣と類似しますが，「当該他人に対し当該労働者を当該他人に雇用させることを約してする」点で労働者派遣とは区別されます（労働者派遣法2条1号，菅野和夫『労働法〔第11版〕』弘文堂・2016年375～6頁，691頁）。なお，「労働者派遣事業関係業務取扱要領」（厚生労働省職業安定局，平成28年4月）は，「当該他人に対し当該労働者を当該他人に雇用させることを約してする」かどうかの判断について，「出向，派遣という名称によることなく，出向先と労働者との間の実態，具体的には，出向先における賃金支払，社会，労働保険への加入，懲戒権の保有，就業規則の直接適用の有無，出向先が独自に労働条件を変更することの有無をみることにより行う」としています（10頁）。

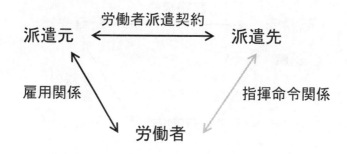

＜労働者派遣契約＞

4．出向と労働者供給契約との違いは何ですか。

　また，労働者供給契約とは，「労働者派遣」に該当しない形態で自己の支配下にある労働者を他人に供給すること（自己の支配下にある者を

他人の指揮命令下にその他人のための労働に従事させること)をいい(職業安定法4条6項),これを業として(一定の目的をもって反復継続して)行うことは職業安定法44条により禁止されています。

　出向は,雇用主と出向先企業との間で出向契約が締結され,形式上は同法4条6項の労働者供給契約に該当しますが,通常の出向は業として行われるものではないので,職安法の禁止の対象とはならないとされています。この点について,行政解釈では,出向の「形態は,労働者供給…に該当するので…出向が『業として行われる』」場合には「労働者供給事業に該当する」,「ただし,在籍型出向と呼ばれているものは,通常,①労働者を離職させるのではなく,関係会社において雇用機会を確保する,②経営指導,技術指導の実施,③職業能力開発の一環として行う,④企業グループ内の人事交流の一環として行う等の目的を有しており,出向が行為として形式的に繰り返し行われたとしても,社会通念上業として行われていると判断し得るものは少ないと考えられる」とされています(「労働者派遣事業関係業務取扱要領」(厚生労働省職業安定局,平成28年4月)10頁)。

＜労働者供給契約＞
①供給元と労働者との間に雇用関係がないもの

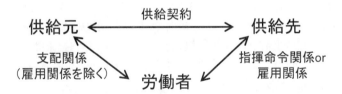

②供給元と労働者との間に雇用関係がある場合であっても,供給元に労働者を雇用させることを約して行われるもの

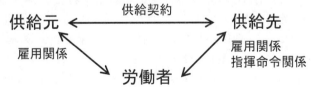

Q2. どのような場合に出向命令権が認められるのでしょうか。また，どのような場合に出向命令権が濫用となるのでしょうか。

A. 法律上，どのような場合に出向が認められるかの規定はありませんが，労働者供給契約との区別のため，正当な出向目的を有している場合であることが必要です。その上で，出向に関する規定が整備されていれば，これに基づき，規定がなければ個別同意に基づいて出向を命じることができます。ただし，規定が整備されている場合でも，出向命令の必要性，対象労働者の選定に係る事情等により，出向命令権の濫用と判断されることがあります。

解説

出向については，労働契約法14条が「使用者が労働者に出向を命ずることができる場合において，当該出向の命令が，その必要性，対象労働者の選定に係る事情その他の事情に照らして，その権利を濫用したものと認められる場合には，当該命令は，無効とする。」と規定していますが，同条は出向命令権の濫用についてしか規定しておらず，そもそもどのような場合に出向命令権が認められるのかが明らかではありません。

とはいえ，同条からしても一定の場合に出向が認められることは間違いなく，また，行政解釈（「労働者派遣事業関係業務取扱要領」（厚生労働省職業安定局，平成28年4月）10頁）に記載のある「①労働者を離職させるのではなく，関係会社において雇用機会を確保する，②経営指導，技術指導の実施，③職業能力開発の一環として行う，④企業グループ内の人事交流の一環として行う等の目的を有して」いる場合には出向の正当な目的があると考えられます。

Q3. 出向命令権が認められるためには，労働者の個別同意が必要でしょうか。それとも包括的同意で足りるのでしょうか。

A. 具体的な出向規程が存在する場合は包括的同意で足ります。

解説

　出向には，「使用者は，労働者の承諾を得なければ，その権利を第三者に譲り渡すことができない。」と定める民法625条1項が適用されるので，労働者の同意が必要とされています。この点に関しては，労働者のいかなる同意があれば使用者の出向命令権が認められるかが問題になります。

　ここで，労働者の同意とはどの程度のものを要求されるでしょうか。

　労働者の同意の意義については，①出向対象となる労働者のその都度の同意を必要とする個別的同意説，②就業規則や労働協約上に出向を命じ得る旨の規定，あるいは，労働者本人の入社時の同意があればよいとする包括的同意説，③このような包括的同意に加え，出向規程その他において，出向先企業との関連性，出向期間，復帰条件などが定められ，労働者の不利益を小さくするような配慮がなされていることを要するとする説等があります。

　多数説及び多くの裁判例は，出向命令権が認められるためには，「業務上の必要により出向を命ずることがある」といった単なる抽象的規定では足りず，就業規則や労働協約において，出向の対象企業，出向中の労働条件，服務関係，期間，復帰の際の労働条件の処理について出向労働者の利益に配慮した詳細な規定が設けられていることが必要と解し，上記③の立場に立っているとされています（新日本製鐵〔日鐵運輸第2〕事件・最判平15・4・18労判847号14頁等，菅野和夫・安西愈・野川忍

編集『論点体系　判例労働法3』第一法規・2014年24頁)。

　もっとも,実際のところ,出向中の具体的な業務内容や出向の対象企業まで規程で定めていなければならないとすると,柔軟性に欠けると思われるので,具体的な業務や対象企業等詳細については現実に出向となる時に明らかになっていれば足りるでしょう。

　次に,上述のとおり,出向命令権が認められるためには,「業務上の必要により出向を命ずることがある」といった単なる抽象的規定では足りないとして,どのような規定があれば,出向命令権が認められるでしょうか。この点については,就業規則や労働協約において,出向の対象企業,出向中の労働条件,服務関係,期間等について規定が設けられていることが必要と解されます（具体的な業務や対象企業等詳細については現実に出向となる時に明らかになってから入れれば足りるでしょう。)。

　そのため,出向を命じるためには,実務的には出向規程を整備して上記の点を事前に定めておくことが必要となります。

　近時の裁判例でも,**リコー（子会社出向）事件・東京地判平25・11・12労判1085号19頁**は,国内派遣社員規定に,派遣先会社の定義,派遣の定義,派遣期間,勤続年数,年次有給休暇及び特別休暇の付与,給与及び賞与の支給基準及び支給日,表彰,福利厚生等において出向元の基準によること,健康保険,厚生年金保険及び雇用保険は出向元において継続加入すること,出向者が出向先で一定の地位に就任した場合には出向元から各種の加算手当を支給する旨の規定がある事案で出向命令権を認めています。

　また,**日本雇用創出機構事件・東京地判平26・9・19労経速2224号17頁**は,「出向者の定義,出向期間中の取扱,就業上の原則,出向期間,給与・賞与,旅費,年次有給休暇,社会保険,社宅,福利厚生及び退職金の扱いについて定めた『出向規程』が存する」事案で出向命令権を認めています。

Q4. 就業規則変更による出向規定の創設はどのような場合に有効になるでしょうか。

A. 変更の必要性，労働組合との協議等から合理性があることが必要です。

解説

 就業規則の不利益変更については，労働契約法9条本文が「使用者は，労働者と合意することなく，就業規則を変更することにより，労働者の不利益に労働契約の内容である労働条件を変更することはできない。」と規定し，労働者の個別同意が必要である旨の原則を示しています。
 但し，就業規則により労働条件を集団的・画一的に処理する必要性があることにかんがみ，同法10条本文が「使用者が就業規則の変更により労働条件を変更する場合において，変更後の就業規則を労働者に周知させ，かつ，就業規則の変更が，①労働者の受ける不利益の程度，②労働条件の変更の必要性，③変更後の就業規則の内容の相当性，④労働組合等との交渉の状況その他の就業規則の変更に係る事情に照らして合理的なものであるときは，労働契約の内容である労働条件は，当該変更後の就業規則に定めるところによるものとする。」〔注：丸数字は筆者〕と規定し，合理性がある場合の不利益変更を認めています。
 そして，就業規則を変更して出向規定の創設することに関して，ゴールド・マリタイム事件・大阪高判平2・7・26労判572号114頁は，出向の約2年前に使用者が行った就業規則改定により出向規定が新設された事案について，「改正就業規則において新たに出向に関する規定をもうけたことは，従業員にとって労働条件の不利益な変更にあたるというべきであるとしても，右規定は，労働組合との協議を経て締結された本件労働協約に基づくものであるのみならず，その内容において，出向先を

限定し,出向社員の身分,待遇等を明確に定め,これを保証しているなど合理的なものであって,関連企業との提携の強化をはかる必要が増大したことなど控訴人の経営をめぐる諸般の事情を総合すれば,出向に関する改正就業規則及び出向規程の各規定はいずれも有効なものというべきであり,その運用が規定の趣旨に即した合理的なものである限り,従業員の個別の承諾がなくても,控訴人の命令によって従業員に出向義務が生じ,正当な理由がなくこれを拒否することは許されないものと解するのが相当である。」と判断しており,上記のように変更の必要性,労働組合との協議等から合理性がある場合には規定の創設が有効になると解されます。

Q5. 労働協約に基づいて非組合員に出向を命じることはできるのでしょうか。

A. 原則として，労働協約の効力が及ぶ者との関係では可能です。

解説

就業規則に出向規定がなく，労働協約に出向規定がある場合，特に非組合員に出向を命じることができるかという点に関し，労働協約に基づく出向の可否が問題になります。

労働協約とは，労働組合と使用者又はその団体との間の労働条件その他に関する協定であって，書面により作成され，両当事者が署名又は記名押印したものをいいます（労働組合法14条）。

労働組合法16条は「労働協約に定める労働条件その他の労働者の待遇に関する基準に違反する労働契約の部分は，無効とする。この場合において無効となった部分は，基準の定めるところによる。労働契約に定がない部分についても，同様とする。」と定めており，労働契約の内容を直接定める直律的効力が与えられ，また，労働基準法92条1項は「就業規則は法令又は当該事業場について適用される労働協約に反してはならない。」と定め，労働協約には就業規則よりも強い効力が認められるため，労働協約の効力が及ぶ者との関係では，労働協約に基づき出向を命じることができると考えられます。

ただし，労働組合法6条は，「労働組合の代表者又は労働組合の委任を受けた者は，労働組合又は組合員のために使用者又はその団体と労働協約の締結その他の事項に関して交渉する権限を有する。」と定め，労働協約は組合員だけを拘束し，非組合員にはその効力が及ばないことが原則です。

しかし，労働組合法17条は「一の工場事業場に常時使用される同種の

労働者の四分の三以上の数の労働者が一の労働協約の適用を受けるに至つたときは，当該工場事業場に使用される他の同種の労働者に関しても，当該労働協約が適用されるものとする。」と定め，非組合員にも労働協約の効力が及ぶ場合を定めています（一般的拘束力）。したがって，労働協約に一般的拘束力が認められる場合には，同条によって，非組合員に対しても労働協約に基づく出向を命じることができると考えられます。

Q6. 労使慣行に基づいて出向を命じることはできるのでしょうか。

A. 法規範性が認められる慣行であれば不可能ではありませんが限定的です。

解説

　労使慣行とは，就業規則，労働協約などの成文の規範に基づかないものの，当該企業内において長い間反復・継続して行われることによって，労働条件，職場規律，組合活動などについて使用者と労働者の双方に対して事実上の行為準則として機能する集団的（一般的）な取扱い（処理の方法）のことをいいます。
　なお，法的に拘束力のある労使慣行の成立要件は，
①同種の行為・事実が長期間反復継続して行われてきたこと
②労使双方が明示的に当該慣行によることを排除・排斥せず
③労使双方の規範意識に支えられている
場合をいいます（立命館（未払一時金）事件・京都地判平24・3・29労判1053号38頁）。
　Q3において前述したとおり，労働者に出向義務が生じるためには，①出向対象となる労働者のその都度の同意（個別同意）があるか，又は，②就業規則や労働協約に出向を命じ得る旨の規定，あるいは，労働者本人の入社時の包括的同意に加え，就業規則や労働協約において，出向の対象企業，出向中の労働条件，服務関係，期間，復帰の際の労働条件の処理について出向労働者の利益に配慮した詳細な規定が設けられていることが必要と解されます。
　そのため，法規範性を有する労使慣行であれば別論として，単に同種の出向が「繰り返されている」といった程度の慣行があることのみによって，労働者に出向を命じることはできないと解されます。

長期間の繰り返しと規範意識があれば，労使慣行も契約の内容になるとされていますので（菅野和夫『労働法〔第11版〕』弘文堂・2016年161頁），出向先での処遇や出向期間等まで含めた労使慣行が確立していれば，これに基づく出向命令も可能と解されます。ただし，石田明彦「出向をめぐる裁判例と問題点」（判タ1420号22頁，2016年）29頁は，労使慣行が出向命令権の根拠となりうるかという点について，消極的に解していると理解できます。現実的には，理論的にはあり得るけれども紛争化した場合，裁判官によっては否定的な向きもあるので，規定等を整えておくのが無難と思われます。なお，就業規則を変更して出向規定を新設することに関しては，前述のＱ４もご参照下さい。

Q7. 出向元と出向先の関係が密接な事例においては,就業規則の包括的な規定により出向命令権が認められるのでしょうか。

A. 就業規則の包括的な規定に基づく出向も認められることがあります。

解説

　出向元と出向先の関係が密接な事例では,両者が実質的に同一の会社であるとして,就業規則の包括的な規定に基づく出向を有効と判断しているものも見られます。

　まず,興和事件・名古屋地判昭55・3・26判時967号125頁は,出向元及び出向先を含む三社が「コーワ・グループ」の中核会社であることや人事制度が採用等の人事が三社共通であること等を理由に,「実質的にみれば同一の会社」と認定し,包括的な規定に基づく出向を有効と判断しています。

　また,日本ステンレス・日ス梱包事件・新潟地高田支部判昭61・10・31判時1226号128頁は,出向元と出向先の本店所在地が同一場所であること,出向元の役員6名のうち5名は出向先と兼務であること,業務の指揮命令権も人事権も出向元において立案・決定されること,出向先は将来出向元に吸収合併されることを前提に設立されたことを理由に「実質的にみれば同一の会社」と認定し,包括的な規定に基づく出向を有効と判断しています。

Q8. 復帰を予定しない出向命令は認められるのでしょうか。

A. 在籍出向であれば可能な場合もあります。ただし、出向命令権の正当性評価は厳しくなります。

解説

　元の企業との雇用関係を終了させて、新たな企業との間に雇用関係を成立させる転籍（移籍出向）には、対象労働者の同意が必要と解されています。また、出向が出向元との労働契約を存続したまま、出向先の指揮監督の下で労務を提供するものであることを考えると、一般的に出向とは、「一定期間後に出向元に復帰することが予定されているもの」と考えるのが自然です。そうすると、労働者に復帰を予定しない出向を命じることができるかが問題になります。

　この点に関し、新日本製鐵（日鐵運輸）事件・福岡高判平12・11・28労判806号58頁は、「控訴人ら〔筆者注：労働者〕が担当していた業務自体が委託され、八幡製鐵所にその業務を担当する部署自体がなくなっており、控訴人らがその業務の熟練した技術職社員であることなどからすれば、控訴人らが復職する可能性は、本件出向当初からほとんど期待できない状況であったものというべきであり、控訴人らが『永久出向』と主張することは十分理解できる」と判断しましたが、「本件出向は、前述のように社外勤務協定の内容〔筆者注：出向期間の定め、出向期間の被控訴人の勤続年数通算規定、被控訴人の社員としての昇給・昇格規定、給与・賞与規定、復職規定、その他の処遇に関する規定等〕からみて在籍出向の性質を有するものであることは明らかであり、従来の使用者との雇用契約関係を解消して、第三者との間で新たに雇用契約を締結する転籍（移籍）出向と本質的に異なるというものである。もっとも、本件出向が右のような実態をもつことは、出向命令権の行使の相当性（権利

濫用の有無）を判断するうえにおいて考慮されるべき」と判示し，復帰を予定しない出向命令も認められるとしています。同裁判例からすると，復帰を予定しない出向命令であっても，出向元との雇用関係が維持され，その従業員たる地位が保持されている場合には（つまり，在籍出向である限りは），出向命令権が認められると理解できます。

他方，**東海旅客鉄道（出向命令）事件・大阪地決平6・8・10労判658号56頁**では，「債権者ら〔筆者注：労働者〕が包括的に同意したのは，採用時の就業規則・出向規程による出向であって，復職を前提とするものであり，定年退職時まで復職を認めないというようなものまでをも含む趣旨であったとはいい難い。」として，採用時の就業規則を根拠としては，復帰を予定しない出向命令は認められないと判断しました（ただし，同事件で裁判所は，「債権者ら〔筆者注：労働者〕が属する労働組合が組合員の意見を公正に代表して締結した」「定年協定及びそれに基づく就業規則・定年規程に依拠して，債権者らの個別的同意が不要」と判断し，結論としては出向命令権を認めています。）。

Q9. 中高年齢者に復帰を予定しない出向を命じることはできるのでしょうか。

A. 一定の場合には可能です。

解説

　Q8において前述したとおり，復帰を予定しない出向であっても，対象労働者の個別同意なく命じることが可能な場合があります。

　中高年齢者に出向を命じ，出向先で定年を迎える場合も，復帰を予定しない出向といえますが，制度的に整備されていれば，対象労働者の個別同意なく命じることができると考えます。

　例えば，**東海旅客鉄道（出向命令）事件・大阪地決平6・8・10労判658号56頁**では，裁判所は，「55歳から60歳に定年を延長しようとする場合，人件費の増大を抑え，人事の停滞を回避するための措置として，54歳以上の社員の原則出向の措置をとることは，一般的に業務上の必要性を肯定し得るものというべきである。」との判断を示しており，労働協約等により出向命令権が認められた場合，出向命令権の濫用にあたるか否かの判断において，中高年齢者の出向につき出向命令の業務上の必要性（「Q12」以下において後述します。）を認めています。片道出向の場合，出向命令権の濫用と判断される材料となりかねませんが，一方，中高年齢者が対象者の場合，この点は権利濫用を否定する方向の事情として考慮される可能性があります。

Q10. どのような場合に出向命令が権利濫用になるのでしょうか。

A. 出向命令の業務上の必要性，対象労働者の人選の合理性，出向者の生活関係，労働条件等の著しい不利益性および手続の相当性を総合考慮の上，権利濫用の有無を判断します。

解説

　出向命令権が認められ「出向を命ずることができる場合」(労契法14条)であるとしても，同条が「当該出向の命令が，その必要性，対象労働者の選定に係る事情その他の事情に照らして，その権利を濫用したものと認められる場合には，当該命令は，無効とする」と規定しているとおり，出向命令権の濫用とならないことが必要です。

　出向命令権の濫用に関しては，新日本製鐵（日鐵運輸第2）事件・最二小判平15・4・18労判847号14頁が，事例判断ではありますが，「被上告人〔注：出向元〕が構内輸送業務のうち鉄道輸送部門の一定の業務を日鐵運輸に委託することとした経営判断が合理性を欠くものとはいえず，これに伴い，委託される業務に従事していた被上告人の従業員につき出向措置を講ずる必要があったということができ，出向措置の対象となる者の人選基準には合理性があり，具体的な人選についてもその不当性をうかがわせるような事情はない。また，本件各出向命令によって上告人らの労務提供先は変わるものの，その従事する業務内容や勤務場所には何らの変更はなく，上記社外勤務協定による出向中の社員の地位，賃金，退職金，各種の出向手当，昇格・昇給等の査定その他処遇等に関する規定等を勘案すれば，上告人ら〔注：出向者〕がその生活関係，労働条件等において著しい不利益を受けるものとはいえない。そして，本件各出向命令の発令に至る手続に不相当な点があるともいえない。これらの事情にかんがみれば，本件各出向命令が権利の濫用に当たるという

ことはできない。」と判示しており，出向命令の業務上の必要性，対象労働者の人選の合理性，出向者の生活関係，労働条件等の著しい不利益性および手続の相当性が総合考慮されるとされています。

Q11. 出向命令の業務上の必要性についての判断基準はどのようなものでしょうか。

A. 会社側の裁量が広く認められる傾向にあります。

解説

　業務上の必要性について、配転命令権に関する東亜ペイント事件・最判昭61・7・14労判477号6頁は「当該転勤先への異動が余人をもつては容易に替え難いといった高度の必要性に限定することは相当でなく、労働力の適正配置、業務の能率増進、労働者の能力開発、勤労意欲の高揚、業務運営の円滑化など企業の合理的運営に寄与する点が認められる限りは、業務上の必要性の存在を肯定すべきである。」と判示し、会社側に大きな裁量があることを前提にした判示をしています。

　出向命令にかかわる権利濫用の有無の判断においても、JR東海中津川運輸区（出向・本訴）事件・名古屋地判平16・12・15労判888号76頁では、裁判所が上記東亜ペイント事件最判を引用した上で、出向命令にかかわる権利濫用の有無を検討しており、東亜ペイント事件判決同様、出向の必要性に関しては会社側に大きな裁量があることを前提としていると解されます。

Q12. 雇用調整のための出向が出向命令権の濫用に当たるか否かはどのような観点から判断されるのでしょうか。

A. 他の出向の事案と同じように出向の要件を満たすかという観点から判断されています。

解説

　雇用調整のための出向について，文献では，「やや特別の性格を帯びるのは，雇用調整策（とくに解雇回避策）としての出向であるが，この場合にも雇用調整の必要性それ自体が出向義務（出向命令権）を創設するものではなく，基本的には上記の判断枠組みによってその有効性が判断されるべきである」（菅野和夫『労働法〔第11版〕』弘文堂・2016年,692頁）とされています。

　裁判例でも，出向が雇用調整のためであることの一事をもって出向命令権を認める判断をしているわけではなく，他の出向の事案と同じように，事案ごとに，①在籍出向かどうか，②出向命令権が認められるかどうか，③出向命令権の濫用（例えば，労働条件が著しく不利益になる場合等が考えられます。）かどうか，という判断枠組みに従って判断していると理解できます（新日本製鐵（三島光産・出向）事件・福岡高判平12・2・16労判784号73頁，新日本製鐵（日鐵運輸）事件・福岡高判平12・11・28労判806号58頁，川崎製鐵（出向）事件・大阪高判平12・7・27労判792号70頁，新日本製鐵〔日鐵運輸〕事件・福岡高判平12・11・28労判806号58頁，日本雇用創出機構事件・東京地判平26・9・19労経速2224号17頁等）。

Q13. 業務の外注化に伴う出向が出向命令権の濫用に当たるか否かはどのような観点から判断されるのでしょうか。

A. 業務内容に変更がないのであれば、処遇の差が問題となります。

解説

　業務を外注化することによって、当該業務に従事していた労働者は、社内ではいわゆる余剰人員となりますので、雇用確保の観点から外注先に出向させ、従前の業務にそのまま従事してもらうことがあります。業務の外注化に伴う出向についても、他の出向の事案と同じように、事案ごとに、①在籍出向かどうか、②出向命令権が認められるかどうか、③出向命令権の濫用かどうか、という判断枠組みに従って判断していると理解できますが、外注化した業務に従事していた者を出向させて、従前の業務にそのまま従事させる場合は、人選の合理性が認められやすく、また、業務内容、勤務場所の変化もないので、処遇が大きく引き下げられるなどの事情がない限り、出向命令が認められやすいと言えます（新日本製鐵（三島光産・出向）事件・福岡高判平12・2・16労判784号73頁、新日本製鐵（日鐵運輸）事件・福岡高判平12・11・28労判806号58頁、川崎製鐵（出向）事件・大阪高判平12・7・27労判792号70頁、新日本製鐵〔日鐵運輸〕事件・福岡高判平12・11・28労判806号58頁等）。

Q14. 復帰が予定されない場合，出向命令は権利濫用になるでしょうか。また，出向規程に出向期間の延長に関する定めがある場合，出向期間の延長は出向命令権の濫用に当たるでしょうか。

A. 復帰が予定されない出向は，整理解雇の回避や管理職ポストの不足など，それを首肯せしめる企業経営上の事情が認められないかぎり，権利濫用となり得ます。出向期間の延長も認められることがありますが，その必要性等についてより慎重に判断されます。

解説

　復帰が予定されない出向は，整理解雇の回避や管理職ポストの不足など，それを首肯せしめる企業経営上の事情が認められないかぎり，権利濫用となり得ます（菅野和夫『労働法〔第11版〕』弘文堂・2016年694頁）。
　新日本製鐵（日鐵運輸）事件・福岡高判平12・11・28労判806号58頁では，上記①ないし③の判断において，①「控訴人ら〔筆者注：出向労働者〕が担当していた業務自体が委託され，八幡製鐵所〔筆者注：出向元〕にその業務を担当する部署自体がなくなっており，控訴人らがその業務の熟練した技術職社員であることなどからすれば，控訴人らが復職する可能性が，本件出向当初からほとんど期待できない状況にあったものというべきであり，控訴人らが『永久』出向と主張することは十分理解できるというべきである。しかし，本件出向は，前述のように社外勤務協定の内容〔筆者注：「出向期間の定め，出向期間の被控訴人〔注：出向元〕の勤続年数通算規定，被控訴人の社員としての昇級・昇格規定，給与・賞与規定，復職規定，その他の処遇に関する規定等〕からみて在籍出向の性質を有するものであることは明らか」，②「出向先に関して，

『関係会社,関係団体,関係官庁等』との抽象的な規定(社外勤務協定2条1項)が存在するにとどまるが,前記認定のとおり,本件出向の前後を通じて勤務場所,勤務内容及び勤務態様が全く変わらない事実に照らすと,右規定が抽象的であるからといって,本件出向を命じることができなくなるものではない。」,③「本件出向は,業務委託に伴う出向であって,前述のように,当初から出向期間が長期化し,復帰の可能性が見込まれないことが十分予想されていた(現に,3回に亘り,延長措置が採られている。)といえるから,出向後の労働条件の変更の程度,内容によっては,労働者の生活に重大な影響を与える危険性が高く,出向命令権の行使が権利の濫用にあたるか否かの判断もより慎重に行われるべきであると解される。」と判示されており,出向期間の延長については,その必要性等についてより慎重に検討する必要があります。

Q15. 問題社員，ローパフォーマー等に対する出向命令には業務上の必要性が認められるのでしょうか。

A. 業務上の必要性が認められる場合はありますが，出向先において担当させる業務の内容等によっては，業務上の必要性が否定されることがあります。

解説

　JR東海中津川運輸区（出向・本訴）事件・名古屋地判平16・12・15労判888号76頁は，手歯止め粉砕事故を起こした電車運転士に対する再教育等のための出向命令について，「54歳という定年規程及び定年協定の定める原則出向年齢に達していたため，改めて教育するなどして他職種へ配転するよりも，関連会社等への出向を命ずることが最も合理的な人事運用」として業務上の必要性を認めました。

　また，東日本旅客鉄道事件・東京地判平23・1・28労経速2017号14頁は，酒臭を指摘されたこと等により訓戒処分を受けた助役に対する出向命令について，出向先から出向職員の交替の要請を受け職員管理ができる者を出向させる必要があったことを理由に業務上の必要性を認めました。

　さらに，日本雇用創出機構事件・東京地判平26・9・19労経速2224号17頁は，グループ関係にない再就職支援会社への出向について，8年間で5段階評価の真ん中が4回，残りが下から2番目の評価のローパフォーマーに対する出向命令について，「自らの適性に合った就業先を幅広く探してもらう」「雇用を維持するため」を理由に業務上の必要性を認めました。

　他方，新日本ハイパック事件・長野地松本支決平元・2・3労判538号69頁では，単純な確認ミスをした労働者に研修のために遠隔地への出

向を命じた事例について，単純な確認ミスをした労働者の研修のために遠隔地で最長3年に亘って出向させなければならない合理的根拠はないとして業務上の必要性を否定しました。

また，ゴールド・マリタイム事件・大阪高判平2・7・26労判572号114頁では，「協調性がなく勤務態度も不良で，管理者としての適性を欠」く管理職に対して出向を命じた事例について，「出向後の具体的な職務内容等について協議することもな」かったことを理由に業務上の必要性を否定しました。

そして，日本レストランシステム事件・大阪高判平17・1・25労判890号27頁では，従業員の無銭飲食を黙認するなどした管理職に対して出向を命じた事例について，出向先での業務内容（物流部門における食材の配送作業等）が「指導教育を目的とするものとは到底いい難」いことを理由に業務上の必要性を否定しました。

以上からすると，出向先において担当させる業務が不明確である場合や，退職に追い込むためのような出向の目的とは別の目的が推認される場合には業務上の必要性が否定されやすくなると考え，出向先においてどのような業務を担当させるかが重要と考えます。

なお，近時，大手人材派遣会社の関連会社などで出向元と出向先をマッチングするサービスが見られます。前述Q2で述べた出向の正当目的との関係では，グループ関係にない会社への出向は「①労働者を離職させるのではなく，『関係会社』〔注：二重括弧は筆者〕において雇用機会を確保する」とは異なると思われますが，上記日本雇用創出機構事件と同様の利益状況であり，雇用機会を確保するため関連会社以外への出向であっても，業務上の必要性が認められる余地があると考えます。

Q16. 雇用の維持，確保のための出向には業務上の必要性が認められるのでしょうか。

A. 前提となる雇用継続の困難性が認められるのであれば業務上の必要性が認められやすいと解されます。

解説

川崎製鉄（出向）事件・大阪高判平12・7・27労判792号70頁は，工場閉鎖に伴い余剰人員の雇用を確保するための出向命令について業務上の必要性を認めています。

また，住友軽金属工業（スミケイ梱包出向）事件・名古屋地判平15・3・28労判851号53頁は，原告が夜勤が身体に悪いことを理由にこれを断ったため，被告は常昼間職場を探したが，これが存在しなかったことから原告の就労場所を社外に求める必要性を認めています。

さらに，日本雇用創出機構・東京地判平26・9・19労経速2224号17頁は，一見すると退職勧奨目的の出向にも見えるのですが，ローパフォーマーに対する「自らの適性に合った就業先を幅広く探してもらう」「雇用を維持するため」の出向命令について業務上の必要性を認めています。

そして，東京地判平23・11・22WestlawJAPAN_2011WLJPCA11228004でも，「必要性」と明示はしていないものの，事業場閉鎖に伴い，同事業場での業務が無くなることに伴い，移動先（取引先出向）を命じた事例について，「出向を命ずる以外に雇用確保の道がなくなった」と判示し，出向拒否を理由とする普通解雇を有効と判断しています。

雇用の維持，確保のための出向には，前提となる雇用継続の困難性が認められるのであれば業務上の必要性が認められやすいと考えます。

Q17. 労働者に不利益を与える出向が出向命令権の濫用に当たるか否かはどのような観点から判断されるのでしょうか。

A. 「生活関係」ないし「生活環境」,「労働条件」,「職業上」ないし「キャリア」などの観点から,著しい不利益があるかという観点から判断されます。

解説

　出向命令は,労働者に著しい生活上の不利益を与える場合にも権利濫用となり得ます（菅野和夫『労働法〔第11版〕』弘文堂・2016年688頁）。
　著しい不利益性があるかを判断するにあたって,裁判例では,「生活関係」ないし「生活環境」（病気や障害を抱える家族の世話ができなくなることや,通勤時間が長くなること等）,「労働条件」（労働時間が長くなることや,給与が減少すること等）,「職業上」ないし「キャリア」（デスクワークに従事してきた者に立ち仕事や単純作業を行わせること等）といった点に言及した上で,「著しい」不利益の有無を問題にするものが多く見られます（光洋自動機事件・大阪地判昭50・4・25労判227号37頁,日本ステンレス・日ス梱包事件・新潟地高田支部判昭61・10・31判時1226号128頁,川崎製鉄（出向）事件・大阪高判平12・7・27労判792号70頁,新日本製鐵（日鐵運輸第2）事件・最判平15・4・18労判847号14頁,日本レストランシステム株式会社・大阪高判平17・1・25労判890号27頁,東日本旅客鉄道事件・東京地判平23・1・28労経速2017号14頁）。
　他方で,「著しい」との文言がない裁判例も見られます（新日本製鐵（三島光産・出向）事件・福岡高判平12・2・16労判784号73頁,兵庫県商工会連合会事件・神戸地姫路支部判平24・10・29労判1066号28頁,リコ

第２章　出向

一　(子会社出向) 事件・東京地判平25・11・12労判1085号19頁)。

Q18. 労働条件に関する著しい不利益性のうち，出向期間についてはどのように検討すべきでしょうか。

A. 3年程度の出向期間であれば著しく不利益とまではいいにくいと解されますが，事案によっては3年でも長期と判断される可能性があります。

解説

東日本旅客鉄道事件・東京地判平23・1・28労経速2017号14頁は，「出向期間が，約3年間と合理的な範囲内にとどまっている」ことから「著しく過酷な状況に置かれるということもできない」とし，結論として出向命令権の濫用を否定しています。

他方，同じ3年でも，新日本ハイパック事件・長野地松本支決平元・2・3労判538号69頁は，単純な確認ミスをした労働者の研修のために遠隔地で最長3年に亘って出向させなければならない合理的根拠はないとし，3年を長期と評価していると理解できます（ただし，三叉神経症候群に罹患し治療継続中であって症状が増悪するときは看病を要する妻がいたという特別な事情のもとでの判断であり，このような事情があると，3年でも長期と判断される可能性があります。）。

また，兵庫県商工会連合会事件・神戸地姫路支判平24・10・29労判1066号28頁は，「本件出向の期間は5年と長期であり，出向期間満了時に原告〔筆者注：出向を命じられた者〕は定年間際の59歳となるものであること…から，原告は相当程度の不利益を受ける」などと判断して出向命令が権利の濫用であると判断しており，出向期間満了時に定年間際になる特別な事情のもとでの判断ではありますが，少なくともこのような事情があると，5年という出向期間が長期と判断される可能性があります。

Q19. 業務内容の不利益性についてはどのように検討すべきでしょうか。

A. 他の社員との均衡や出向者のキャリアによっては，業務内容の変更が不利益と判断されることがあります。

解説

　新日本製鐵（日鐵運輸）事件・福岡高判平12・11・28労判806号58頁及び新日本製鐵（日鐵運輸第2）事件・最判平15・4・18労判847号14頁では，著しい不利益がないことの理由の一つとして，業務内容が変わらないことを指摘しています。

　また，光洋自動機事件・大阪地判昭50・4・25労判227号37頁は，「異業種への異動」について「修得した知識，技術を十分生かすことができる」とし「既得の権利利益を著るしく損なうようなものでもない」と判示しています。

　JR東海中津川運輸区（出向・本訴）事件・名古屋地判平16・12・15労判888号76頁は，業務内容が運転士から清掃業務へ変更になることについて，他の者も同業務に従事していることなども考慮し「労働者が通常甘受すべき程度の不利益にすぎない」と判示しており，他の社員との均衡も考慮されると理解できます。

　日本レストランシステム事件・大阪高判平17・1・25労判890号27頁は，「出向先は物流部門で，控訴人の実際の職務内容も食材の配送作業等であって，前記の調理，営業等とは職種を全く異にする。このように職種を全く異にする出向の場合は，出向によって労働者に生じ得る不利益はさらに大きくなるおそれがあるから，被控訴人としては，出向先での労働条件・処遇，出向期間，復帰条件等の具体的内容について，通常の出向の場合に比してより一層十分な説明を尽くすべき」と判示しており，実務的には不利益が大きくなる場合には十分な説明や労働条件の調整な

ど手続を尽くすことが適切でしょう。

第2章　出向

Q20. 就業場所の不利益性についてはどのように検討すべきでしょうか。

A. 想定できない遠隔地への出向命令や出向者の生活への影響が大きい出向命令は著しい不利益と判断されることがあります。

解説

　新日本製鐵（日鐵運輸）事件・福岡高判平12・11・28労判806号58頁及び新日本製鐵（日鐵運輸第2）事件・最判平15・4・18労判847号14頁では，著しい不利益がないことの理由の一つとして，就業場所が変わらないことを指摘しています。

　解雇無効確認等請求事件・東京地判平23・11・22WestlawJAPAN2011WLJPCA11228004では，東京都港区で業務を行っていたＸ１に愛知県知多郡の会社への出向を命じた事案について，Ｘ１は結婚を前提に交際していた女性がいることなどを主張して出向を拒みましたが，裁判所は，被告〔筆者注：出向を命じた会社〕に仙台支店と名古屋支店があったことからすれば，一般的に，被告の社員は，同程度の遠方への異動については十分想定でき，かつ当然に受忍すべきものであると判断しています。

　また，新日本ハイパック事件・長野地松本支決平元・2・3労判538号69頁は，出向の目的が再教育のためであり，妻が三叉神経症候群に罹患し治療継続中であって症状が増悪するときは看病を要し当該労働者がその看病に当たっているという特別な事情のもとで，松本市から福島市への出向を「遠隔の地」へのものと評価したものであり，このような事情があると就業場所の変更について著しい不利益であると判断されやすくなると考えられます。

Q21. 労働時間の不利益性についてはどのように検討すべきでしょうか。

A. 他の労働条件の変化との総合考量になりますが，他の社員との均衡や賃金増額も考慮して不利益性が判断されると考えられます。

解説

　JR東海中津川運輸区（出向・本訴）事件・名古屋地判平16・12・15労判888号76頁は，「年間休日の減少や労働時間の増加があり…労働時間は年間に換算して220時間30分増加」することについて，「そのような例は原告Dに限ったことではな」いことや賃金が増額していることなども考慮し「労働者が通常甘受すべき程度の不利益にすぎない」と判断しています。

　また，川崎製鉄（出向）件・大阪高判平12・7・27労判792号70頁は，「出向によって原告らの年間総所定労働時間は59時間長くなり（休日が5日間減少したことを含む。59時間に1時間当たりの基準内賃金を乗ずると原告X1が11万3867円，原告X2が11万6805円となる。），業務付加給が年間6万円減少したことになるが，他方で出向手当11万円が支給されていることを考慮すると，本件出向により，原告らの労働条件が大幅に低下し，著しい不利益を受けているとまでは認められない」と判断した原審（神戸地判平12・1・28労判778号16頁）を是認しています。

　これらの裁判例からすると，実務的には出向手当により不利益緩和をすることは有効と考えられ，また，労働時間に関する不利益性を検討するにあたっては，他の社員との均衡や賃金増額も考慮されると理解できます。

Q22. 賃金の不利益性についてはどのように検討すべきでしょうか。

A. 出向後の賃金は不利益性を判断する上で重要な要素と判断されます。

解説

　光洋自動機事件・大阪地判昭50・4・25労判227号37頁は,「月額463円の賃金減額を生じた」ことについて,「減少は僅少」で「将来において十分回復する可能性がある」と評価し,「既得の権利利益を著るしく損なうようなものでもない」と判断しています。
　兵庫県商工会連合会事件・神戸地姫路支判平24・10・29労判1066号28頁は,「出向後の給与額は非常に重要な要素」とした上で,出向後に「月額3万5700円という相当額の管理職手当が支給されないことが予定されていた」ことを指摘し,結論として出向命令権の濫用と判断しています。
　この点についても,実務的には出向手当により不利益緩和をすることは有効と考えられます。

Q23. 通勤時間の不利益性についてはどのように検討すべきでしょうか。

A. 他の社員との均衡もポイントになり得ますが，通勤時間が2時間を超えると不利益性が大きくなると思われます。

解説

光洋自動機事件・大阪地判昭50・4・25労判227号37頁は，「出向により，通勤時間が15分から1時間以上に増え出張業務が多くなり，帰宅時刻が遅くなることになった。」ことについて，「生活上の不利益についても特段に重大なものとは認められない」と判断しています。

また，ＪＲ東海中津川運輸区（出向・本訴）事件・名古屋地判平16・12・15労判888号76頁は，通勤時間がおおむね2時間近くなることについて「原告以外にも出向先に2時間程度かけて通勤している者は多数おり，出向後の通勤時間の方が長くなった社員も枚挙にいとまがない」とし，「通常甘受すべき程度の不利益にすぎない」と判断しています。

他方で，兵庫県商工会連合会事件・神戸地姫路支部判平24・10・29労判1066号28頁は通勤時間が片道約2時間半であることについて「相当程度の不利益を受けることになる」とし，その他の事情も考慮し，結論として出向命令権が濫用にあたると判断しています。

他の事情との総合考慮であり，絶対的な基準ではありませんが，通勤時間だけをみると，2時間が一つの目安であると理解できるでしょう。

Q24. 「生活関係」ないし「生活環境」に関する不利益についてはどのように検討すべきでしょうか。

A. 出向者本人の身体的負担が大きい場合や，同居の家族の病気や障害が重く，当該労働者がその看病等に当たらなければならない場合には，出向を命じることが難しくなります。

1 本人の身体的負担に関するもの

東海旅客鉄道（出向命令）事件・大阪地決平6・8・10労判658号56頁では，車掌業務から「約20数分間に，車輌のゴミ回収，床面のモップ掛け，トイレ掃除等を行うもの」への異動，及び，改札業務等から「コンコースのモップ掛け，ホームの清掃（トイレ掃除，ガム剥がし，汚物処理）」への異動について，身体的負担が大きく「退職も考えざるを得ない」，「退職に追込まれるおそれがある」と判断し，退職へ追い込む目的を推認し，出向命令を濫用したものであると判断しました。

2 病気や障害を抱える家族に関するもの

出向命令権の濫用を認めた例として，同居の母は言語機能障害4級，肢体不自由3級の身体障害者，同居の父は脳血栓で倒れて右半身麻痺の状態であり当該労働者が両親にとって不可欠の存在としたもの（日本ステンレス・日ス梱包事件・新潟地高田支判昭61・10・31判時1226号128頁），妻が三叉神経症候群に罹患し治療継続中であって症状が増悪するときは看病を要し当該労働者がその看病に当たっていたもの（新日本ハイパック事件・長野地松本支決平元・2・3労判538号69頁）があります。

他方で，上記日本ステンレス・日ス梱包事件は，養父母とも高血圧症

で治療を受けていたものの雑貨商を営んでいた労働者については，病気はさほど重くなかったと判断し，また，弟2人も自宅から通勤し，父・母そろって出かけているとの労働者についても当該労働者が出向しても「家庭生活の維持に著しい支障を来たすものとまではいえ」ないと判断し，いずれも出向命令権の濫用を否定しています。

また，解雇無効確認等請求事件・東京地判平23・11・22WestlawJAPAN 2011WLJPCA11228004では，うつ病を患う母親の送迎の必要が主張されましたが，裁判所は，父親のほか，同居する弟も運転免許を所持していることを理由に，「受忍限度を超える著しい不利益が生じるとは認められない」と判断しています。

これらからすると，家族との関係では，出向命令権の濫用とならないためには，家族の病気や障害が重くないことや，当該労働者がその看病等に当たっていないことが必要と考えられます。

3　交際相手に関するもの

解雇無効確認等請求事件・東京地判平23・11・22WestlawJAPAN 2011WLJPCA11228004では，東京都港区で業務を行っていたＸ１に愛知県知多郡の会社への出向を命じた事案について，結婚を前提に交際していた女性がいることも主張されましたが，裁判所は，被告〔筆者注：出向を命じた会社〕に仙台支店と名古屋支店があったことからすれば，一般的に，被告の社員は，同程度の遠方への異動については十分想定でき，かつ当然に受忍すべきものであると判断しており，交際相手がいるだけでは生活関係ないし生活環境に対する著しい不利益には当たらないと解されます。

Q25. 出向命令に退職に追い込むためなどの動機・目的が認められると，出向命令の有効性にどのような影響を及ぼすでしょうか。

A. 出向命令に退職に追い込むためなどの違法・不当な動機・目的が認められ，出向命令が権利の濫用と判断されることがあります。

解説

　兵庫県商工会連合会事件・神戸地姫路支部判平24・10・29労判1066号28頁は，出向に至る半年前から繰り返し退職勧奨が行われていた事案において，「出向直前に執拗な退職勧奨を行い，不誠実な対応に終始し」，「原告を退職に追い込もうとする又は原告が退職勧奨に応じることを期待するという違法・不当な動機に基づいて行われたものであると推認できる」ことなどを理由に，出向命令権の濫用であると判断しています。

　他方，日本雇用創出機構事件・東京地判平26・9・19労経速2224号17頁は，転職支援を行う出向先への出向について，「本件会社〔注：出向元〕が自ら原告〔注：出向者〕の就職先を探すのが困難」という事情において，「原告の雇用を維持することを目的とするものと認めるのが相当であり，原告主張に係る『原告を本件会社から放逐する目的』及びその他不当な目的の存在を認めることはできない」と判断し，出向命令が雇用を維持するためのものであることを理由に不当な動機・目的を否定しています。

　また，東海旅客鉄道（出向命令）事件・大阪地決平6・8・10労判658号56頁は，①車掌業務から「約二十数分間に，車輌のゴミ回収，床面のモップ掛け，トイレ掃除等を行うもの」への異動や，②改札業務等から「コンコースのモップ掛け，ホームの清掃（トイレ掃除，ガム剥

し，汚物処理）」への異動について，身体的負担が大きく「退職も考えざるを得ない」，「退職に追込まれるおそれがある」と判断し，出向命令権の濫用であると判断しています（不当な動機・目的という表現は用いられていません。）。

リコー（子会社出向）事件・東京地判平25・11・12労判1085号19頁は，判決文に不当な動機・目的という表現は用いられていないものの，開発や設計の部署で一貫してデスクワークに従事してきた原告らに対し，物流事業を中心とする関連会社に出向させ「立ち仕事や単純作業が中心であり，原告ら出向者には個人の机もパソコンも支給されていない」という出向命令が「原告らのキャリアや年齢に配慮した異動とはいい難く，原告らにとって，身体的にも精神的にも負担が大きい」，「退職勧奨を断った原告らが翻意し，自主退職に踏み切ることを期待して行われた」と判断され，退職勧奨目的に近い表現が用いられています。

Q26. 労働者の「キャリア」についてはどの程度考慮すればよいでしょうか。

A. 出向を命じられる者の「キャリア」への配慮を欠く出向命令も濫用と評価される可能性があるので，慎重に検討する必要があります。

解説

まず，「キャリア」について，キャリア権研究会「報告書」（NPO法人キャリア権推進ネットワーク・2011年6月）7～8頁では「職業生活」，「職業上の道筋」などと説明されている（「キャリア権」については同報告書や本書巻頭言「人事権と人生」，本書第1章「企業内人事異動」のQ15もご参照下さい。）。

出向と「キャリア」の関係についてみると，出向により業務内容が変わることが直ちに「キャリア」への配慮を欠くとまでは判断されにくいと解されますが（Q27で後述しますが，業務内容が大きく変わる場合，説明を尽くす必要はあります。），長期間専門性のある業務に従事している労働者の専門性や「キャリア」への配慮を欠く出向命令も，退職を企図したものであるとか，濫用であると評価される可能性があるので，慎重に検討する必要があります。

日本レストランシステム事件・大阪高判平17・1・25労判890号27頁は，「調理師の資格を有し，飲食業の経験があり，被控訴人入社時にレストランの店舗の主任として採用され，本件降格処分を受けるまで，レストラン店舗で調理，接客等に従事しながら複数店舗の管理職を務めていた」者に対し，物流部門において食材の配送業務等を行わせた出向命令が濫用であると判断しています。

また，「Q25不当な動機・目的の有無」において前述したリコー（子会社出向）事件・東京地判平25・11・12労判1085号19頁は，開発や設計

の部署で一貫してデスクワークに従事してきた原告らに対し，物流事業を中心とする関連会社に出向させ「立ち仕事や単純作業が中心であり，原告ら出向者には個人の机もパソコンも支給されていない」とする出向命令が「原告らのキャリアや年齢に配慮した異動とはいい難く，原告らにとって，身体的にも精神的にも負担が大きい」，「退職勧奨を断った原告らが翻意し，自主退職に踏み切ることを期待して行われた」もので人事権の濫用であると判断しています。

第2章　出向

Q27. 手続きの相当性についてはどう検討すればよいでしょうか。

A. 出向を命じる前に出向による労働条件の変化等について検討しておく必要があります。

解説

「Q22」、「Q25」において前述した**兵庫県商工会連合会事件・神戸地姫路支判平24・10・29労判1066号28頁**は、出向後に「月額3万5700円という相当額の管理職手当が支給されないことが予定されていた」ことについて、「説明がなかったという以前に、被告県連は、本件管理職手当不支給について事前に調査・把握していなかったものと認められる。したがって、本件出向命令の発令に至る手続には、不相当な点がある」と判示し、結論として出向命令権の濫用と判断しています。

同裁判例からすると、出向を行うにあたっては、出向先における労働条件や、出向による労働条件の変化、ひいては出向による労働者の著しい不利益の有無について事前に検討しておく必要があったものと考えられます。

また、**日本レストランシステム事件・大阪高判平17・1・25労判890号27頁**は、「調理師の資格を有し、飲食業の経験があり、被控訴人入社時にレストランの店舗の主任として採用され、本件降格処分を受けるまで、レストラン店舗で調理、接客等に従事しながら複数店舗の管理職を務めていた」者に対し、物流部門において食材の配送業務等を行わせた出向命令について、「職種を全く異にする出向の場合は、出向によって労働者に生じ得る不利益はさらに大きくなるおそれがあるから、被控訴人〔注：出向元〕としては、出向先での労働条件・処遇、出向期間、復帰条件等の具体的内容について、通常の出向の場合に比してより一層十分な説明を尽くすべき」とした上で、そのような説明が尽くされた事実

が認められないことも理由に出向命令権の濫用と判断しています。

Q28. 採用後ただちに子会社への出向を業務命令として一方的に命じられるでしょうか。

A. 労働基準法15条に違反する可能性があり、原則としてそのような出向を命じることはできないと考えます。

解説

いかなる使用者の指揮命令下で労務を提供するかどうかは雇用契約の重要な要素であるところ、設問のような事例は、子会社の労働者の採用のために親会社のネームバリューで採用をしているとも評価でき、出向命令は無効と解されます。また、このような採用・出向は、「就業の場所及び従事すべき業務に関する事項」（労働基準法15条1項、労働基準法施行規則5条1項1号の2）を明示していない採用・出向として、労働基準法15条1項に違反する可能性があると考えます。

上記のような採用・出向ではなく、グループの基幹要員はすべて親会社採用とし、採用後各子会社・関係会社への出向という人事施策が採られており、事前にかかる説明がされていれば採用・出向が有効となると考えられます（石嵜信憲『転勤・出向・転籍等の法律実務〔第2版〕』（中央経済社、2006年）199頁）。

Q29. 親会社に出向させることを目的に子会社が従業員を採用することに問題はあるでしょうか。

A. 労働者派遣との区別が問題となり，出向の正当目的を有している場合であることが必要と考えます。

解説

形式的には出向となっていますが，実質的には自己が雇用する労働者の派遣と考えられ，また，労働者派遣法7条1項1号の労働者派遣事業の不許可事由である「当該事業が専ら労働者派遣の役務を特定の者に提供することを目的として行われるもの」に該当するおそれがあります。

この点については，そもそも出向させることができるかという問題であり，「Q1」，「Q2」等で前述した行政解釈（「労働者派遣事業関係業務取扱要領」（厚生労働省職業安定局，平成28年4月）10頁）の「①労働者を離職させるのではなく，関係会社において雇用機会を確保する，②経営指導，技術指導の実施，③職業能力開発の一環として行う，④企業グループ内の人事交流の一環として行う等の目的を有して」いる場合には，出向させることができると考えられます。

Q30. 出向命令拒否者に対する懲戒処分の程度はどのようなものになるのでしょうか。

A. 原則として懲戒解雇を選択することになると思われます。ただし，整理解雇を回避するための出向命令拒否者に対しては，懲戒処分をもって対応することは望ましくないと考えます。

解説

　出向命令に応じる不利益より，これを拒否し懲戒処分を受ける不利益の方が小さい場合，出向命令を拒否することを選択する者が現れるため，業務命令としての出向命令拒否者に対しては，懲戒解雇処分とすることが多くみられます。

　この点，ハイクリップス事件・大阪地判平20・3・7労判971号72頁では，治験コーディネーターが製薬会社から1回接待を受けたこと，これを会社に報告しなかったこと，虚偽の記載や報告を行ったことや同僚に口裏合わせを働き掛けたこと，出勤出社命令違反及び出向命令違反等を理由とする懲戒解雇が有効と判断されています。

　他方，整理解雇を回避するための出向命令は，会社の出向命令権というより，解雇回避努力の履行であり，その拒否に対して懲戒処分をもって対応することは望ましくないと考えます。通常は，出向を命じるとともに出向に応じられない者のために，退職金を加算するなどして希望退職を募ります。希望退職に応じないから出向を命じるとすると，前掲リコー事件のように不当な目的ありとされることがあるので，施策の順番は慎重に検討する必要がありますが一般的には同時に提案します。

　しかし，退職を選択せず，有効な出向命令にも従わないという場合は，解雇もやむなしと言えます。ただし，もともとは会社都合に起因する出向命令ですので，懲戒解雇でなく普通解雇とすべきでしょう。

また，出向命令が有効と判断される場合に，出向命令に応じなかった者を，整理解雇の対象とすることもあります。

Q31. 出向期間を定め、これが満了した場合、当然に出向元へ復帰するのでしょうか。

A. 出向期間が満了した場合、出向者は当然に出向元に復帰します。

解説

　出向は、出向元と出向者、出向先と出向者の間に雇用関係が生じるものですが、基本的な雇用関係は出向元と出向者の間にあり、出向先と出向者の間の雇用関係は、出向命令により生じるものです。

　出向期間が定められた場合、出向期間満了により出向命令の効力は消滅するため、出向者が出向先で就労する法的根拠が失われ、出向者は当然に出向元に復帰することになります。

Q32. 出向元が復帰命令を出すにあたり，出向者の同意は必要でしょうか。

A. 不要です。

解説

　この点について，最高裁判所は，「労働者が使用者（出向元）との間の雇用契約に基づく従業員たる身分を保有しながら第三者（出向先）の指揮監督の下に労務を提供するという形態の出向（いわゆる在籍出向）が命じられた場合において，その後出向元が，出向先の同意を得た上，右出向関係を解消して労働者に対し復帰を命ずるについては，特段の事由のない限り，当該労働者の同意を得る必要はないものと解すべきである。」と判示し，出向元の出向者に対する復帰命令を認めています（古河電気工業・原子燃料工業事件・最判昭60・4・5民集39巻3号675頁）。

　最高裁判所は，その理由として「労働者が出向元の指揮監督の下に労務を提供するということは，もともと出向元との当初の雇用契約において合意されていた事柄であつて，在籍出向においては」，原則として，「労働者が出向元の指揮監督の下に労務を提供するという当初の雇用契約における合意自体には何らの変容を及ぼさず，右合意の存在を前提とした上で，一時的に出向先の指揮監督の下に労務を提供する関係となつていたにすぎない」ことを指摘しています。

　もっとも，最高裁判所の考え方においては，「出向元へ復帰させないことを予定して出向が命じられ，労働者がこれに同意した結果，将来労働者が再び出向元の指揮監督の下に労務を提供することはない旨の合意が成立したものとみられる」場合（転籍）には，出向元への復帰が予定されていないので，復帰命令について労働者の同意が必要と考えられます。

　なお，最高裁判所は，「特段の事由」があれば労働者の同意が必要と

なる旨判示をしています。この点については，実質的にみて転籍に等しい事情を想定しているものと解されますが，具体的な裁判例の蓄積が待たれるところです。

Q33. 出向元は出向期間を一方的に延長することはできるのでしょうか。

A. 就業規則や出向規定に出向期間を延長する旨の定めがある場合、一方的延長は可能です。

解説

出向期間満了により出向命令の効力は消滅し、出向者は当然に出向元に復帰することになります。そのため、原則として、出向元は出向期間を一方的に延長することはできず、出向期間を延長させる場合、出向者の同意を得る必要があると解されます。

ただし、就業規則や出向規定に出向期間を延長する旨の定めがある場合、延長は可能と考えます。

新日本製鐵（三島光産・出向）事件・福岡高判平12・2・16労判784号73頁は、出向者の同意を得ない出向期間の延長命令は権利の濫用に当たらないと判断し、その理由の中で、「控訴人〔筆者注：出向者〕は、出向期間の延長は、労働者の復帰の期待ないし権利を事実上喪失させるものであるから、その場合には、通常の出向要件では足りず、出向の延長を不可避とする特段の事情が必要とされなければならず、しかも、延長が繰り返される度にその要件は加重されなければならないところ、本件各出向延長措置においては、そのような特段の事情は存しないから、いずれも無効であると主張する。しかしながら、前記のとおり、出向期間の延長の要件は『業務上の必要』があることで足るのであって、控訴人の右主張は採用できない。」と判断しており、延長には慎重な判断が必要と解されます。

Q34. 出向先が出向社員に対し，業務命令として他社への再出向を命じられるのでしょうか。

A. 再出向を命じることは望ましくなく，いったん出向元に復帰させた上で，出向元から再出向先に出向させることが適切です。

解説

　まず，再出向は，違法な二重派遣に該当するのではないかとの懸念があります。この点，二重派遣とは，派遣先が派遣元事業主から労働者派遣を受けた労働者をさらに業として派遣することをいいますが，この場合，派遣先は派遣労働者を雇用している訳ではないため，形態としては労働者供給を業として行うものに該当するものであり，職業安定法44条の規定により禁止されます（労務行政研究所編『労働者派遣法』（労務行政，2013年）116〜7頁）。そして，出向は，出向者と出向元・出向先との間で二重の雇用契約関係にあるとされ，派遣労働者と派遣先との間に雇用契約関係がない労働者派遣とは異なり，形式的には二重派遣には該当しないと解されます。

　ただし，実質的には二重派遣と異ならない実態であるという指摘を受けるリスクもあり，出向においては，出向元との雇用関係も，出向先との雇用関係も維持されており，さらに再出向先との雇用関係も発生するとなると，権利関係が複雑化し，出向の正当性も否定されかねない（そうなると労働者供給とされる可能性もあります。）ため，再出向をすることは望ましくありません。

　また，再出向先において労務提供をする必要があるのであれば，いったん出向先から出向元へ復帰させた上で，出向元から再出向先に出向させることが適切と考えます。

　なお，出向元A社の就業規則等において再出向先C社への出向が予定

されておらず，出向先B社の就業規則等において再出向先C社への出向が予定されている場合，A社に復帰させた上で，A社からC社に出向を命じることが難しいのではとの問題を生じます。この点について，「Q3」において前述したとおり，出向対象企業等までは就業規則等において定めておかなくとも出向を命じることができると考えますので，A社に復帰させた上でA社からC社に出向を命じることは可能と思われます。他方，仮に出向対象企業等まで就業規則等において定めておく必要があると解すると，なおさら，B社からC社への再出向を命じるのではなく，A社に復帰させた上で，労働者の個別的同意を得てC社に出向してもらうことを検討すべきと考えます。

第2章　出向

Q35. 出向では，出向労働者は，出向元及び出向先の双方とそれぞれ労働契約関係があるとのことですが，労働基準法の適用関係はどのようになるのでしょうか。

A. 出向先においてその指揮命令の下で労務を提供するため，労務提供については出向先が使用者の立場に立ち，他方，基本的な雇用関係は出向元との間に残っていると考えられ，労務提供を前提としない契約上の地位の喪失等については出向元が使用者の立場に立つことになります。

解説

　出向（在籍出向）では，出向労働者は，出向元及び出向先の双方とそれぞれ労働契約関係があるため，労働基準法の適用上，出向元と出向先のいずれが使用者となるのかが問題になります。

　この点に関して，行政通達（昭和61年6月6日　基発333号）では，「在籍型出向の出向労働者については，出向元及び出向先の双方とそれぞれ労働契約関係があるので，出向元及び出向先に対しては，それぞれ労働契約関係が存する限度で労働基準法等の適用がある。すなわち，出向元，出向先及び出向労働者三者間の取決めによって定められた権限と責任に応じて出向元の使用者又は出向先の使用者が出向労働者について労働基準法等における使用者としての責任を負うものである。」とされています。

　具体的には，出向（在籍出向）の本質が，労働者が出向元企業に在籍したまま，出向先企業においてその指揮命令の下で労務を提供する点にあることに鑑み，原則として，労務の提供を前提とする権利・義務については出向先が，そうでない部分については出向元が，それぞれ労働基

準法上の使用者に該当することになると解されます。

労働基準法の規定	出向者への適用	
	出向先	出向元
労働条件の決定(1条、2条)	○	○
均等待遇(3条)	○	○
男女同一賃金の原則(4条)	○	○
強制労働の禁止(5条)	○	○
中間搾取の排除(6条)	○	○
公民権の保障(7条)	○	○
労働契約(2章)	○	○
解雇(19～21条)		○
退職時の証明(22条)	○	○
金品の返還(23条)	○	○
賃金(3章)	○(支払義務者)	○
労働時間(32条)	○	
変形労働時間制(32条の2、32条の4,32条の5)	○	
フレックスタイム制(32条の3)	○	
休憩(34条)	○	
休日(35条)	○	
時間外、休日労働(33条、36条)	○	
割増賃金(37条)	○	
事業場外みなし時間(38条の2)	○	
裁量労働制(38条の3、38条の4)	○	
年次有給休暇(39条)	○	
管理職等適用除外(41条)	○	
安全衛生(5章)	○	

第2章　出向

労働基準法の規定	出向者への適用	
	出向先	出向元
最低年齢(56条)	○	○
年少者の証明書(57条)	○	○
未成年者の労働契約等(58条、59条)		○
女性・年少者の労働時間、休日(60条、64条の2)	○	
深夜業(61条)	○	
就業制限(62条、64条の3)	○	
坑内労働禁止(63条、64条の2)	○	
帰郷旅費(64条)		○
産前産後の休業(65条)	○	
妊産婦の時間外、休日労働、深夜業(66条)	○	
育児時間(67条)	○	
生理日の措置(68条)	○	
徒弟の弊害排除(69条)	○	○
職業訓練の特例(70～72条)	○	○
災害補償(8章)	○	
就業規則(9章)	○	○
寄宿舎(10章)	○	○
監督機関(11章)	○	○
法令の周知義務(106条)	○	○
労働者名簿(107条)	○	○
賃金台帳(108条)	○	○
記録の保存(109条)	○	○
報告義務(110条)	○	○

Q36. 出向元と出向先の就業規則の規定が異なっている場合に，どちらの規定が適用されますか。

A. 出向契約の定めによりますが，記載がない場合は規定の種類により検討します。

解説

出向元と出向先の就業規則の規定が異なっている場合に，どちらの規定が適用されるかについては，出向契約の定めによります。そのため，これらについて労働契約において定めておくことが適切です。

これを定めていなかった場合には，出向の本質を考慮して決定されることになります。

ア．始業・終業時刻，労働時間，休日，休暇などの勤務形態

出向労働者は，出向先企業においてその指揮命令の下で労務を提供するため，労務提供に関する始業・終業時刻，労働時間，休日，休暇などの勤務形態についての規定は，原則として，出向先企業の就業規則が適用されることになります。

イ．服務規律

出向者は出向先企業においてその指揮命令の下で労務を提供するため，労務提供の方法に関する服務規律についても，原則として，出向先企業の就業規則が適用されることになると考えます。

ウ．懲戒関係

出向者は出向先企業においてその指揮命令の下で労務を提供し，また，出向先の職場秩序維持の観点からも，原則として，出向先企業の就業規則が適用されることになります。ただし，懲戒解雇については，出向先

は出向労働者を解雇する権限を有していないため，出向元の就業規則が適用されます。出向者を懲戒解雇する場合，出向者を出向元に復帰させた上で，出向元が懲戒解雇をすることになります。

エ．賃金関係

賃金については，出向契約の定めによりますが，どちらの規定が適用されるか明らかでない場合には，原則として，出向元の就業規則によると考えるべきと考えます。なぜなら，出向元での労働条件が維持されると考えることが，当事者の合理的意思に合致すると考えられるためです。

オ．定年制，退職金，解雇等

これに対して，定年制，退職金，解雇等は，出向元にある契約の基盤に関わるものであり，また，労務提供を前提としないため，出向元の就業規則が適用されることになります。

出向者から退職の申し出があった場合，出向者を出向元に復帰させた上で退職処理をすることになると思われます。

カ．休職関係

「休職」とは，ある従業員について労務に従事させることが不能又は不適当な事由が生じた場合に，使用者がその従業員に対し労働契約そのものは維持させながら労務への従事を免除すること又は禁止することをいいます（菅野和夫『労働法〔第11版〕』弘文堂・2016年697頁）。

休職については，労務提供の側面と契約上の地位の喪失に至らせる側面に分けて検討することが適切と考えます。

まず，休職の契約上の地位の喪失に至らせる側面，具体的には，私傷病休職における休職期間の要件については，基本的な労働契約関係の当事者である出向元の規定を適用する必要があると考えます。

次に，休職の労務への従事を免除する側面，具体的には，私傷病休職（業務外の傷病による長期欠勤が一定期間に及んだときに行われる休職）における欠勤の要件については，労働力の利用処分権限を有する出向先の規定を適用することが考えられます（ただし，Q47でも後述しますが，安全配慮義務（長時間労働等）については，出向元も責任を負う可能性

があります〔A鉄道〔B工業C工場〕事件・広島地判平16・3・9労判875号50頁等，協成建設工業ほか事件・札幌地判平10・7・16労判744号29頁〕）。

ただ，出向とはQ1において前述したとおり「通常，①労働者を離職させるのではなく，関係会社において雇用機会を確保する，②経営指導，技術指導の実施，③職業能力開発の一環として行う，④企業グループ内の人事交流の一環として行う等の目的」に基づいて行われるところ，休職に至った場合には，当該目的を果たすことはできなくなるため，出向者を出向元に復帰させた上で，休職させることが適切と考えます。

日本瓦斯運輸整備事件（東京地判平成19・3・30労判942号52頁，東京高判平成19・9・11労判957号89頁）では，出向者が出向先の現職への復帰は困難であるが他の業務での就労は可能であり，その意欲もある旨伝えた事案について，出向元・出向先が協議し，出向元・出向先それぞれが，それぞれの就業規則に基づき発令した各休職命令が有効であり，また，出向元の就業規則に基づく休職期間の経過をもって退職の効力が発生すると判断しています。

キ．安全衛生，災害補償

出向労働者は，出向先企業においてその指揮命令の下で労務を提供するため，労務提供に関する安全衛生，災害補償についての規定は，原則として，出向先企業の就業規則が適用されることになります。

なお，安全配慮義務についてはQ47で後述のとおり出向元も責任を負う可能性があります。

第2章 出向

Q37. 年次有給休暇の発生日数を決定するための「継続勤務」を考えるにあたっては，出向元の勤続年数も通算するのでしょうか。

A. 年次有給休暇に関する労働基準法の規定は出向先に対して適用されますが，「継続勤務」は出向元の勤務年数も通算して発生日数が決定されます。

解説

　労働基準法39条1項は，「使用者は，その雇入れの日から起算して6箇月間継続勤務し全労働日の8割以上出勤した労働者に対して，継続し，又は分割した10労働日の有給休暇を与えなければならない。」と定め，同条2項において，さらに，1年6か月以上継続勤務し8割以上出勤した労働者には11日，2年6か月以上継続勤務し8割以上出勤した労働者には12日，3年6か月以上継続勤務し8割以上出勤した労働者には14日，4年6か月以上継続勤務し8割以上出勤した労働者には16日，5年6か月以上継続勤務し8割以上出勤した労働者には18日，6年6か月以上継続勤務し8割以上出勤した労働者には20日の年次有給休暇を与えなければならない旨定めています。

　Q1において前述したとおり，出向の本質が，労働者が出向元企業に在籍したまま，出向先企業においてその指揮命令の下で労務を提供する点にあることに鑑み，年次有給休暇に関する労働基準法の規定は，出向先に対して適用されます。

　年次有給休暇については，まず，出向元において年休権を取得した労働者が出向した場合に当該年休権を出向先で行使できるかが問題になります。この点については，出向においては出向元と出向者との間の雇用

契約が継続していること，及び，出向先企業においてその指揮命令の下で労務を提供していることから，出向者は出向元において取得した労基法上の年休権を出向先で行使できると考えます。出向元が法定以上の年休を付与している場合，この法定外の年休の扱いについては，出向規定及び企業間の出向契約の定めに従うことになります。

次に，出向中の「継続勤務」の考え方については，出向においては出向元と出向者との間の雇用契約が継続していることから，出向中は「継続勤務」（労働基準法39条）していることになり，出向元の勤務年数も通算して年次有給休暇数を決定すべきと考えます。

この点に関して，行政通達（昭和63年3月14日基発150号）では，「継続勤務とは，労働契約の存続期間，すなわち在籍期間をいう。継続勤務か否かについては，勤務の実態に即し実質的に判断すべきものであり，次に掲げるような場合を含むこと。この場合，実質的に労働関係が継続している限り勤務年数を通算する。…ニ　在籍型の出向をした場合」とされ，（在籍）出向の場合に出向中は「継続勤務」していることになることが示されるとともに，在籍出向か転籍かは「勤務の実態に即し実質的に判断すべき」としています。

出向中に取得する年次有給休暇数については，出向元の基準が適用されるか，出向先の基準が適用されるかという問題もあります（出向元が法定以上の年休を付与している場合等に問題になります。）。この点については，「Q36」の「ア」において前述したとおり，出向労働者は，出向先企業においてその指揮命令の下で労務を提供するため，労務提供に関する年次有給休暇についての規定は，原則として出向先企業のものが適用されると考えます。

Q38. 出向者が退職するとき、退職届の提出先は出向先でもよいのでしょうか。

A. 出向元に提出することを求めることが適切です。

解説

　出向者の退職に関しては、①出向先との雇用関係のみを解消し、出向元に復帰することができるのか、という問題と、②出向先との雇用関係と出向元との雇用関係の双方を解消することができるのか、という問題が考えられます。

　まず、①出向先との雇用関係のみを解消し、出向元に復帰することについては、出向元からの復帰命令がない限り、当然に出向元に復帰することにはならないと考えられます。

　次に、②出向先との雇用関係と出向元との雇用関係の双方を解消することについては、基本的な雇用関係が出向元と出向者の間に存在しているため、出向元との関係で退職の効力が生じれば、両雇用関係を解消することはできると考えられます。退職の効力発生時期に関しては、民法627条1項が「当事者が雇用の期間を定めなかったときは、各当事者は、いつでも解約の申入れをすることができる。この場合において、雇用は、解約の申入れの日から2週間を経過することによって終了する。」と規定していることなども踏まえて慎重に検討する必要があります。

　退職届の提出先については、基本的な雇用関係が存する出向元に提出すべきであり、いつの時点で退職届が到達したのか、退職届の撤回ができるのか、といった点で疑義を生じないためにも、出向元に提出することを求めることが適切です。

Q39. 出向元は出向者を解雇できるのでしょうか。

A. 出向元は出向者を解雇できますが，出向先での非違行為を理由とする解雇については慎重に検討する必要があります。

解説

　出向元は，出向期間中は出向先の指揮命令に服して労働するよう命じているので，基本的労務指揮権を保有しており，労働義務も存続しています（具体的労働義務が休職によって停止しているにすぎないとされています。）。その結果，出向先における労働者の労働義務違反や服務規律違反は出向元に対する義務違反を意味し，出向元は，出向先における非違行為を自社の企業秩序違反として，自社の就業規則によって懲戒や解雇を行うことができるとされています。ただし，出向先での非違行為が出向元の企業秩序に与える影響は間接的なものにとどまるので，解雇や懲戒は慎重に行う必要があります。

Q40. 出向先は労働者を解雇できるのでしょうか。

A. 出向先は出向労働者を解雇することはできません。

解説

解雇は，基本的な労働契約関係の当事者である出向元において行う必要があり，出向先は出向者を解雇することはできません。出向先において出向者を解雇したい場合，出向元に出向を解除するよう求め（あるいは当該労働者に関する出向契約を解除し），出向元に戻した上で，出向元における解雇を検討するよう促すことになります。

Q41. 出向者を解雇するとき，就業規則の解雇規定は出向元の規定によるのか，出向先の規定によるでしょうか。

A. 出向元の規定によります。

解説

　解雇については，出向者を出向元に復帰させた上で，出向元が行う必要がありますので，出向元の規定になると解されます。
　その場合，出向元が解雇事由を限定していれば，当該労働者を解雇できない事態も発生し得ます。
　また，Q39において前述したとおり，出向先での非違行為が出向元の企業秩序に与える影響は間接的なものにとどまるので，解雇は慎重に行う必要があります。

Q42. 出向元において整理解雇の必要を生じた場合,出向者の取り扱いはどうなるのでしょうか。

A. 人件費が削減できるか等,整理解雇の4要素に従って判断されます。

解説

まず,整理解雇にあたっては,
①人員整理の業務上の必要性
②解雇回避努力
③人選の合理性
④解雇手続きの妥当性
の4つの要素を総合勘案して整理解雇の効力が判断されます。このうち,①人員整理の業務上の必要性に関して,整理解雇の目的が人件費削減にあり,出向元が出向者の人件費を負担している場合,出向者に対する整理解雇によって人件費が削減できるのであれば,出向者を整理解雇の対象とすることもあり得ます。

他方で,出向元が出向者の人件費を負担せず,出向者を解雇しても人件費が削減できない場合,出向者を整理解雇の対象とできないと解されます。

Q43. 出向者の退職金の取り扱いについてはどうすべきですか。

A. 出向元が支払い，出向中の期間も在職年数として通算すべきと考えます。

解説

出向では，出向期間中も出向者と出向元との間の雇用契約が存続しているため，特別の合意のない限り，出向中の期間も在職年数として通算すべきと考えます。

吉村など事件・東京地判平4・9・28労判617号31頁では，「原告は被告東京吉村に在籍したまま被告大阪吉村に6年間出向していたものとみるのが相当であるから，被告東京吉村及び被告大阪吉村での原告の勤続年数は退職金計算に当たって通算しなければならない。」とされ，出向中の期間も在職年数として通算すべきと判断されています。

Q36において前述したとおり，労務提供を前提としない契約上の地位の喪失に関する定年制，退職金，解雇等に関する規定は，出向元の就業規則が適用されることになるので，退職金の支払義務者は出向元になると考えられます。

退職金の負担割合については，出向元と出向先との間の出向協定に基づいて決定されます。**塩釜缶詰事件・仙台地判平3・1・22労判604号76頁**では，清水水産から被告への出向者（在籍出向）が，被告に転籍した事案において，被告に転籍した者の退職金を被告が負担するにあたり，被告に転籍する前の退職金の負担について，「清水水産と被告との間で，清水水産から被告に出向していた者のうち，以後被告の社員として勤務することを希望した者については，その退職金のうち清水水産で勤務していた期間に相当する部分は清水水産が，被告で勤務していた期間に相

当する部分は被告がそれぞれ負担することにし，その合計額を被告〔筆者注：出向先〕から被告〔筆者注：出向先〕を退職する際に当該社員に支払う旨の合意があった」ものと判断したものがあり，①出向中の退職金の負担割合について，出向元と出向先との合意によると理解でき，また，②退職金の支払義務者については本来出向元と解されますが，出向者が出向先で支払われることを承知していた場合には，出向先で支払われる余地があると理解することができます。

Q44. 出向先は出向者を懲戒できるでしょうか。

A. 懲戒解雇以外の懲戒処分は可能です。

解説

　Q36において前述したとおり，出向者は出向先企業においてその指揮命令の下で労務を提供し，出向先の服務規律に関する就業規則の規定の適用を受け，出向先の服務規律に服しています。そのため，出向者が出向先において服務規律違反を行った場合，出向先はその就業規則の規定に従って出向者を懲戒できます。

　但し，懲戒解雇については，出向先は出向労働者を解雇する権限を有していないため，懲戒解雇を行うことはできません。

　出向者に懲戒解雇事由がある場合，出向者を出向元に復帰させた上で，出向元において懲戒解雇するしかありません。

Q45. 出向先は出向者の企業外非行についても懲戒できるでしょうか。

A. 出向先の社会的信用を失墜させるような行為を行った場合，懲戒処分が可能です。

解説

　使用者は，労働者の企業外非行についても，その行為により使用者の名誉，信用が害される場合や，使用者の円滑な運営に支障をきたすおそれがある場合には懲戒を行うことができます。

　そのため，出向者が，就業時間外，企業外で出向先の社会的信用を失墜させるような行為を行った場合，懲戒処分を行うことができます（日本鋼管事件・最二小判昭49・3・15労判198号23頁）。

Q46. 出向元は出向者を懲戒できるでしょうか。

A. 出向元は出向者を懲戒できますが、出向先での非違行為を理由とする懲戒については慎重に検討する必要があります。

解説

　出向者は、出向元に在籍しており、在籍出向元との関係で労働者の地位を有しているので、出向元が出向者に対して懲戒処分を行うことは可能です。ただし、出向先での非違行為が出向元の企業秩序に与える影響は間接的なものにとどまるので、解雇や懲戒は慎重に行う必要があります。

　出向元及び出向先両社が懲戒を行うことも否定されません。**勧業不動産販売・勧業不動産事件・東京地判平4・12・25労判650号87頁**は、出向先会社における上司に対する侮辱的言動等を理由とする出向元及び出向先両社が出向元会社の就業規則を適用して懲戒処分を行った事案について、裁判所は両社の懲戒処分を有効と判断しました。

Q47. 出向元は出向労働者に対して安全配慮義務を負うのでしょうか。

A. 結果的に出向元の安全配慮義務違反を認めた裁判例は見当たりませんが，理屈の上では出向元も安全配慮義務を負う可能性があります。

解説

　安全配慮義務とは，使用者が従業員の生命及び健康等を危険から保護するよう配慮すべき義務をいいます。

　最高裁判所は，自衛隊員に関する**自衛隊車両整備工場事件・最判昭50・2・25民集29巻2号143頁**）において，「安全配慮義務は，ある法律関係に基づいて特別な社会的接触の関係に入った当事者間において，当該法律関係の付随義務として当事者の一方又は双方が相手方に対して信義則上負う義務として一般的に認められるべきもの」と判示し，使用者が「公務員の生命及び健康等を危険から保護するよう配慮すべき義務(以下『安全配慮義務』という。)を負っている」ことを認めました。

　現在では，労働契約法5条においても，「使用者は，労働契約に伴い，労働者がその生命，身体等の安全を確保しつつ労働することができるよう，必要な配慮をするものとする。」と規定され，安全配慮義務が認められています。

　出向は，出向元に在籍したまま出向先の指揮命令に服するものであり，指揮命令を行う出向先が安全配慮義務を負うことは当然ですが，出向元が安全配慮義務を負うかは問題となります。

　まず，**A鉄道（B工業C工場）事件・広島地判平16・3・9労判875号50頁**は，出向労働者が毎日3時間程度の残業と土曜出勤を行うなどし，また，出向後に精神疾患を発症した事案ですが，出向先であるB社の安

全配慮義務について，裁判所は，「使用者は，その雇用する労働者に従事させる業務を定めてこれを管理するに際し，業務の遂行に伴う疲労や心理的負荷等が過度に蓄積して労働者の心身の健康を損なうことがないよう注意する義務を負う」と判示し，一般論として出向先の安全配慮義務を認めましたが，業務が過重でなかったことを理由にB社の安全配慮義務違反を否定しました。

また，出向元であるA社の安全配慮義務について，裁判所は，「原告は，被告A社に在籍したままの身分で，被告B社に出向したものであるから，被告A社は，原告が被告B社に出向した後においても，前記2（1）の安全配慮義務を負っていることに変わりはない。しかも，本件出向は，被告B社の繁忙期の人員不足を補うための5か月という短期間のものであるから，被告A社は，当該職員が出向先での仕事に困難が生じたとして相談してきた場合には，出向先での業務の遂行に伴う疲労や心理的負荷等が過度に蓄積して労働者の心身の健康を損なうことがないように配慮し，出向先の会社に勤務状況を確認したり，出向の取り止めや休暇取得や医師の受診の勧奨等の措置をとるべき注意義務を負う。」と判示し，一般論として出向元の安全配慮義務も認めましたが，予見可能性がなかったことを理由にA社の安全配慮義務違反を否定しました。

次に，**協成建設工業ほか事件・札幌地判平10・7・16労判744号29頁**は，出向労働者が出向後に自殺した事案ですが，出向先である被告会社の安全配慮義務について，裁判所は，「本件工事を設け負い，本件工事遂行のため太郎を所長として本件工事現場に派遣していたのであるから，適宜本件工事現場を視察するなどして本件工事の准捗状況をチェックし，工事が遅れた場合には作業員を増加し，また，太郎の健康状態に留意するなどして，太郎が工事の遅れ等により過剰な時間外勤務や休日出勤をすることを余儀なくされ心身に変調を来し自殺をすることがないように注意すべき義務があったところ，これを怠り，本件工事が豪雪等の影響で遅れているのに何らの手当もしないで事態の収拾を太郎に任せきりにした結果，右一のとおり，太郎を自殺させた」と判示し，安全配慮義務違反を認めました。

また，出向元である被告組合の安全配慮義務について，裁判所は，「太郎を在籍のまま被告会社に出向させているとはいえ，休職扱いにしてい

るうえ，本件工事を請け負ったのが被告会社であって被告組合としては本件工事の施行方法等について被告会社等を指導する余地がなかった」と判示し，安全配慮義務違反を否定しました。

Q48. 役員としての出向を命じることはできるのでしょうか。

A. 業務命令として強制することはできません。

解説

役員としての出向を業務命令として強制することはできません。

出向先の役員に就任するためには，出向先の株主総会における選任決議が必要です。

また，株主総会における選任決議があっても，役員に就任することについて，選任された者の同意が必要です（商業登記法54条参照）。

第2章　出向

Q49. 役員としての出向中の行為に関し，出向元は同社の就業規則に基づいて懲戒できるのでしょうか。

A. 一応可能ですが，懲戒権行使の相当性を満たす必要があります。

解説

　出向者は，出向元に在籍しており，在籍出向元との関係では労働者の地位を有しているので，出向元が出向者に対して懲戒処分を行うことは可能です。日本ロール製造事件・東京地判平6・8・30労判668号30頁は，出向元会社の人事抗争の報復として出向先会社の取締役の地位を解任された際に，脅迫的な手紙を出向元の社長らに提出したことを理由とする出向元による懲戒解雇について「被告〔筆者注：出向元〕の就業規則63条3号（「他人に対し脅迫を加え又はその業務を妨害した時」）に該当する。」と判示しており，役員としての出向に関し，出向元の懲戒権が認められると理解できます（ただし，結論としては，懲戒権行使の権限の範囲を著しく逸脱したものであり解雇権の濫用と判断されています。）。

Q50. 企業グループ間の出向において，出向者が出向元と出向先の両方の業務に従事する形態の出向（兼務出向）は認められるのでしょうか。また，その場合の就業規則の適用関係はどうなるのでしょうか。

A. そのような出向も認められます。出向元での労務提供部分については出向元に労働基準法や出向元の就業規則の規定が適用され，他方，出向先での労務提供部分については出向先に労働基準法や出向先の就業規則の規定が適用されます。

解説

　出向とは，出向元と出向者との間にある権利義務の一部を合意（出向契約）により出向先に移転させるものであり，その配分については，出向契約の当事者である出向元と出向先の間で合意により決められると考えます。そのため，出向者が出向元と出向先の両方の業務に従事する形態の出向も認められると考えます。実際に，近時，企業グループ間においてはこのような出向もしばしばみられます。

　Q35において前述したとおり，出向（後述の「出向者が出向元と出向先の両方の業務に従事する形態の出向（兼務出向）」と区別して，「従来型の出向」とも言えます。）においては，労務提供に関する労働時間，休日，休暇などについては，労務提供先である出向先に労働基準法が適用され，労務提供先である出向先の就業規則の規定が適用されていました。

　他方で，出向者が出向元と出向先の両方の業務に従事する形態の出向（兼務出向）においては，出向元も出向先も労務提供先となるため，出向元での労務提供部分については，労務提供先である出向元に労働基準

法が適用され，出向元の就業規則の規定が適用され，他方，出向先での労務提供部分については，労務提供先である出向先に労働基準法が適用され，出向先の就業規則の規定が適用されると考えます。

　実務上は，出向契約において出向元・出向先における各々の権利義務関係を明確に定めるとともに，出向労働者にも十分な説明を行うことが肝要です（石嵜信憲『転勤・出向・転籍等の法律実務〔第2版〕』（中央経済社，2006年）187頁）。

　また，出向者が出向元と出向先の両方の業務に従事する形態の出向において，別会社における労務提供だからといって労働時間を別個にカウントすることはできず，両社における労働時間は通算されます（労働基準法38条1項）。労働時間の通算の結果，時間外労働に該当するに至る場合は，割増賃金を支払わなければなりません。割増賃金を負担するのがいずれの事業主であるかが問題になりますが，通常は当該労働者と時間的に後で労働契約を締結した事業主と解すべきでしょう（厚生労働省労働基準局編『労働基準法〔平成22年版〕』（労務行政，2011年）530頁）。

Q51. 子会社などに出向する場合，従業員の特定個人情報（マイナンバーを含む個人情報）を出向先に提供することに問題はありますか。

A. 原則として直接本人が提供する必要がありますが，一定の要件を満たした場合，出向元から提供できます。

解説

　出向先の事業者に特定個人情報を提供すること，出向元の事業者から特定個人情報を取得することは，番号法第19条，第20条に違反するので，出向先の事業者が直接本人から提供を受ける必要があります。ただし，従業員の出向元の事業者が，出向先の事業者と委託契約又は代理契約を交わして個人番号関係事務の一部を受託し，従業員から番号の告知を受け，本人確認を行うこととされている場合は，出向元の事業者が改めて本人確認を行った上で，出向先の事業者に特定個人情報を提供することも認められます。

　なお，出向元の事業者が現に保有している特定個人情報は，当該事業者の個人番号関係事務の処理のために保有しているものであり，これを出向先の事業者の個人番号関係事務に転用することは目的外利用となるため，出向先の事業者の個人番号関係事務の受託者として，改めて本人から番号の告知を受ける必要があります。
（内閣官房ホームページ「マイナンバー社会保障・税番号制度」の「（4）民間事業者における取扱いに関する質問」〔URL：http://www.cas.go.jp/jp/seisaku/bangoseido/faq/faq4.html〕の「Q4-5-1」参照〔2014年6月回答〕）

Q52. 出向者については、出向先と出向元のどちらに雇用保険の適用関係が生じるのでしょうか。

A. 原則として、生計を維持するのに必要な主たる賃金を受ける事業主との間で雇用保険の適用関係が生じます。ただし、主たる賃金を受ける事業主の判断が困難な場合、または、同一事業主に引き続き雇用されるのと比べて著しい不利益が生じる場合は、出向者が雇用保険の適用関係が生じる事業者を選択することができます。

1 雇用保険の適用

　労働者は、一定の適用除外の者を除き、法律上当然に雇用保険の被保険者となります（雇用保険法4条1項）。
　被保険者を雇用する事業主は、労働者が当該事業主の行う適用事業場に係る被保険者となったこと、また、被保険者でなくなったこと等について、厚生労働大臣に届け出る必要があります（同法7条）。
　また、被保険者を雇用する事業主は、雇用保険料を納付する義務を負います（労働保険の保険料の徴収等に関する法律15条）。
　この点、出向者のように2以上の事業主の適用事業に雇用される者については、いずれの事業主が上記の届出義務や雇用保険料の納付義務を負うのかが問題となります。

2 出向者の被保険者資格

(1) 原則

　同時に2以上の雇用関係にある労働者は、原則として、そのうち、生

計を維持するのに必要な主たる賃金を受ける1の雇用関係についてのみ，雇用保険の被保険者となります（雇用保険に関する業務取扱要領，以下「行政手引」，20352（2））。

在籍出向の場合，出向者は，出向元と出向先との間で二重の雇用関係にありますが，被保険者資格が認められるのは，そのうち生計を維持するのに必要な主たる賃金を受ける雇用関係です。

すなわち，出向者に対する賃金が出向元から支払われる場合には，出向者は出向元の雇用保険の被保険者となります。この場合，出向により雇用保険の適用関係は変わらないこととなります。

これは，例えば，出向元が7割，出向先が3割の賃金を支払うような場合でも同様です。

他方，出向者に対する賃金が出向先から支払われる場合には，出向者は出向先の雇用保険の被保険者となります。この場合，出向により雇用保険の適用関係に変更が生じます。そこで，出向元は，出向者について，雇用保険の被保険者資格の喪失手続きを行い，出向先は，被保険者資格の取得手続きを行うこととなります。

これは，例えば，出向元が3割，出向先が7割の賃金を支払うような場合でも同様です。

（2）例外

在籍出向において，主たる雇用関係がいずれにあるかの判断が困難であると認められる場合，または，原則の取扱いによると，雇用保険の取扱い上，引き続き同一の事業主の適用事業に雇用されている場合に比べて著しく差異が生ずると認められる場合は，出向元と出向先のいずれの雇用関係について被保険者資格を認めるかを出向者が選択することができます（行政手引　20352（2））。

（3）在籍出向の場合における事業主に対する指導

在籍出向者の雇用保険関係については，出向元と出向先の賃金分担や出向及び復帰による被保険者資格の喪失時期により，出向者に不利益となることがあります。そこで，在籍出向の場合には，次のように出向者に不利益が生じる場合を考慮して，あらかじめ事業主に対し，十分に行

第2章　出向

政指導を行う必要があるとされています（行政手引　20352（2））。

　なお，出向元と出向先が賃金を分担して支払うことは，事業主にとっても手続き上の負担が増えることとなるため，実務上も，賃金支払い関係はいずれか一方の事業主に集約され，賃金や保険料の負担については，出向元と出向先との間で処理をされていることが多いと思われます。

　ア　出向元と出向先が出向者に対する賃金を分担して支払っている場合は，基本手当の日額等の算定に当たっては，出向元，出向先のいずれか一方が支払った賃金のみが基礎となるため（例えば，出向先が20万円，出向元が10万円の賃金を支払っていた場合，出向先との間に主たる雇用関係が生じ，20万円のみが基礎となる。），2以上の事業主の適用事業に雇用される者については，賃金支払関係をいずれか一方の事業主に集約して処理することが望ましいこと

　イ　出向により出向元の被保険者資格を喪失する場合，または，復帰により出向先の被保険者資格を喪失する場合は，それぞれの被保険者資格の喪失の日について，被保険者期間の計算上不利にならないよう十分配慮する必要があること

Q53. 出向者については，出向先と出向元のどちらに労災保険の適用関係が生じるのでしょうか。

A. 出向者に係る労災保険関係は，原則として出向者に対して指揮命令を行っている出向先に生じますが，労働関係が出向先と出向元の双方にあるような場合は，出向先と出向元の双方に生じる場合もあります。

1　労災保険の適用

　雇用形態にかかわらず，労働の対価として賃金を受けるすべての労働者は原則として労災保険の適用対象者となります。
　そして，労働者を使用する事業主には，当該労働者について労災保険関係が生じ（労災保険法3条1項），労災保険料の納付義務を負います。

2　出向者に係る労災保険関係

　出向者に係る労災保険関係が，出向元と出向先とのいずれにあるかは，①出向の目的，②出向元と出向先とが当該出向者の出向につき行った契約，③出向先における出向者の労働の実態等に基づいて，当該出向者の労働関係の所在を判断して決定されます（昭35・22・2基発932号）。
　この点，出向労働者が，出向先事業の組織に組み入れられ，出向先事業場の他の労働者と同様の立場（身分関係及び賃金関係を除く）で，出向先の指揮監督を受けて労働に従事している場合は，基本的に，出向者に係る労災保険関係は出向先にあると判断されます。
　したがって，一般的に出向者に係る労災保険関係は，原則として出向先との間に生じるとされています。

ただし，例えば，出向先において週3日勤務し，出向元において週2日勤務するような場合，出向者に係る保険関係は，出向先と出向元の双方に生じることとなります。

3　出向者の保険給付のための平均賃金の算定

　出向者について業務上災害が発生し，保険給付のために平均賃金を算定する必要が生じた場合，出向元が支払っていた賃金と出向先が支払っていた賃金を合算したうえで，保険給付の基礎となる平均賃金を算定します（前掲通達）。

　なお，出向元の賃金締切日と出向先の賃金締切日が異なる場合は，それぞれ個別に計算したうえで，両者の合算額を，保険給付の基礎となる平均賃金とします。

　したがって，労災保険給付においては，雇用保険給付とは異なり，出向先と出向元の双方で賃金が支払われることによる不利益は基本的に生じません。

4　出向者に対する賃金の支払と労災保険料の納付

　出向元が出向者の賃金の全部または一部を支払う場合でも，出向先は，出向元が支払う賃金を含めて，出向者に支払われる賃金総額を労働保険料申告書の賃金総額（労働保険の保険料の徴収等に関する法律11条2項）として申告し，かかる賃金総額により算定される保険料を納付しなければなりません（前掲通達）。

　ただし，上述のように，出向者に係る保険関係が，出向先と出向元の双方に生じるような場合は，労災保険料は，出向先・出向元間で案分して納付することとなります。

　なお，労災保険料の納付義務とは別に，労災保険料の負担割合につい

ては，出向先と出向元が出向契約等に定めることにより，自由に定めることができます。

Q54. 出向者については，出向先と出向元のどちらに社会保険（健康保険，厚生年金保険）の適用関係が生じるのでしょうか。

A. 出向者の社会保険関係は，当該出向者についていずれの事業所が人事管理を行っているか（被保険者の身分関係，指揮監督，報酬の支払，各事業所の労働時間等により判断する）という観点から判断されます。実務上，原則として出向元に生じますが，出向先からのみ賃金が支払われる場合は出向先に生じ，出向先が自己の賃金規定により賃金の一部を支払っているような場合は，出向先と出向元に二重に生じます。

1 社会保険（健康保険，厚生年金保険）の適用

（1） 健康保険の適用

　健康保険の適用事業所には，法律によって加入が義務付けられている強制適用事業所と,任意で加入する任意適用事業所の2種類があります。
　強制適用事業所は，特定の事業を行い常時5人以上の従業員を使用する事業所,及び,国又は法人の事業所をいいます（健康保険法3条3項）。
　任意適用事業所は，強制適用事業所とならない事業所で，厚生労働大臣の認可を受け，健康保険・厚生年金保険の適用となった事業所をいいます。
　原則として，適用事業所に使用される者及び任意継続被保険者が健康保険の被保険者となります（同法3条1項）。
　被保険者を使用する事業主は，その使用する被保険者及び自己の負担する保険料を納付する義務を負います（同法161条2項）。

(2) 厚生年金保険の適用

厚生年金保険の適用事業所は，健康保険の適用事業所と同じです（厚生年金保険法6条）。

原則として，適用事業所に使用される70歳未満の者が厚生年金保険の被保険者となります（同法9条）。

被保険者を使用する事業主は，その使用する被保険者及び自己の負担する保険料を納付する義務を負います（同法82条2項）。

2 出向者の社会保険の適用関係

出向者は出向元と出向先の双方に労働契約関係を有するところ，いずれの適用事業所に係る被保険者となるか問題となります。

この点，実務上の運用では，当該出向者についていずれの事業所が人事管理を行っているか（被保険者の身分関係，指揮監督，報酬の支払，各事業所の労働時間等により判断する）という観点から，次のような取扱いがなされているようです。

①賃金が出向元からのみ支払われている場合

出向者は，出向元に使用される者として，出向元に係る被保険者となります。

被保険者の標準報酬月額の算定の基礎となる「報酬等」については，出向元から支払われる賃金が「報酬等」となります。

②賃金が出向先からのみ支払われている場合

出向者は，出向先にかかる被保険者となります。

標準報酬月額の算定の基礎となる「報酬等」については，出向先から支払われる賃金が「報酬等」となります。

③出向先と出向元の双方が出向者に対して賃金を支払っている場合

③－ⅰ 出向先から支払われる賃金が出向元の賃金規程等に基づいて支払われている等，出向先に独立した人事管理が認められない場合

出向者は，出向元にかかる被保険者となります。

標準報酬月額の算定の基礎となる「報酬等」については,出向元と出向先から支払われる賃金を合算したものが「報酬等」となります。

③-ⅱ　出向先から支払われる賃金が出向先の賃金規程等に基づいて支払われる等,出向先に独立した人事管理が認められる場合

出向者は,出向先と出向元の2カ所の適用事業所に使用される被保険者となります。

この場合,標準報酬月額の算定の基礎となる「報酬等」については,出向元と出向先の賃金を合算したものが「報酬等」となり,これにより算出された保険料額を出向先及び出向元の報酬月額の比率で案分し,各事業所と被保険者が折半の上,納付することとなります。

Q55. 出向者に関して，出向先は団体交渉応諾義務を負うのでしょうか。

A. 出向契約上，または，出向の実態から，出向先が処理権限を有する事項については団交応諾義務を負いますが，それ以外の事項については，団交応諾義務を負いません。

解説

　使用者は，雇用する労働者の代表者と団体交渉をすることを正当な理由がなく拒むことはできません（労組法7条2項）。

　出向者は，出向元及び出向先の双方と労働契約関係があるため，出向先は出向者の「使用者」に該当し，問題なく出向者の所属する労働組合のとの団体交渉に応じる義務を負うとも思えます。

　もっとも，出向契約の内容によっては，出向者の出向先に対する労働契約関係は，部分的なものにとどまる場合もあります。

　このような場合に，出向先が，自らが処理権限を有しない労働条件等について，団交応諾義務を負うかが問題となります。

　この点，団体交渉における義務的交渉事項は，あくまで使用者の処理権限内の事項に限られます。したがって，使用者の処理権限を越える問題については，労働組合は団交を要求しえません。このように，交渉当事者である「使用者」が具体的に誰であるかによって，義務的交渉事項の範囲は異なります（西谷敏「労働組合法　第3版」296～297頁）。

　したがって，例えば，出向者が出向先において勤務し，出向先の指揮命令や勤務管理を受けているが，賃金支払，人事考課，懲戒，解雇，復帰等の人事権は出向元が有しているというような場合，出向先は，就労環境や指揮命令・勤務管理に関する事項については，出向者の所属する労働組合との団体交渉に応じる義務がありますが，賃金・人事考課・懲戒・解雇・復帰等に関する事項については，団体交渉に応じる義務はあ

りません。
　他方，出向先が，出向者の賃金・人事考課・懲戒等に関する人事権の全部または一部を有しているというような場合は，出向先は，かかる事項について，出向者の所属する労働組合との団体交渉に応じる義務があります。

Q56. 出向者に対する労働協約の適用関係はどうなるのでしょうか。

A. 出向元と労働組合との労働協約の適用，及び，出向先と労働組合との労働協約の適用が問題となりますが，出向元の労働組合に加入しているか，出向先の労働組合に加入しているか，または，いずれの労働組合にも加入していないか，また，適用される労働協約の内容や，出向先との部分的労働契約関係の内容等に応じて，出向者に対する労働協約の関係は異なると解されます。

1 労働協約の適用関係（労働協約の効力及ぶ範囲）

労働協約は，締結労働組合の組合員に対してのみ効力を生じ，組合員以外の労働者には効力を生じないのが原則です。

ただし，例外的に次の2つの場合には，組合員以外の労働者にも効力が生じます。

まず，1の工場事業場に常時使用される同種の労働者の4分の3以上の労働者に適用される労働協約は，当該工場事業上に使用される同種の他の労働者に関しても，当該労働協約が適用されます（事業場単位の一般的拘束力（労組法17条））。

次に，1の地域において従業する同種の労働者の大部分が1の労働協約の適用を受けるときは，当該労働協約の当事者の申し立てに基づいて，労働委員会の決議により，厚生労働大臣又は都道府県知事は，当該地域において従業する他の同種の労働者及びその使用者も当該労働協約の適用を受けることの決定することができます（地域的な一般的拘束力（労組法18条））。

2 出向者に対する労働協約の効力

　以下，出向者の労働組合への所属の有無，及び，適用される労働協約ごとに5つのケースを想定して検討します。

（1）　ケース1

　出向者が出向元の労働組合に所属していた場合に，出向元が労働組合と締結した労働協約の効力が出向者に及ぶでしょうか
　出向者は協約締結組合の組合員であるため，出向元と労働組合が締結した労働協約の効力は当然に出向者に及びます。
　もっとも，労働協約の規定の解釈上，当該規定の適用対象者に出向者が含まれているかについては，慎重に判断する必要があります。
　すなわち，出向は，出向元と出向先が出向者にかかる1つの契約関係を分担して保持するという特殊な労働契約関係であるところ，労働協約の規定が出向者を適用対象と想定していない場合もあると思われます。
　例えば，労働協約上，出向中の労働条件に関する規定はなく，従業員の労働時間は一律に7時間半とされているところ，使用者が，出向者の労働条件は出向先の就業規則によると規定した出向規程を作成し，出向先の就業規則では労働時間が8時間とされていた場合を考えてみます。この場合に労働協約の労働時間に関する規定が出向者に適用されるとすると，労働協約の規範的効力により，出向者の労働時間を8時間とする出向規程は無効となり，出向者の労働時間は7時間半となるとも思われます。しかし，出向先において出向者のみ出向元の労働時間で就労するとするのは煩雑であり，また，混乱を招きます。そのため，上述の例では，出向元の労使は，労働協約における労働時間に関する規定を出向者に適用することを意図していなかったものと考えられます。
　他方，例えば，出向元の労働協約において，出向中も毎年ポイントが積みあがる退職金制度が定められていたり，出向元の労働協約に定められた条件で出向者に賃金が支払われているような場合，出向元の労使は，労働協約における退職金規定，または，賃金規定を出向者に適用するこ

とを意図していたものと考えられます。

このように，労働協約のどの規定が出向者に対して適用されるかについては，各規定ごとに出向元の労使の合理的意思を解釈することにより判断されるものと考えられます。

なお，出向命令が有効と認められるには，労働協約や就業規則等によって，出向の定義，出向期間，出向中の社員の地位，賃金，退職金，各種の出向手当，昇格・昇給等の査定その他処遇等が労働者に配慮して詳細に定められているか，または，労働者の個別の同意が必要とされている（日鐵運輸第2事件・最二小判平15・4・18労判847号14頁）ことからすれば，出向元の労使が労働協約に関する労働条件を出向者に適用することを意図している場合，通常，その旨を労働協約に明示して規定していることが多いと思われます。

出向者については，労働協約の効力が及ぶかの判断が難しい場合もあることから，労働協約には，当該規定が出向者に適用されるものであるかを明示しておいた方がよいと考えます。

（2） ケース2

出向者が出向元の労働組合に所属していなかった場合に，出向元が労働組合と締結した労働協約の一般的効力が出向者に及ぶでしょうか。
出向者は出向元の労働組合に所属していないため，出向元と労働組合が締結した労働協約の効力が及ばないのが原則です。

もっとも，例外的に，労働協約の事業場単位の一般的効力が及ばないか，出向先が「1の工場事業場」に当たるかが問題となります。

この点，出向先が出向元の「1の工場事業場」と判断されるには，出向先において，出向者らが，出向元の事業を組織的に行っていることが必要と解されますが，出向先の指揮命令下で就労する通常の出向においてこのような場合は少ないと思われます。

したがって，出向元と労働組合との労働協約の一般的効力は，原則として，出向先には及ばないものと解されます。

なお，出向元が従業員の大半を出向先に出向させている事案において，出向者が出向先において出向元の事業を組織的に行っているため，出向者は出向元に所属しているとみなして，出向元における労働協約を出向

者に拡張適用した判例があります（**都市開発エキスパート事件・横浜地判平19・9・27労判954号67頁**）。

（3）ケース3

　出向先と出向先の労働組合がユニオンショップ協定を締結している場合に，出向者は出向先の労働組合に加入する必要があるでしょうか。
　使用者は，特定の工場事業場に雇用される労働者の過半数を代表する労働組合との間で，その労働者がその労働組合の組合員であることを雇用条件とし，その労働者がその労働組合の組合員でなくなった場合には解雇する義務を負う旨の労働協約（いわゆるユニオンショップ協定）を締結することができます。
　出向先は，出向者を解雇する権限を有していないため，出向先のユニオンショップ協定が出向者に及ぶ場合，出向者が出向先の労働組合に加入しない限り，出向先は出向契約を解約する義務を負うことになります。
　この点，ユニオンショップ協定が定められた労働協約の適用対象者は，「会社の従業員」等とされていることが多く，その場合「会社の従業員」には出向者は含まれないと解釈されることから，このような規定であれば出向者にはユニオンショップ協定は適用されません。

【ユニオンショップ協定例】
第●条（ユニオン・ショップ）
1．会社の従業員は，第●条に定める者を除き，すべて組合員とする。
2．会社は，組合を除名された従業員，（組合に加入しない従業員）および組合を脱退した従業員を（直ちに）解雇する。

　また，そもそも，関連会社からの出向者には，組合の加入資格がないとしている単位労働組合が83.5パーセントであるという統計もあることから，実務上，出向先におけるユニオンショップ協定が出向者に適用される場合はほとんどないものと思われます（厚生労働省　平成20年労働組合実態調査結果の概況）。なお，念のため疑義を生じないよう上記【ユニオンショップ協定例】に「出向者は従業員に含めない」と規定してお

くことも考えられます。

(4) ケース4

　出向者が出向先の労働組合に加入した場合，出向先が労働組合と締結した労働協約の効力が出向者に及ぶでしょうか。
　労働協約は協約を締結した労働組合の組合員に適用されるため，出向者が出向先の労働組合に加入している場合，出向先が労働組合と締結した労働協約の効力は出向者に対しても及ぶこととなります。
　ただし，労働協約において，適用範囲が「会社の従業員」や「会社の正社員」というように限定されている場合は，当該労働協約の効力は出向者には及びません。

【労働協約例】
第●条（適用範囲）
　この協約は，会社の従業員である組合員に適用する。

(5) ケース5

　出向者が出向先の労働組合に加入しなかった場合，出向先が労働組合と締結した労働協約の一般的効力が出向者に及ぶでしょうか。
　出向者が出向先の労働組合に加入しない場合，出向先が労働組合と締結した労働協約の効力は出向者には及ばないのが原則です。ただし，当該労働協約に一般的効力が生じる場合は，出向契約により出向先に認められる処分権限の範囲内で，当該労働協約の効力が出向者にも及ぶと解されます（前掲**都市開発エキスパート事件**参照）。

Q57. 出向元が吸収合併された場合は出向者の地位はどうなりますか。また出向先が吸収合併された場合は出向者の地位はどうなりますか。

A. 出向元が吸収合併されても出向先の出向者の地位は合併によっては変更を受けません。

解説

出向先が吸収合併された場合も，合併の存続会社が解散会社の出向先の権利義務を包括承継するので，出向元との出向契約は何ら影響を受けませんが，出向元は出向先との出向契約で，出向先が吸収合併された場合，出向契約を解約し得る権限を留保しておくべきです。

1 出向元の吸収合併

合併とは2個以上の会社が契約によって合体し1個の会社となることであり，その中で吸収合併とは，合併当事会社の1つが存続し，他の会社が解散してこれに吸収される場合です。

この場合，存続会社が解散会社の権利義務を包括承継しますので，解散会社の労働者は存続会社にそのまま引き継がれて雇用関係が続くことになります。

したがって，出向元が吸収合併された場合，出向先での出向者の地位は合併によっては何ら変更を受けません。

2 出向先の吸収合併

次に,出向先が吸収合併された場合も,合併の存続会社が解散会社の出向先としての権利義務を包括承継するので,出向元との出向契約は何ら影響を受けません。

したがって,理論的には出向者の出向先での地位も変更を受けないことになります。

しかし,例えば,①グループ企業へ出向させていたが出向先の合併により出向先がグループから抜けることになった場合や,②出向先が出向元の競業先企業と合併する場合等,出向者を出向元へ戻した方がいいようなケースも出て来ます。

このような場合も想定されるため,出向元は出向先との出向契約で,出向先が吸収合併された場合,出向契約を解約し得る権限を留保しておくべきです(石嵜信憲「転勤・出向・転籍等の法律実務 第2版」341頁)。

Q58. 出向元が事業譲渡する場合，出向元で譲渡される事業の部署に所属されている出向者は，当然に事業譲渡先に労働契約が承継されますか。また，事業譲渡先が承継を拒否することはできますか。

A. 出向元が事業譲渡する際，事業譲渡先が出向者の契約を承継しようとする場合は，出向者本人の同意が必要です。

事業譲渡先は，承継を拒否することが出来ますが，拒否することが不当労働行為等に当たる場合は，承継を拒否することが認められないこともあります。

1　事業譲渡の法的性質

事業譲渡とは，営業目的のために組織された有機的一体をなす財産の譲渡と考えられています。

合併の場合と異なり包括承継ではありませんので，個々の財産移転につき譲渡手続が必要となります。

2　労働契約の事業譲渡先への承継

労働契約を事業譲渡先へ承継するに際しても，事業譲渡元・事業譲渡先間での承継に関する合意が必要です。またそれに対する労働者の同意が必要となります。

したがって出向者がある事業部門を事業譲渡し，出向者も含めて当該事業部門の労働者の労働契約を承継させようとする場合も，本人の同意がなければ承継させることができません。

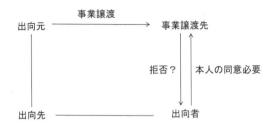

3 事業譲渡先が承継を拒否しようとする場合

　上記とは逆に，労働者が事業譲渡先への承継を希望している場合に，事業譲渡元と事業譲渡先がそれを拒否できるかどうかについては，個々の労働契約ごとに，事業譲渡元と事業譲渡先の合意が必要であるため，労働契約の承継を拒否することができるのが原則です（東京日新学園事件・東京高判平17・7・13労判712号17頁）。

　しかし，この原則を貫くと，事業譲渡の際に特定の労働者を自由に排除することができることになってしまいます。

　そこで，このような不当な結論を回避するため，裁判例上，公序良俗違反や不当労働行為等を理由に，排除された労働者も譲受企業に承継されていると判断した例があります。

　具体的には，労働者を承継から排除することが不当労働行為に該当するとして，特定労働者を排除する部分のみが労組法7条に反し無効とされた例（中労委（青山会）事件・東京高判平成14・2・27労判824号17頁），同様に公序良俗（民法90条）に反するとされた例（勝英自動車事件・東京高判平17・5・31労判898号16頁），事業を包括的に承継した前代表取

締役が従業員を事実上継続して雇用していたことから，承継前の会社と承継後の店との間で実質的同一性が認められ，労働契約の承継について黙示の合意があったと解釈した例（**Aラーメン事件・仙台高判平20・7・25労判968号29頁**）など，いずれも労働者本人が承継を希望していることを前提に，譲受会社への労働契約の承継を認めた例があります。

　また，実質的にある事業が一体として譲渡されたとみなしうるような場合に，譲渡元・譲渡先間で労働者との雇用契約の承継を含む営業譲渡があったと認められた例もあります（**タジマヤ事件・大阪地判平11・12・8労判777号25頁**）。

　したがって，労働契約の承継を拒否することが不当労働行為や公序良俗違反等になるような場合は，事業譲渡の当事者は，労働契約の承継を拒否すべきではありません。

　例えば，組合活動等を理由に排除したいと思う労働者を出向させておいて，その間に事業譲渡し，出向者以外全員を承継するような場合は，不当労働行為等を理由に，出向者も承継せよとされる可能性があります。

Q59. Q58で述べたとおり，事業譲渡先は，承継を拒否することが出来ますが，事業譲渡先が労働者の契約を承継しない場合，他社へ出向していた出向者の地位はどうなりますか。

A. 出向元が事業譲渡により解散する場合と存続する場合によって異なります。

事業譲渡に伴って出向元が解散する場合と存続する場合に分けて考えます。

1 出向元が解散する場合

事業譲渡に伴い，出向元が解散するのであれば，出向元が破産する場合と同様（Q61参照），雇用契約が解除されます。したがって，出向者は，最終的には出向元，出向先の両方の労働契約上の地位を失うことになります。そのような場合に，事業譲渡先との労働契約上の地位を主張できないかという点は，Q58の問題となります。

2．出向元が解散しない場合

事業譲渡後も，出向元が存続するのであれば，出向契約は何ら影響を受けませんので，出向元の出向者の地位にも変更はありません。もっとも，本設問では，事業譲渡先との間で労働契約の承継を行わないことが前提となっていますので，譲渡された事業との関係で出向されていた場合は，出向元・出向先間の出向契約に定める出向目的が消滅することになり，結局，出向関係が終了して出向元に復帰することもあり得ます。その場合，出向元では，それまで出向者の所属していた部門を譲渡して

しまっていますので，配置転換を検討することになります。

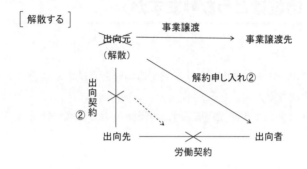

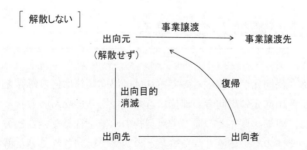

Q60. 出向先が事業譲渡した場合，当該事業に従事していた出向者の地位はどうなりますか。

A. 出向先が事業譲渡した場合，出向者は譲渡の対象外となり，出向先において配転も含め就労継続を検討し，業務がなくなれば，出向元に復帰します。

1 事業譲渡先で就労させることは可能か

出向者の労働契約の基盤は出向元にありますので，出向先が事業譲渡を行う場合，出向先と譲渡先会社の間の合意で，出向者の労働契約を譲渡したり承継したりすることはできません。また，出向者を事業譲渡先へ出向させることは，二重出向となりますので，仮に，出向者が同意したとしても，労働者供給（職安法44条）等の問題を生じます。そのよう

1 事業譲渡先での就労の有無

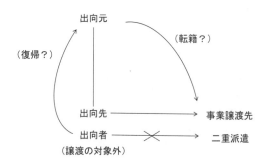

197

な次第で，出向者については，事業譲渡契約によって直ちに事業譲渡先で就労させることが可能になるわけではなく，いったんは出向先に残り，出向元も含めた協議において，転籍などの形で移籍の可否を検討することになります。

2 出向先での就労を継続させることは可能か

　事業譲渡により出向者の担当業務が無くなってしまった場合の扱いは，出向元・出向先の出向契約の定めに従うことになりますが，通常は出向目的が消滅したことにより，出向元に復帰することになるでしょう。

　事業譲渡後も，出向先に担当業務が存するのであれば，出向契約は何ら影響を受けませんので，出向元の出向者の地位にも変更はありません。そのまま出向を継続することになります。ただし，この場合も，出向契約に，特段の事情がある場合は，出向期間途中でも出向元・出向先の協議により復帰させることがあるといった規定があれば，これにより復帰がなされることもあります。

　また，担当業務自体は事業譲渡により消滅したものの，出向先の別の業務に従事する余地があり，出向契約でも出向先における異動や担当業務の変更が予定されているような場合には，配置転換や担当業務の変更をして出向を継続することもあり得ます。

2 出向先での担当業務の消滅

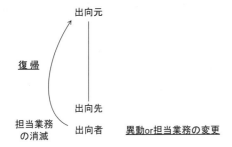

Q61. 出向先が破産した場合は出向者の地位はどうなりますか。

A. 出向元が破産した場合、出向元の破産管財人による労働契約の解約により、出向元と出向者の労働契約が消滅し、その結果、出向先と労働者との労働契約も消滅します。

出向先が破産した場合には、出向先の破産管財人が出向契約を解約することにより、出向元は出向者の復帰を受け入れることになります。

1 出向元の破産

会社が破産開始決定（破産法30条、以下「法」とは破産法をいいます）を受けると、破産管財人が選任され（法74条1項）、破産管財人は、会社が雇用している労働者に対し、労働契約の解約を申し入れることができるようになります（破産法78条1項、民法631条）。

したがって、出向元が破産した場合には、法78条1項に基づいて、破産管財人が出向している労働者（以下「出向者」といいます）を解雇することになり、その結果、出向元・出向者間の雇用契約に基づく出向元・出向先間の出向契約もその基礎を失って解除となり、それにより、出向先・出向者間の労働契約も消滅します。

したがって、出向者は仮に出向期間が残っていても、出向先に対し労働契約上の地位を主張できず、出向先での地位も失ってしまいます。

ただ、出向元が破産した場合でも、出向先が出向者を必要とするのであれば、出向先と出向者において新たな労働契約を締結するという方法が考えられます。

その際、注意しなければならないのは、仮に出向期間の残存期間が6年間あったとしても、有期労働契約を締結する場合は、労基法第14条において3年（専門的な知識等を有する労働者や、満60歳以上の労働者と

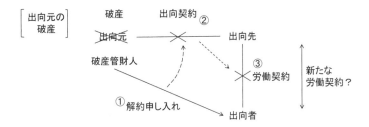

　の労働契約については5年)を超える有期の労働契約は,特別の場合(専門的な知識,技術又は経験であって高度のものとして厚生労働大臣が定める基準に該当する専門的知識等を有する労働者)以外締結できないと定められているため,原則としてその残存期間(6年)に相当する期間の契約はできないということです。

　したがって,前記の例において出向先は期間の定めのある契約で雇用する場合は,3年(または5年)の労働契約を締結し,その契約を更新することになります。

　この場合,有期労働契約の更新が5年を超えると,期間の定めのない労働契約への転換申込みが可能となることに留意する必要があります(労働契約法18条)。

　なお,無期労働契約を締結する場合は,上記のような期間制限という問題は生じません。

2 出向先の破産

次に,出向先が破産した場合ですが,出向先には出向者を解雇する権限はありませんので,出向先の破産によって選任された破産管財人は,出向者を解雇することができません。

したがって,破産管財人は出向元との間の出向契約を解約することにより,その目的を達することになります。

破産管財人により出向契約が解約されると,出向元は出向者の復帰を受け入れなければならなくなります(石嵜信憲「転勤・出向・転籍等の法律実務 第2版」338頁)。

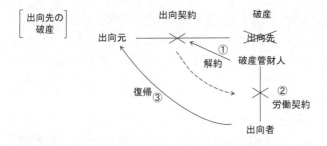

第3章 転籍

Q1. 転籍とは何ですか。出向とは何が違うのでしょうか。

A. 出向元と出向者との労働契約関係が存続しているのが（在籍）出向であり、労働契約が存在しないのが転籍です。

転籍と判断された場合、出向元に対して復帰や退職金等の請求をすることができないのが原則です。ただし、復帰を予定する転籍もあり得ます。

1　転籍と出向の違い

出向とは、労働者が自己の雇用先の企業に在籍のまま、他の企業の従業員（ないし役員）となって相当長期間にわたって当該他企業の業務に従事することをいいます。他方、転籍とは、労働者が自己の雇用先の企業から他の企業へ籍を移して当該他企業の業務に従事することをいいます（菅野和夫「労働法第11版」690頁）。

このように、出向と転籍は、出向先または転籍先の業務に従事する点は共通していますが、出向においては出向元との労働契約関係が継続しているが、転籍においては転籍元との労働契約関係が終了している点が異なります。

なお、転籍元の合意退職と転籍先への入社（新雇用契約の締結）が行われるタイプを解約型の転籍、転籍元の使用者としての地位が転籍先に譲渡されるタイプを譲渡型の転籍ということもあります。

2　転籍と出向の目的

　出向は,「業として」行われた場合,職業安定法44条により禁止される労働者供給事業に該当するところ,①労働者を離職させるのではなく,関係会社において雇用機会を確保する,②経営指導,技術指導の実施,③職業能力開発の一環として行う,④企業グループ内の人事交流の一環として行う等の目的を有していれば,社会通念上「業として」行われていると判断されることは少ないとされています(厚生労働省職業安定局「労働者派遣業務取扱要領」参照)。

　したがって,出向の場合,その目的が重要となります。

　出向の目的には,「本人の経営管理能力などの向上」「出向先の経営・技術指導」「分社化に伴う経営・技術指導」「具体的な経営・技術上の問題解決」「企業グループの結束力強化」「グループ企業の人材不足を補うため」「ポスト不足への対応」「定年後の雇用機会の確保」「雇用調整のため」等が考えられます(日本労働研究機構「出向・転籍の実態と展望」1999年3月)。

　転籍の目的も出向の目的とほぼ変わりませんが,転籍においては転籍元との労働契約関係が終了していることから,「事業譲渡に伴う対象事業に従事していた者の転籍」「ポスト不足への対応」「定年後の雇用機会の確保」「雇用調整のため」というように転籍元への復帰を予定しない目的で行われることが多いといえます。

3　復帰を予定しない出向と復帰が予定されている転籍

　もっとも,出向元への復帰を予定していない出向もあり,また,転籍元への復帰が予定されている転籍もあります。

　したがって,復帰の予定の有無では,出向と転籍は区別できません。

　この点,経営合理化計画の一環として,業務の一部を協力会社に委託することとし,従業員の一部を協力会社に出向させたという事案におい

て，最高裁は，「本件各出向命令は，業務委託に伴う要員措置として行われ，当初から出向期間の長期化が予想されたものであるが，上記社外勤務協定は，業務委託に伴う長期化が予想される在籍出向があり得ることを前提として締結されているものであるし，在籍出向といわゆる転籍との本質的な相違は，出向元との労働契約関係が存続しているか否かという点にあるのであるから，出向元との労働契約関係の存続自体が形がい化しているとはいえない本件の場合に，出向期間の長期化をもって直ちに転籍と同視することはでき」ないと判断しました（**新日本製鐵（日鐵運輸第2）事件・最高裁第二小判平15・4・18労判847号14頁**）。

すなわち，出向と転籍は，出向元との労働契約関係が存続しているか否かという点により区別されます。

4　出向と転籍の区別が問題となるケース

出向と転籍の区別は次のように，転籍者が転籍を拒否する場合，転籍元における労働条件の適用を求める場合，転籍元への復職を求める場合に問題となります。

転籍者が転籍を拒否した事案としては，前掲の新日本製鐵（日鐵運輸第2）事件があります。同事案では，出向を命じられた労働者が，出向ではなく転籍であり個別の同意を欠くため当該出向命令は無効であると主張しました。これに対して，裁判所は，出向元との労働契約関係の存続自体が形骸化しているとはいえないため出向に当たると判断し，個別の同意を欠く出向命令を有効と判断しました。

転籍者が転籍元の労働条件の適用を求めた事案としては，**幸福銀行事件・大阪地判平15・7・4労判856号36頁**があります。同事案では，「退職出向」という制度で，銀行を退職し，関連会社に転籍し定年を迎えた労働者が，当該「退職出向」は（在籍）出向であるとして，転籍元銀行に対して退職金の支払いを求めました。裁判所は，「退職出向」前に労働者が転籍元銀行から，退職出向後も在籍時と同水準の給与が維持され経済的不利益を受けないよう配慮すること，及び，万一転籍先が倒産等した場合，転籍元銀行への復帰が可能であるとの説明を受けていたとい

第3章　転籍

う事情はあるが,「退職出向」の際に退職届を提出している労働者が存在すること,転籍元銀行の退職に際して退職金が支払われていること等から,「退職出向」を転籍と判断し,転籍元を退職する際に退職金を転籍元に請求することは認められないとしました。

転籍者が転籍元に復職を求めた事案としては,**日鐵商事事件・東京地決平6・3・17労判662号74頁**)があります。同事案では,役職定年制に伴い関係会社に転籍した労働者が,転籍先にて解雇を告げられたことから,転籍元に対して,実質は（在籍）出向であるとして復帰を主張しました。これに対して,裁判所は,労働者が転籍元に退職願を提出し,任意退職していること,他に出向と認める事情がないことから,転籍と判断し,転籍元への復帰は認められないと判断しました。

同裁判例は,転籍であるため転籍元には復帰しないとしていますが,上述のとおり,転籍であっても,転籍元と労働者の間に将来の復帰に関する合意があれば,転籍元への復帰が認められる場合もあります。

京都信用金庫事件・大阪高判平14・10・30労判847号69頁では,信用金庫から関連会社への「移籍出向」について,転籍であり,転籍元の就業規則が転籍者に適用されることはないとしながら,転籍中の給与の保証や転籍期間,復帰について定めた「確認証」があったことから,「確認証」の趣旨は定められた条件を満たせば復帰を認める趣旨の約定であると判断し,転籍元への復帰が認められています。

以上のとおり,復職を予定しない出向や復職もあり得る転籍,また,転籍元との合意内容が転籍後にも効力を有する転籍もあることから,実務上は,出向,転籍という文言のみで区別するのではなく,出向元・転籍元との契約関係が終了するか,出向元・転籍元との労働条件に関する合意が効力を有するか,出向元・転籍元への復帰が予定されているか等について,十分に合意をしたうえで,出向・転籍を行うことが重要です。

Q2. 転籍が労働者派遣法や職安法上問題になることはありますか。

A. 転籍は，労働者派遣に該当することはありませんが，職安法上禁止されている労働者供給事業や，許可制とされている職業紹介事業に該当しないよう注意が必要です。

1　労働者派遣との関係

　労働者派遣とは，自己の雇用する労働者を，当該雇用関係の下に，かつ，他人の指揮命令を受けて，当該他人のために労働に従事させることをいい，当該他人に対し当該労働者を当該他人に雇用させることを約してするものを含まないものをいいます（労働者派遣法2条1号）。
　転籍は，転籍元と労働者との労働契約関係が終了するため，労働者派遣には該当しません。
　したがって，転籍が労働者派遣法上，問題となることはありません。

2　労働者供給事業との関係

　労働者供給事業とは，供給契約に基づいて労働者を他人の指揮命令を受けて労働に従事させること（労働者供給）を業としてなすことをいいます（職安法4条6項参照）。
　そして，労働者供給事業を行うこと及び労働者供給事業を行う者から供給された労働者を自己の指揮命令の下に労働させることは，原則として禁止されており（職安法44条），違反した者は，1年以下の懲役または100万円以下の罰金が課される可能性があります（同法64条9号）。
　転籍については，転籍元と労働者との間の雇用契約関係が終了しているため，原則として，労働者供給に該当することはありません。

しかし，転籍であっても，転籍元と労働者との間に事実上の支配関係が認定される場合には，労働者供給に当たる可能性があります。

そこで，転籍という形態をとる場合であっても，復帰が予定されている等，在籍出向に類似する場合は，転籍が「業として行われる」と認められないよう，留意する必要があります（在籍出向の場合は，雇用機会確保，経営指導・技術指導の実施，職業能力開発，グループ内の人事交流といった目的があれば，社会通念上業として行われていると判断し得るものは少ないとされています。（厚生労働省職業安定局「労働者派遣事業関係業務取扱要領」）。したがって，転籍においても，転籍者に対する事実上の支配関係が認められる可能性がある場合は，左記のような目的を確認する等，「業として」行われるものに当たらないよう留意する必要があります。）

3　職業紹介事業との関係

職業紹介事業とは，求人及び求職の申込みを受け，求人者と求職者との間における雇用関係の成立をあっせんすることを業として行うことをいいます（職安法4条1項）。

職業紹介事業は原則として許可制とされており（職安法30条，33条），違反した者には，1年以下の懲役または100万円以下の罰金が課される可能性があります（同法64条1号，5号）。

自己の雇用する労働者と他者との間における雇用関係の成立をあっせんする場合も，職業紹介となるため，転籍を業として（一定の目的と計画に基づいて経営する経済的活動として，反復継続の意思をもって行った場合）行った場合，職業紹介事業に該当する可能性があります（労働者派遣業務取扱要領）。

したがって，転籍について，雇用機会確保，経営指導・技術指導の実施，職業能力開発，グループ内の人事交流といった目的を確認したり，金銭的対価を得ないようにする等の注意が必要です。

【労働者派遣】

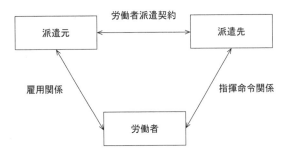

【労働者供給事業】

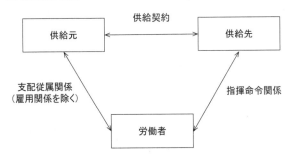

【転籍】

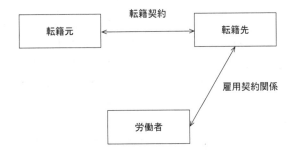

Q3. 従業員を転籍させるには従業員の個別の同意が必要でしょうか。

A. 従業員を転籍させるには転籍のつどの個別の同意が必要です。また，同意は実質的なものでなければならず，転籍元から転籍先の労働条件等について，十分に説明することが望ましいと考えます。

1 個別同意が必要

転籍は，転籍元との労働契約関係の終了を伴うため，当該労働者の個別の同意が必要です。

2 転籍に対する包括的同意で足りるか

転籍に対する労働者の個別の同意については，採用時に「業務上の必要性があるときは転籍することがある」といった内容の包括的な同意をすることで足りるのか，転籍のつど特定の転籍先に対する転籍についての個別的同意が必要であるのかが問題となります。

転籍には，転籍元との労働契約を終了し，新たに転籍先との労働契約を締結する「解約型」の転籍と，転籍元との労働契約を労働者の承諾を得て転籍先に承継させる「譲渡型」の労働契約があります。

このうち，解約型については，新たに転籍先との労働条件が決定されるため，労働者が採用時に不確定の労働条件について予め包括的な同意をすることは考え難く，転籍ごとに転籍条件を踏まえた個別の同意が必要となります。

また，譲渡型についても，労働契約関係の承継には労働者の承諾が必要とされていること（民法625条1項），また，実質的にも転籍後の労働

条件については不確定な点が多く、転籍元に引き続き在籍していた場合に比べて労働者にとって不利益となる可能性が考えられることから、予めの包括的な同意では足りず、個別の同意が必要であると解されます。

この点、**日立精機事件・千葉地判昭56・5・25労判372号49頁**では、裁判所は、転属（転籍）には個別の同意が必要としつつ、①関連会社への転籍であること、②採用時に入社案内に関連会社名を特定し転属の可能性があることが明記されていたこと、③労働者が身上調書に関連会社における勤務も可能である旨を記載していたこと、④採用面接において、面接官から関連会社に転属することがあり得る旨の説明があり、それに対して異議がない旨応答していることという事情の下で、労働者は会社に入社するに対して特定の関連会社に転属することについて予め包括的な同意を与えたものであり、転属先の労働条件等から転属が著しく不利益であったり、同意の後の不利益な事情変更により当初の同意を根拠に転属を命ずることが不当と認められるなど特段の事情のない限り、会社は、入社の際の包括的同意を根拠に、労働者に対して転属を命じ得ると判断していますが、同事案は、労働者に不利益が生じる可能性が低い場合の特殊な事例であると解されます。

したがって、労働者に転籍を命じるには、原則として、包括的な同意では足りず、転籍のつど特定の転籍先に対する同意が必要となります。

3　転籍命令を拒否した者に対する懲戒処分

転籍には労働者の個別の同意が必要であるため、労働者の同意があって初めて転籍を命じることができます。したがって、転籍に同意せず、これを拒否した者に対する懲戒処分はできません。

三和機材事件・東京地判平7・12・25労判689号31頁は、会社再建のために営業部門を分社化して営業部員全員をそこに転籍出向させようとしたところ、これを拒否した労働者を懲戒解雇したという事案ですが、裁判所は、会社の再建のために業務上必要であっても特段の事情のない限り、労働者の意思に反して転籍の効力が生ずることはないとして、業務命令違反を理由とした解雇を無効と判断しました。

また，同事案では，転籍拒否を理由に整理解雇をする場合には，いわゆる整理解雇の4要素を検討したうえでその有効性を判断する必要があるとも判示しています。人員調整のために，転籍を行う場合，転籍を拒否する者を安易に解雇しないよう留意する必要があります。

4 個別同意の内容

転籍に関する労働者の同意は実質的な同意である必要があります。

実質的な同意を認められるためには同意を得る際に，「使用者は，転籍先の労働条件・職務内容その他の処遇に関して十分な情報提供を」行う（土田道夫「労働法」400頁），「転籍先の名称，所在地，業務内容，財務内容等の情報及び賃金，労働時間その他の労働条件について書面を交付することにより労働者に説明を」する（厚生労働省平成17年9月15日「今後の労働契約法制の在り方に関する研究会報告書」）等が考えられます。

5 転籍先が雇入れを拒否した場合

転籍について労働者の個別の同意が得られたが，転籍先が雇入れを拒否した場合，転籍の同意が無効となり転籍元との雇用契約が存続します。転籍の同意が無効となることの法律構成としては下記のように錯誤とした判例と停止条件付同意とした判例があります。

日立製作所事件・最高裁第一小判昭48・4・12集民109号53頁では，転籍先が雇入れることは個別同意の要素であるから，労働者が転籍に同意した後に転籍先が雇入れを拒否した場合，労働者の転籍の同意は錯誤により無効となり，転籍元における労働者の地位は継続すると判断されました。

また，生協イーコープ事件・東京高判平6・3・16労判634号21頁では，労働者が転籍元に対して転籍を承諾し，退職の意思表示をしたとしても，それは転籍先による採用を条件とした退職の意思表示であるから，転籍

先が労働者の採用を拒否した場合,退職の意思表示の効力は生じず,転籍元との雇用関係が存続すると判断されました。

Q4. 転籍後の法律関係はどのようになりますか。

A. 転籍の場合，労働契約関係は転籍先とのみ生じるため，労働条件は転籍先との合意により定まります。

譲渡型の場合，転籍後，承継された労働協約，就業規則を変更するには，個別同意の他に手続きが必要となる場合があります。

1 転籍後の法律関係

転籍により労働者と転籍元の労働契約関係は終了し，転籍先とのみ労働契約関係が生じるため，在籍出向のような二重の労働契約関係による問題は生じません。

なお，転籍元と転籍先の労働条件が異なる場合，転籍元との労働契約を終了し，転籍先との新たな労働契約を締結する解約型の転籍では特に問題は生じませんが，転籍元との労働契約を転籍先に承継する譲渡型の転籍では，転籍と同時，または転籍後に，転籍先との間で新たな労働条件に関する合意を忘れないよう注意する必要があります。

特に，譲渡型の転籍により労働協約，就業規則が承継される場合，その変更には，転籍先と労働組合との合意による新たな労働協約の締結や，不利益変更を伴う就業規則の変更の場合は労働契約法10条の定める要件を満たす必要がある等，個別の合意以外の手続きが必要となる場合もあるため注意する必要があります。

以下，転籍後の労働契約関係が問題となった判例を挙げます。

いずれも，転籍後の労働契約関係は，転籍先とのみ生じることを明確に示しています。

このような紛争を予防するためには，Ｑ１でも述べましたが，出向，転籍という文言のみで区別するのではなく，出向元・転籍元との契約関係が終了するか，出向元・転籍元との労働条件に関する合意が効力を有

するか，出向元・転籍元への復帰が予定されているか等について，十分に合意をしたうえで，出向・転籍を行うことが重要です。

2　長谷川工機事件・大阪地決昭60・9・10労判459号49頁

　転籍後に転籍者が転籍元の定年に達したとしても転籍元の定年制は適用，または，準用されることはないと判断されました。

3　ブライト証券・実栄事件・東京地判平16・5・28労判874号13頁

　解約型の転籍において，転籍後の労働条件は，転籍先の就業規則の定めるところによるとされていた場合，転籍元在籍時の賃金と転籍後2年目以降の賃金との差額請求は認められないと判断されました。

4　幸福銀行事件・大阪地判平15・7・4労判856頁36号）

　グループ間の転籍の際に，将来転籍先を退職する際には，在職期間を転籍元在職時から通算し，転籍元の就業規則により算定される退職金額から，転籍時に転籍元から支払われた退職金を控除した額が，転籍先から支払われるとされていた場合，労働者は，転籍先に対してのみ，退職金を請求できると判断されました。

第4章 労働契約承継法

Q1. 労働契約承継法は，会社分割制度が導入されるに当たって労働者保護のために制定された法律ですが，具体的にはどのような内容を定めているのでしょうか。

A. 同法では，労働契約承継の基本原則，労働協約承継の基本原則および各承継に際しての手続き（労働者及び労働組合に対する通知，労働者の理解と協力，労働者との協議）を定めています。

1　労働契約の承継の意義

　会社分割には，ある会社がその事業に関して有する権利義務の全部または一部を分割して別の会社を設立する「新設分割」（会社法2条30号）と，ある会社の事業の全部または一部を別会社が吸収する「吸収分割」（会社法2条29号）とがあります。
　労働契約の承継とは，この会社分割に伴い，会社が個々の労働者と締結している労働契約に基づいて，使用者としての地位から生じる分割会社の権利義務のすべてを新設会社又は吸収会社に包括的に承継させることをいい，「会社の分割に伴う労働契約の承継等に関する法律」（以下「承継法」といいます）に，労働契約に関する部分的包括承継について定めがあります。

2　労働契約承継法が定める内容

　労働契約承継の基本原則，労働協約承継の基本原則ならびに労働契約及び労働協約承継に際しての手続き（労働者及び労働組合に対する通知，労働者の理解と協力，労働者との協議）を定めています。

（1）労働契約承継の基本原則（承継法2条1項・3項・3ないし5条，承継則2条）

　承継法は，承継の対象となる事業に従事する労働者を，①当該事業に主として従事する労働者と，②それ以外の労働者に分け，承継の有無等の取扱いを区別しました。

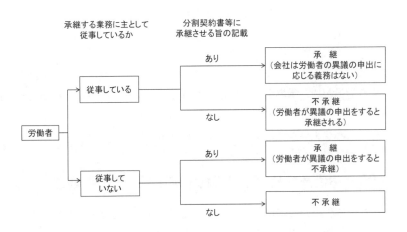

①の労働者については，a）分割契約（計画）に承継会社等に承継させる旨の定めがある場合は，当然に（対象労働者の同意なく）分割時に当該労働契約は承継されることとし，b）分割契約等に承継される旨の記載がない場合には，一定の期間内に書面で分割会社に異議を申し出れば承継会社等に承継されることとしました。

②の労働者については，原則として，労働契約が承継されませんが，分割契約等で承継会社等に承継される旨の定めがなされた場合には，労働者が所定の期間内に書面で分割会社に異議を申し出ない限り，当該労働契約は承継会社等に承継されることとしました（寺前隆著「企業再編に伴う労働契約等の承継」52頁）。

（2）労働協約承継の基本原則(承継法6条1ないし3項)

会社分割の結果，労働組合員が分割会社と承継会社等に分かれる場合があることを考慮して，労働協約に関して以下の定めがあります。

ア　労働協約のうち，いわゆる[1]債務的部分に関しては，分割会社と労働組合が合意して分割契約等に承継会社が承継する部分を定める（承継法6条1項）ことにより全部または一部を承継させる（承継法6条2項）ことができるものとしました。

イ　債務的部分の合意のない部分及び[2]規範的部分については，組合員に係る労働契約が承継会社等に承継されるときは，労働組合と承継会社等の間に，分割会社との間の労働協約と同一内容の労働協約が締結されたものとみなすこととしました（承継法6条3項）。

（3）労働契約及び労働協約承継に際しての手続き

会社分割に当たっては，労働者の個別的同意なく労働契約が承継されるため，労働者に大きな影響を与えます。

1　労働組合と使用者との間の権利義務を定めた部分（組合事務所や掲示板の無償貸与，組合費の徴収義務，争議解決金支払義務など）
2　労働条件その他の労働者の待遇に関する基準を定めた部分

そこで，法は，労働者の保護のため，以下のとおり，①会社分割を企図するに際しては，労働者の理解と協力を得る努力義務（7条措置），②会社分割における労働者の承継の考え方を固めていく段階では，個別の労働者との協議（商法等改正附則5条1項に定めるいわゆる5条協議），③分割計画（契約）の作成後（2条1項）は，所定事項の文書通知義務および一定期間内に異議申立ができる機会を与える義務等分割会社が採るべき手続きについて定めています。

①労働者の理解と協力（承継法7条）

会社は，分割に際して，全ての労働者の理解と協力を得るよう努めなければならないとしています。この「理解と協力」を得る努力の具体的内容については，承継法施行規則4条により，そのすべての事業場において，過半数組合あるいは過半数代表者との協議その他これに準ずる方法によって，労働者の理解と協力を得るよう努めるものとすると定められています。

②労働者との協議（商法等改正附則5条1項）

分割会社は，承継法2条1項の通知をすべき日までに，事前に労働者と個別の協議をしなければならないとされています

③労働者及び労働組合に対する通知（承継法2条，承継則1条・3条）

分割会社は，①承継される事業に主として従事する労働者の全て，②①以外の労働者のうち，労働契約が分割契約等で承継会社等に承継される旨が記載された労働者，③労働協約を分割会社と締結している労働組合に対して，異議申出（承継法4条，5条）をするかどうかの判断資料を提供するため，一定の期間に所定の事項を書面で通知しなければならないとされています。

第4章 労働契約承継法

Q2. 会社分割に伴う労働契約の承継と類似制度（事業譲渡に伴う労働契約の承継，転籍）ではどのような点が異なっているのでしょうか。

A. 労働者の個別同意の要否が異なっています。

解説

　事業譲渡に伴う労働契約の承継は，他の権利義務と同様に，原則として譲渡会社と譲受会社との間で個別に合意した譲渡契約の内容のみが承継され（特定承継），当該労働者から，承継についての「個別的同意」を得ることが必要です。

　また，転籍の場合も，当該労働者から転籍についての「個別的同意」を得ることが必要です。

　このように，労働契約の承継については，本来労働者から個別同意を得るのが，民法上（625条）も労働法上も大原則です。

　これに対し，会社分割に伴う労働契約の承継は，労働契約も他の権利義務と一緒に包括的に承継され，各労働者の「個別的同意」は必要なく，上記原則の重要な例外となっています。また，①承継される事業に主として従事する労働者と，②それ以外の労働者に分け，前述のとおり承継のルール（一定の場合には異議の申出ができる）を定め，また，いわゆる7条措置や5条協議，労働者及び労働組合への通知といった法定の手続が必要であるとされており，この点も事業譲渡や転籍とは異なる点です。

Q3. 労働契約承継のための手続き（7条措置）

会社分割において，労働契約を承継させるために，分割会社が行わなければならないいわゆる7条措置とはどのような内容ですか。

A. 会社法と労働契約承継法は，分割会社が行うべき手続きとして，①労働者の理解と協力を得る努力義務，②個別の労働者との協議，③労働者および労働組合への通知を定めています。

そのうち労働者の理解と協力を得る努力義務は以下のとおりです。

1 労働者の理解と協力を得る努力義務（承継法7条，承継法施行規則4条，指針第2,4（2），いわゆる「7条措置」）

労働契約承継法には，分割会社は，分割に当たり，雇用する労働者の理解と協力を得るよう努める旨が規定されています（法7条）。

それを受けて，承継法施行規則および[3]指針は，その具体的な方法として，分割会社がすべての事業場において労働者の過半数を組織する労働組合または過半数代表者との事前協議その他これに準ずる方法によって労働者の理解と協力を得るよう努める必要があると定めています（承継法施行規則4条及び厚生労働大臣が決めた指針第2,4（2））。

さらに，指針によりその内容と対象事項が定められています（指針第2,4（2））。

---

3 分割会社および承継会社等が講ずべき当該分割会社が締結している労働契約及び労働協約の承継に関する措置の適切な実施を図るための指針（平成12年労働省告示第127号）

(1) 対象となる労働者

対象となる労働者は分割会社の全労働者です。

(2) 具体的な方法

労働組合または過半数代表者との協議その他それに準ずる方法です。
「その他これに準ずる方法」とは，名称のいかんを問わず，労働者の理解と協力を得るために，労使対等の立場に立ち誠意をもって協議が行われることが確保される場において協議することを含みます。

(3) 協議の対象事項

協議の対象事項については同指針で以下のとおり定められています。
①会社分割をする背景および理由
②分割会社・新設（吸収）会社等が分割後に負担すべき債務の履行に関する事項
③労働者が「承継される事業に主として従事する労働者」に該当するか否かの判断基準
④労働協約の承継に関する事項（労働協約を締結している労働組合とは，労働協約の承継をどうするのか協議し，分割契約等の締結又は作成前に同意することが望ましいとされている。）
⑤分割会社または承継会社等と労働組合・労働者との間で生じた労働関係上の問題を解決するための手続

Q4. 7条措置として具体的にはどの程度の協議を実施すればいいのでしょうか。

A. 承継法に規定はありませんが，従業員代表への説明を履行し，要望書に対する書面での回答を行い，イントラネット等での情報共有を行っている場合に，7条措置として足るとした裁判例があります。

解説

1　7条措置として必要な協議の程度について，承継法等に規定はありませんが，日本アイ・ビー・エム会社分割事件・最二小判平22・7・12労判1010号5頁で判断されています。

　すなわち，同判決では，「7条措置…は分割会社に対して努力義務を課したものと解され，これに違反したこと自体は労働契約承継の効力を左右する事由になるものではない。7条措置において十分な情報提供等がされなかったがために5条協議がその実質を欠くことになったといった特段の事情がある場合に，5条協議義務違反の有無を判断する一事情として7条措置のいかんが問題となるにとどまる」としました。

　上記判決は，間接的にではありますが，7条措置違反がひいては5条協議義務違反となり，会社分割による労働契約承継の有効性に影響を与え得ることを示唆したものですので，7条措置を行う際はこの点に留意してきちんとした手続きを経ることが重要です。

2　さらに，上記判決は会社が実施した7条措置の具体内容について，「被上告人は，7条措置として，前記2（2）のとおり本件会社分割の目的と背景及び承継される労働契約の判断基準等について従業員代表者に説明等を行い，情報共有のためのデータベース等をイントラネットに設置したほか，C社の中核となることが予定されるD事業所の従業員代

表者と別途協議を行い，その要望書に対して書面での回答もしたというのである。これは，7条措置の対象事項を前記のとおり挙げた指針の趣旨にもかなうものというべきであり，被上告人が行った7条措置が不十分であったとはいえない。」としました（前掲日本アイビーエム会社分割事件）。

　この判決内容からすれば，分割会社は，従業員代表への説明を履行し，要望書に対する書面での回答を行い，イントラネット等での情報共有を行うこと等の措置を行えば，7条措置を適正に実施したものと言えると考えられます。

Q5. 労働契約承継のための手続き（5条協議）

会社分割において労働契約を承継させるために，分割会社が行わなければならないいわゆる5条協議とはどのような内容ですか。

A. 労働契約を承継させるに当たり分割会社が行うべき手続きとしては，①労働者の理解と協力を得る努力義務，②個別の労働者との協議，③労働者および労働組合への通知があります。

そのうち個別の労働者との事前協議は以下のとおりです。

1 個別の労働者との事前協議（商法等改正法附則5条1項。いわゆる「5条協議」）

分割会社は，会社分割によって労働者を承継させるためには，承継される事業に従事している労働者との間で，会社分割に伴う労働契約の承継に関して協議するものとされています（商法等改正法附則5条1項）。

その趣旨は，会社分割が労働者の地位に及ぼす影響の大きさに鑑み，事前に労働者本人と協議してその意向を確認する必要があるためです。

（1）対象となる労働者

承継される事業に従事しているすべての労働者です（「指針」第2，4（1）イ）。

当該協議は，承継される事業に従事する個別労働者の保護のための手続きですので，会社はすべての労働者と直接協議をする法律上の義務があります。

したがって，協議の対象者はあくまで個別の労働者であり，会社がこの個別協議に代えて，承継法7条（労働者の理解と協力を得る努力義務）の労働組合または過半数代表者との協議のみ行うことは，本条の不履行

に当たります。

5条協議不履行の場合，日本アイ・ビー・エム会社分割事件・最二小判平22・7・12労判1010号5頁に照らし，会社分割による労働契約承継の有効性に影響を与えますので（後記Q7参照），5条協議を適正に履行するよう留意が必要です。

（2）協議の内容

労働契約の承継に関する事項です。

具体的には，
①承継会社の概要（事業者名，所在地，事業内容，従業員数）
②労働者が承継事業に主として従事する者に該当するか否かの考え方などを十分説明し，本人の希望を聴取したうえで，
ア　新設（吸収）会社への労働者の承継の有無，
イ　承継する場合でもしない場合でも，会社分割後に当該労働者が従事することを予定する業務の内容，就業場所その他の就業形態など
について協議をするとされています（指針第2，4（1）イ）。

この個別協議においては，分割会社としての方針を説明し，労働者の意向を聴取して十分な協議を行う必要はありますが，労働者との間で協議内容について合意を得る必要まではありません。

（3）協議の時期

協議の時期は，従前は分割計画（契約）を本店に据え置くべき日までとされていましたが，平成17年会社法制定時に，商法等改正法附則第5条の規定で，法第2条第1項の規定による通知をすべき日（通知期限日）までに協議をするものとされました（指針第2，4（1）イ）。

協議の開始時期について，指針では，通知期限日までに十分な協議ができるよう，時間的余裕をみて協議を開始するものとされています。

Q6. 分割会社はこの個別協議をしていれば労働組合との団体交渉に応じなくてもいいのでしょうか。

A. 義務的団交事項ですので応じなければなりません。

解説

　分割会社は，労働組合から，会社分割に伴う労働者の承継に関する事項や労働条件等に関する団体交渉（労働組合法第6条）の申し入れがあったとき，これは義務的団交事項ですので，この個別協議を行っているからと言って団体交渉の申入れを拒否することはできません（指針第2，4（1）ハ）。

Q7. どの程度の協議を実施すれば適法と言えるのでしょうか。

A. 協議を全く行わなかった場合又は実質的にこれと同視しうる場合（会社が故意に個別協議を遅らせたり拒否した場合や，協議には応じるが不誠実な態度で実質的な協議が行われなかった場合）には会社分割の無効の原因となり得るので，会社は誠実に対応しなければなりません。

解説

1　厚生労働大臣の指針（平12労告127号）で，5条協議に関し「協議を全く行わなかった場合又は実質的にこれと同視し得る場合における会社分割については，会社分割の無効の原因となり得る」とされています。

　会社分割において，労働関係上の手続の不遵守が無効原因となり得る旨の指針があるのは，5条協議に関してのみです（菅野和夫「労働法〔第11版〕726頁）。

　「実質的にこれと同視し得るする場合」としては，会社が故意に個別協議を遅らせたり拒否した場合や，協議には応じるが不誠実な態度で実質的な協議が行われなかった場合等が該当します。

2　日本アイ・ビー・エム会社分割事件・最二小判平22・7・12労判1010号5頁は，特定の労働者との関係において5条協議が全く行われなかった場合や，5条協議が行われた場合であっても，分割会社からの説明や協議の内容が著しく不十分で，法が5条協議を求めた趣旨に反することが明らかな場合には，分割会社に5条違反があったと評価してよく，当該労働者は承継法3条の定める労働契約承継の効力を争うことができると判断しました。

　このように，5条違反の場合，会社分割による労働契約承継の有効性

に影響を与え得るため，5条協議は誠実かつ慎重に行う必要があるのです。上記日本アイ・ビー・エム会社分割事件は，結論としては5条違反はないとしましたが，具体的な協議のあり方を考える上で，参考になります。

Q8. 分割会社は,承継によって勤務地が遠隔地となるような労働者がいる場合等に,5条協議において,対象となる労働者の家庭事情などを勘案する必要はありますか。

A. これらの諸事情は,当然5条協議で協議されるべきものですが,協議内容について必ず合意を得ることまで求められているものではありません。

解説

　分割会社は,分割前に承継事業に従事する労働者と個別に協議をすることとなっています。
　承継によって勤務地が遠隔地となったり,家族の介護が困難となるなどの事情は当然この時点で協議されるべきものであり,十分説明した上で本人の希望を聴取することになっています。
　ただし,この個別協議は,協議内容について必ず合意を得ることまで求められているものではありません。
　そのため,承継される事業に主として従事する者については,たとえ本人が労働契約の承継に異議があったとしても,十分な協議を行った上で分割計画書等に記載すれば,当然にその者の労働契約は,承継会社に承継されることになります。
　もっとも,本人が望まない場合には,分割会社と協議の上,あえて分割計画書等に記載せずに承継の対象者から外すことは可能です。(雇用流動化研究会編「出向・転籍・労働承継の実務」385頁)
　なお,会社分割において,労働契約は,従前の労働条件のまま承継されることになりますので,当然に勤務地が変更になるものではありません。有効な転勤命令権の行使があって初めて勤務地変更が可能になるた

め，たとえば勤務地限定特約があった場合には，会社分割の場面であっても，同意なくして転勤させることはできません（転勤命令ではなく，転勤の打診をすることになります）。

　また，分割会社の就業規則に転勤条項があり，転勤命令権の存在が肯定できる場合も，著しい不利益を課すような転勤命令権の濫用となる勤務地変更を命じることはできません（転勤命令が労働者に通常甘受すべき程度を著しく超える不利益を負わせるものとして，転勤命令が権利濫用に当たるとした例。ネスレ日本事件・大阪高判平18・4・14労判915号60頁，ＮＴＴ西日本事件・大阪地判平19・3・28労判946号130頁，日本レストランシステム事件・大阪高判平17・1・25労判890号27頁，ミロク情報サービス事件・京都地判平12・4・18労判790号39頁）。

Q9. 会社分割により労働契約を承継させるために分割会社が行わなければならない手続きには何がありますか。

A. 労働契約を承継させるに当たり労働者保護のために分割会社が行うべき手続きについては，労働者への通知，労働組合への通知および異議の制度があります。

1 労働者に通知をする必要がある場合（承継法2条1項）

　会社分割では，当該会社は，労働者の意思とは無関係にどの労働者を承継会社等に承継させ，どの労働者を分割会社に残すかについて，任意に定めることができます。

　すなわち，分割契約等に，承継される事業に主として従事している労働者（以下「主従事労働者」といいます）に係る労働契約を承継会社等が承継する定めがあるときは，その労働契約は承継会社等に承継されます（承継法3条）。

　そのため，労働者が一方的に従来の職務から切り離される等の不利益を受けるおそれがあります。

　そこで，法は，労働者保護の観点から，分割に際し，利害関係を有する一定の労働者に対して異議の申出を行う権利を付与する（承継法4条・5条）とともに，当該労働者がこの異議の申出を行うか否かを判断するための情報として，分割会社は，労働者に対して，事前に，その者の労働契約が承継会社等に承継される旨の記載が分割契約等にあるか否か，会社の定めた異議の申出を行うことのできる期限日（承継法4条3）及び厚生労働省令で定める事項を書面で通知しなければならないこととしました（承継法2条1項）。

2　通知しなければならない労働者の範囲

　会社が分割会社に対して労働者への通知を義務付けた趣旨は1で述べたとおりです。
　そこで，通知の対象となる労働者の範囲は
①承継する事業に主として従事する労働者全員（承継法2条1項1号）
②それ以外の労働者で分割契約等に労働契約を承継する旨の記載がある労働者（同2号）
とされています。
　この点，会社分割に当たり，いわゆる転籍合意方式（承継する権利義務の中に労働契約を含めずに，分割会社の労働者から転籍同意を取得して，承継会社へ承継させる方式）によって転籍させる場合に承継法2条の通知が必要かどうかについて，**阪神バス（勤務配慮・本訴）事件・神戸地尼崎支平26・4・22労判1096号44頁**は，「労働契約承継法上，通知義務の規定（同法2条1項）に例外規定はないから，転籍に係る同意が得られたからといって上記通知等の手続の省略が当然に許されるものとは解されない。」と判示しました。
　したがって，会社分割に当たって，転籍合意方式によって労働者を転籍させる場合にも，承継法2条の通知をする必要があります。

3　通知する期限，内容

　承継法等では，通知期限日（分割について株主総会の承認を要する場合は当該株主総会の会日の2週間前の日の前日）までに法定の通知事項を書面で通知しなければならない（承継法2条1項，施行規則1条）とされています。
　通知の内容は，承継法2条1項と施行規則1条に定められています。
　具体的には，承継される事業に主として従事するか否かの区別，承継される事業の概要，分割後の分割会社および新設（吸収）会社の概要，

分割の時期，分割後の業務内容・就業場所・その他の就業形態，分割会社および新設（吸収）会社が分割後に負担する債務の履行の見込み，雇用承継・非承継に関してなしうる異議申出の仕方等です。

Q10. 承継法4条および5条に定められた異議の制度はどのような制度ですか。労働者が同条の異議の申出をすることができる場合はどのような場合ですか。

A. 労働契約が承継されるかどうかに関する会社の取扱に対して労働者が不服を申し立てる制度です。
①主従事労働者であるにもかかわらず，分割契約等に労働契約を承継会社等が承継する定めがない場合および②主従事労働者でないにもかかわらず分割契約等に労働契約を承継会社等が承継する定めがあるときに異議の申出をすることができます。

1　制度の目的と内容

分割契約等に主従事労働者の労働契約を承継会社等が承継する定めがあるときは，原則としてその労働契約は承継会社等に承継されます（承継法3条）。

また，分割契約等に主従事労働者以外の労働者の労働契約を承継会社等が承継する定めがないときは，原則としてその労働契約は承継会社に承継されません。

ところが，①分割契約等に，主従事労働者であるにもかかわらず，労働契約を承継会社等が承継する定めがないときや，逆に，②主従事労働者でないにもかかわらず，労働契約を承継会社等が承継する定めがあるときがあります。

そこで，承継法は，①の場合，主従事労働者は法4条1項の異議の申出をすることができ，異議の申出をした場合には当該労働契約は承継会社等に承継されることにしました（承継法4条1項，4項）。

また，②の場合，主従事労働者以外の労働者は法5条1項の異議の申出をすることができ，異議の申出をした場合には労働契約は承継会社等

に承継されず,分割会社に残ることを保障することとしました(承継法5条1項,3項)。

このように,労働者の異議の機会を保障するために,分割契約等が締結又は作成されると,分割会社は一定の労働者に一定の事項について書面で通知しなければならないこととなっているのです(承継法2条1項)。

2 労働者の異議の申出を行う時期

異議の申出のできる労働者は,通知がなされた日から申出の期限日までの間(この間少なくとも13日間。承継法4条2項。)に異議を申し出ることができます。

3 異議の申し出をすることができる場合とその効果とは

上記1で述べたとおりです。

4 通知がなかったために異議申出ができなかった労働者の法的地位

分割会社が,分割契約等で承継会社等に労働契約を承継させる旨の記載をしていない主従事労働者に対して,通知を行わなかったために,当該労働者が異議申出を行うことができなかった場合,当該労働者の法的地位はどうなるでしょうか。

(1) 主従事労働者は,分割計画書等に承継させる旨の記載がなされていない場合も,異議申出を行うことにより承継会社に承継されることができる(承継法4条4項)のですが,分割会社が承継法2条の通知を行うべきであったのに,行わなかった場合,労働者は,異議申出をする

機会を与えられず,異議申出ができないという重大な結果となります。

(2) しかし,このような場合,異義申出がなかったからといって,労働契約が承継されずに分割会社に残留してしまうかというと,そうではありません。

労働者は,適法な異議申出を行う機会が失われたのですから,適法な異議申出がなされた場合と同様の効果を主張することができるというべきです。

この点については,前掲**阪神バス(勤務配慮・本訴)事件・神戸地尼崎支平26・4・22労判1096号44頁**は,「同法2条1項所定の通知がなされず,その結果,適法な異議申出を行う機会が失われた場合には,当該労働者は,適法な異議申出が行われた場合と同様の効果を主張することができるというべきである。…したがって,原告が阪神電鉄との間で締結していた本件労働契約1は,原告が適法に同項所定の異議申出を行った場合と同様に,そのまま承継会社である被告に承継されるというべきである(同法4条4項参照)。」と判示しています。

上記判例からすれば,会社が通知しなかったことによって,労働者の異議申出の機会が失われた場合は,労働者には承継法5条の適法な異議申出がなされた場合と同一の法的地位が認められ,承継会社に承継されることが可能になります。

したがって,分割後も,承継会社に対しては,当該労働者と承継会社との間に労働契約が存することの確認を求めることができます。
また分割会社に対しては,労働契約関係の存しないことの確認を求めることができます。

Q11. 労働組合への通知(承継法2条2項)の制度はどのような内容ですか。

A. 分割会社は労働協約を締結している労働組合に対して，承継法2条2項，施行規則3条所定の事項を通知しなければなりません。

解説

　分割会社は，労働者への通知と同じ期限までに，労働協約を締結している労働組合に対しても，承継法2条2項，施行規則3条所定の承継される事業の概要，分割後の分割会社および新設(吸収)会社の概要，分割の時期，分割会社および新設(吸収)会社の債務履行の見込み，労働契約が新設(吸収)会社に移転することとなる労働契約の範囲，設立会社が承継する労働協約の内容等を通知しなければなりません(同法2条2項)。

　なお，承継法では会社は労働協約を締結している組合に対して通知すべきとされていますが，指針では労働協約を締結していない労働組合に対しても通知するのが望ましいとされています(「指針」第2，1 (3))。

　なお，労働協約をどのように新設(吸収)会社に承継させるかは分割計画(契約)に記載しなければならないので，それに関する労働組合との協議(合意)は分割計画(契約)の作成段階までに行わなければなりません。

Q12. 会社分割で承継会社等に承継させることのできる労働者の範囲について説明して下さい。

A. 全ての労働者が対象となりますが，①分割計画書中の名前の記載の有無と②分割計画書作成時点での労働者が従事している業務をファクターとして4つのグループで扱いが異なっています（承継法3条，4条，5条）。

1 会社分割で承継会社等に承継させることのできる労働者の範囲

全ての労働者が承継の対象となりますが，以下のとおり，①分割計画書中の名前の記載の有無と②分割計画書作成時点での労働者が従事している業務をファクターとして4つのグループで扱いが異なります（承継法3条，4条，5条）。
（1）承継される事業に主として従事している労働者（主たる労働者）
　ア　分割計画書中に名前の記載「あり」
　　本人の意思に関係なく，雇用は承継会社に承継されます。
　イ　分割計画書中に名前の記載「なし」
　　異議を申し立てないと分割会社（元の会社）に継続雇用されます。
　　書面による異議を申し出た場合，承継会社に承継されます。
（2）承継される事業に主として従事していない労働者（従たる労働者）
　ア　分割計画書に名前の記載「あり」
書面による異議を申し出た場合は承継されず，分割会社に残れます。
　イ　分割計画書に名前の記載「なし」
従来通り元の会社に継続雇用されます。
（以上徳住堅治「企業再編・会社分割と雇用のルール」88～89頁参照）

承継営業に主として従事するか否か	分割計画書中の名前の記載の有無	労働契約承継法の扱い
主として従事する者 （＝主たる労働者）	あり	本人の意思に関係なく承継される
	なし	異議を申し立てていないと元の会社に継続雇用される。 書面による異議を申し出た場合は承継会社に承継される。 （承継法4条4項）
それ以外の者 （＝従たる労働者）	あり	書面による異議を申し出た場合は承継されず分割会社に残る （同法5条3項）
	なし	継続雇用

2 承継される事業に主として従事する労働者の判断基準

　承継される事業に主として従事するか否かによって，労働契約が新設（吸収）会社に承継されるか，分割会社に残るかが決まるので，その判断基準は重要となってきます。

　これについては，厚生労働大臣が定めた指針（平12労告127号）が詳細な基準を定めています。

　すなわち，分割契約等の締結・作成日において，承継される事業に専ら従事する労働者は，承継される事業に主として従事する労働者に該当します。

　労働者が承継される事業のほか，それ以外の事業にも従事している場合は，それぞれの事業に従事する時間，それぞれの事業においてその労働者の果たしている役割等を総合的に判断して，その労働者が承継される事業に「主として」従事しているか否かを決定します（指針第2，2（3）イ（ロ））。

3　もともとの事業から一時的に離れている労働者等の取扱

（1）一時的に承継される事業に従事している者は主従事労働者に該当しません。（指針第2，2（3）ロ（イ））。
（2）一時的に承継される事業以外の事業に主として従事している者，すなわち，研修命令，応援命令，一定の期間で終了する企画業務への従事命令，出向命令等で一時的に離れていても，これらの業務が終了した後には再び承継される事業に主として従事することが明らかな者は主従事労働者に該当します（指針第2，2（3）ロ（ロ））。
（3）休業から復帰する場合には再び承継される事業に主として従事することとなることが明らかな場合は該当します（同上）。

4　採用内定者の取扱

採用内定者は主従事労働者に当たるか否かについては，採用内定者の採用後の配属先が承継される事業に決定しているとき等は該当します（同上）。

5　分割契約等の締結・作成の直前に配置転換された労働者の取扱（労働者を排除する目的でなされた不合理な配置転換について）

承継される事業に主として従事している労働者を承継会社等から排除する目的で，分割契約等の締結・作成日前に他事業に配置転換することもあります。
また，承継されない事業に主として従事している労働者を分割会社か

第4章　労働契約承継法

ら排除するため，分割契約等の締結・作成日前に承継される事業に配置転換することもあります。

　そのために，指針（第2, 2（3）ロ（ハ））は，過去の勤務の実態から判断して，その労働契約が承継会社等に承継されるべき，又は承継されないべきことが明らかな労働者に関し，分割会社が，合理的理由なく会社分割がその効力を生ずる日（以下「効力発生日」といいます。）以後に当該労働者を承継会社等又は分割会社から，排除することを目的として，当該効力発生日前に配置転換等を意図的に行った場合における当該労働者が承継法2条1項1号の労働者に該当するか否かの判断については，当該過去の勤務の実態に基づくべきであることとしています。

Q13. 分割会社と労働者との間で主従事労働者かどうかについて争いのある場合の取扱はどうなりますか。

A. 会社・労働者間で協議等を行って見解の相違の解消に努めますが、協議を経ても見解が異なり、その結果、労働者の希望と異なる扱いとなった場合には、分割会社ないし承継会社等に対して地位の確認を求めることになります。

解説

　分割会社と労働者の間で主従事労働者かどうかについて争いのある場合、会社と労働者間で協議等を行って見解の相違の解消に努めることになりますが、協議を経ても見解が異なる場合があります。

　その場合、主従事労働者であるにもかかわらず労働契約承継法2条1項の通知を受けなかった場合、①承継会社等に対しては、その雇用する労働者たる地位の保全又は確認を求め、②分割会社に対してもその雇用する労働者ではないことの確認を求めることになります。

　また、従たる労働者が労働契約承継法5条1項の異議を申し出たが、分割会社がその労働者に係る労働契約を承継会社等に承継させたものとして取り扱う時、①分割会社に対してその雇用する労働者たる地位の保全又は確認を求めることができ、②承継会社等に対してその雇用する労働者ではないことの確認を求めることができます(指針第2,2(3)ハ)。

第4章　労働契約承継法

Q14. 主従事労働者は，分割計画書中に名前の記載があれば，本人の意思に関係なく，雇用は承継会社に承継されるのが原則ですが，労働契約の承継を拒否できる場合がありますか。

A. 5条協議等の手続き違反等によって会社分割自体が無効とならない限り，拒否はできません。

解説

　主従事労働者が労働契約の承継を拒否できるかどうかについて，日本アイ・ビー・エム事件・東京高判平20・6・26労判963号16頁では，一審原告が，会社分割が行われた場合であっても，労働者は，会社分割に伴い自己の労働契約が新設会社等へ承継されることを拒否する権利，すなわち，承継拒否権を有する旨を主張し，その根拠として，憲法13条，18条，21条1項が保障する「使用者選択の自由や契約締結の自由という契約法上の一般債権者に与えられた保護との均衡を図るために解釈上使用者を選択する自由が保障されているとして，承継法3条において設立会社に労働契約が承継される分割契約書等に設立会社等が承継する旨の記載があるものには，労働契約の承継に同意していない労働者は含まれないとすることが憲法等に適合する合理的な解釈であるとして，労働契約の承継を拒否できる場合があると主張したのに対し，「分割会社の労働者は，会社分割の際に設立会社等への労働契約の承継を拒否する自由としては，退社の自由が認められるにとどまり，分割会社への残留が認められる意味での承継拒否権があると解することはできない」とした一審判決・横浜地判平19・5・29労判942号5頁を維持し，最高裁も同様の判断をしました。

　このように，主従事労働者は，原則として本人の意思に関係なく承継

会社に承継されるのですから,会社分割による承継自体が無効とならないように,5条協議等の手続きをきちんと履践しておくことが重要です。

Q15. 労働契約承継後の労働条件はどのような内容になりますか。

A. 労働承継が行われると，対象となる労働契約に基づく権利義務関係のすべてが承継会社に包括的に引き継がれることになりますので，承継後の労働条件は労働契約が承継される前の基準が維持されることになります。

1 承継後の労働条件

　労働承継が行われると，対象となる労働契約に基づく権利義務関係のすべてが包括的に引き継がれることになりますので，承継後の労働条件については，承継前の基準がそのまま維持されることになります。

2 維持される労働条件

　承継会社等に承継される労働契約の内容として維持される労働条件には，例えば，①労働協約，就業規則又は労働契約に規定されている労働条件，②確立された労働慣行であって分割会社と労働者との間で黙示の合意が成立したもののうち労働者の待遇に関する部分，③民法92条の慣習が成立しているものと認められるもののうち労働者の待遇に関する部分があります（指針第2，2（4）イ（イ））。

Q16. 会社と勤務地限定の労働契約を締結している労働者が承継会社に承継された場合,承継会社でも勤務地限定の特約は維持されますか。

A. 勤務地限定の特約は維持されますが,承継会社に限定された勤務地の事業所がない場合には,結局同じ条件を維持することはできません。

解説

労働者が会社と勤務地限定の労働契約を締結している場合,労働契約の承継により承継会社に承継された労働契約は,分割会社から承継会社等に包括的に承継されるため,労働条件もそのまま維持されます。

勤務地限定の合意も承継会社等に承継されるため,承継会社等は,当該労働者から個別の同意を得ない限り,その者と合意していた勤務地以外の勤務地に配置転換することができません。

承継会社に,限定された勤務地の事業所がない場合,それ以外の勤務地で就労することについて,会社は本人の納得を得るべく最大限の説明,協議の必要があります。

その結果,労働者の同意を得ることができなかった場合,当該労働者を解雇することもやむを得ないと考えられます。
(寺前隆著「企業再編に伴う労働契約等の承継」133頁)

Q17. 会社分割に伴って労働条件を不利益変更することはできますか。また会社分割前後に分割会社あるいは承継会社等において，労働条件の不利益変更をすることはできますか。

A. 承継を理由に労働条件を不利益に変更することはできませんが，承継の前あるいは承継後に，個々の労働者の同意を得るか，就業規則や労働協約等の変更という方法によって労働条件の不利益変更をすることができます。

1 会社分割に伴う労働条件の不利益変更について

承継後の労働条件は承継前の基準が維持されますので，分割会社が会社分割を理由とする一方的な労働条件の不利益変更をすることはできません。

2 会社分割前後に，分割会社あるいは承継会社等において，労働条件の不利益変更をすることの可否について

会社分割の前後に，分割会社あるいは承継会社等において，労働者の労働条件の不利益変更を行うことは，承継法の問題ではありません。

個々の労働者の同意を得るかあるいは就業規則や労働協約の変更という方法で，労働条件の不利益変更をすることは許されます。

また，分割前に就業規則の不利益変更の要件（労働契約法8条の合意あるいは10条の変更の合理性）を満たしていれば，就業規則の不利益変

更は適法ですから，会社分割に際しては変更された就業規則を承継することになります。したがって，承継会社でも変更後の新しい就業規則が適用されます。

　以上については，労働契約承継法指針に定めがあり，「会社分割の際には，会社は会社分割を理由とする一方的な労働条件の不利益変更を行ってはならず，また，会社分割の前後において労働条件の変更を行う場合には，法令及び判例に従い，労使間の合意が基本となるものである」としています（指針第2，2（4）イ（ロ））。

　なお，労使の合意が基本とはいえ，個別同意がなくとも，前述のとおり，一定の場合には就業規則や労働協約の変更等の手続きによって変更することができます。

Q18. 解約型の転籍合意をすることで労働条件を変更することはできますか。

A. 承継の時点では，労働条件をそのまま承継させることにより労働者を保護する必要があるため，基本的に転籍の形を取って労働条件を不利益に変更することはできませんが，労働者に対して承継法2条の通知を行った結果，当該労働者から異議が行使されなければ，転籍合意は有効とされます。

解説

1 会社分割の際に，分割会社が労働者との労働契約を合意解約し，労働者と承継会社との間に従前の契約より不利益な労働契約を締結させた上で，承継会社に転籍させることはできるでしょうか。

この点について，阪神バス（勤務配慮・本訴）事件は，会社が，従来時間外勤務とならないよう勤務配慮を行ってきた労働者に対して，会社分割に伴い「勤務配慮は原則として認めない」という同意書を提出させたケースで，「以上によれば，上記イの3つの選択肢しかないことを前提に原告に進路選択を迫り，本件同意書を提出させることによって阪神電鉄との間で本件労働契約1を合意解約させて阪神電鉄から退職させ，被告との間で本件労働契約2を締結させて被告に転籍させるという手続は，同法によって保障された，本件労働契約1がそのまま被告に承継されるという原告の利益を一方的に奪うものであり，同法の趣旨を潜脱するものといわざるを得ない。したがって，本件労働契約1の合意解約及び本件労働契約2は，いずれも公序良俗に反し無効とするのが相当である」と判示しました（阪神バス（勤務配慮・本訴）事件・神戸地尼崎支平26・4・22労判1096号44頁）。

また，阪神バス（勤務配慮・保全抗告）事件も，「労働契約承継法が，承継事業に主として従事する労働者の労働契約は，当該労働者が希望す

る限り，会社分割によって承継会社等に承継されるものとしている趣旨にかんがみると，転籍同意方式による契約は，労働契約承継法の趣旨を潜脱する契約であるといわざるを得ず，これによって従前の労働契約とは異なる別個独立の労働契約が締結されたものとみることはできない。」（阪神バス（勤務配慮・保全抗告）事件・大阪高判平25・5・23労判1078号5頁）と判断しています。

2　このように，会社分割する際，承継の時点では，労働条件をそのまま承継させることにより労働者を保護する必要がありますから，基本的に転籍の形を取って労働条件を不利益に変更することはできません。

　もっとも，転籍方式であっても，異議申出権の行使により労働条件を維持したまま承継されることが保障されているのであれば，問題はないはずです。したがって，承継法によれば労働条件を維持したまま承継されうることを説明したうえで，承継法の手続きに則って労働者に対して承継法2条の通知を行ない，それでも当該労働者から異議が行使されなければ，転籍合意は有効であると解されます（厚生労働省「組織の変動に関する労働関係に関する研究会報告」（平成27年11月20日，20頁～21頁）。

Q19. 分割後に労働条件を変更する場合に，分割会社は労働者に対して条件を説明する必要がありますか。

A. 事業譲渡当事者間で説明を行う旨の合意があった場合は必要です。

解説

分割後に労働条件を変更する場合に分割会社が労働者に対して条件を説明する必要があるかどうかについて，EMIミュージック・ジャパン事件・静岡地判平22・1・15労判999号5頁は，事業譲渡目的で会社分割が行われる場合の分割後の労働条件変更については，原則として分割会社が説明をする必要はないとする一方で，その例外として，事業譲渡後の労働条件変更の交渉が具体的に予定され，その周知が合意されているケースについては，そのような説明をなすべき労働契約上の義務を分割会社が負う旨判断した上で，「本件においては，被告とメモリーテック側との間で，会社分割後のできるだけ早い段階でトエミ（注：譲渡先会社）において労働条件の変更を行うことについて従業員等への説明を行う旨の合意がされていた…であるから，…トエミにおいては，会社分割後早期に労使交渉が行われることが予想されることにつき，本件営業に従事している労働者に説明する義務をがあった」と判示しました。

上記裁判例からすれば，分割会社・承継会社間で，分割後に労働条件の変更を行うことについて労働者に説明する旨の合意がなされている場合には，分割会社は労働者に対してその旨を説明しておくべきでしょう。

Q20. 労働契約の承継により労働協約はどのように取り扱われるのでしょうか。

A. 分割会社の労働組合の組合員の労働契約が承継される場合，労働協約の規範的部分は，同一の内容の労働協約が承継会社等との間で締結されたものとみなされます。それ以外の債務的部分については，分割契約等への記載の有無によって取扱が異なります。

1 労働契約承継法における労働協約の承継

(1) 労働協約の規範的部分と債務的部分

労働協約の内容は，規範的部分（労組法16条，労働条件その他の労働者の待遇に関する基準を定めた部分）と債務的部分（労働組合と使用者との間の権利義務を定めた部分，例えば組合事務所や掲示板の無償貸与等）に分けられます。

(2) 労働協約の承継の仕方

労働協約は，事業場単位で労使間で締結されるものですので，仮に労働協約が，労働者の承継とともに承継会社へ承継されてしまうと，分割会社には協約がなくなってしまいます。

このような事態を回避するために，承継法は，労働協約について，以下で述べるとおり，承継される部分と承継されず同一の協約が締結されたとみなす部分とに分けることにしたのです。

(3) 労働協約の規範的部分について

すなわち，承継法は，労働協約の規範的部分については承継の対象とせず，当該承継会社等と分割会社の労働組合との間で，分割会社と当該

労働組合との間で締結されている労働協約と「同一のものが締結されたものとみなす」こととしました（承継法6条3項）。

このように，法が労働協約の規範的部分については，分割契約等に記載するものとしなかったのは，①そもそも規範的部分が分割会社と労働組合との権利義務を定めるものかどうかという点で議論があるうえ，②分割契約等に記載することにより労働協約が承継会社等に承継されるということにすると，労働協約が承継会社等に対してのみ適用されることになり，分割会社に労働組合員が存在する場合であっても労働協約の適用がなくなってしまうという弊害が生じ得るからです。

法6条3項が適用されることにより，労働協約を締結組合と分割会社間で保持させつつ，それと同一内容の協約が締結組合と新設（吸収）会社との間でも締結されたものとなり，これによって，協約で定められている労働条件（労働者の待遇に関する基準）が分割会社に残る組合員と新設（吸収）会社に移る組合員の双方のために維持されることになります。

なお，同条項は，分割会社と労働組合との間で労働協約が締結されている場合において「当該労働組合の組合員である労働者」との労働契約が承継会社等に承継された場合の定めですから，組合員が当該組合の組合員でなくなった場合には原則として，当該労働協約はその労働者には適用されません。

（4）労働協約の債務的部分

ア　これに対して，労働協約の債務的部分のうち，分割契約等に記載され，分割会社と承継会社等で分割でき，かつ，分割会社と労働組合間で合意できたものについては，承継会社へ承継されるものとしています（法6条2項）。

すなわち，労働協約に基づく権利義務の全部ではなく一部を承継させるという内容であり，特例となります。

同条項は，典型的には労働協約で定められている組合事務所・掲示板，組合休暇，在籍専従などの便宜供与を想定した規定であり，これらを締結組合と分割会社間の合意によって分割会社と新設（吸収）会社間で適当に分割できるようにしたのです。

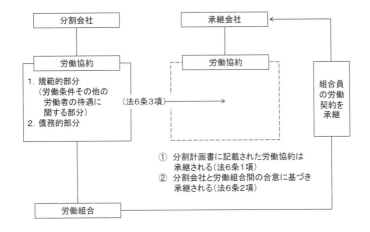

　例えば，労働協約の中で100平方メートルの組合事務所を貸与するとされている場合，分割会社と承継会社で，貸与規模を分担し，60平方メートルを承継会社へ承継させるというように定めることが出来ます。
イ　他方，債務的部分であっても，分割契約に記載しなかった場合や，権利義務分割の合意が成立しない場合には，規範的部分と同様の扱いとなり，協約締結組合の組合員が新設（吸収）会社に移る限りは，債務的部分についても当該組合と新設（吸収）会社間において同一内容の協約が締結されたものとされます。
　いいかえれば，分割されない完全な権利義務が分割会社と新設（吸収）会社の双方に生じることとなるのです（法6条3項）。
ウ　なお，労働組合との合意を条件として承継させることとしたのは，労働組合の利益の保護の観点からです。
　分割会社と労働組合の合意の時期ですが，会社分割の効力が生じる時点（吸収分割契約に記載された効力発生日又は設立会社の設立の登記日）までに行えばいいことになります。

第4章　労働契約承継法

　指針では，分割契約等の締結前又は作成前にあらかじめ労使間で協議をすることにより合意しておくことが望ましいとされています（指針第2,3（1）イ）。
(以上菅野和夫「労働法第11版」) 724頁〜725頁)

第5章 降格

Q1. 降格とはどのような措置を意味しますか。

A. 降格は，①職位や役職を引き下げる降格と②職能資格制度上の資格や職務・役割等級制度上の等級を引き下げる降格に分類されます。

そして，上記①または②の降格は，ⅰ人事異動の措置として行われる場合とⅱ懲戒処分として行われる場合があります。

ここでは，主に人事異動の措置としての降格について説明します（懲戒処分としての降格は，後述するように懲戒処分としての法規制を受けることになります。）。

1 職位や役職を引き下げる降格とは

職位や役職を引き下げる降格（降職とも言います。）は，企業組織における管理監督権限や指揮命令権限の上下系統における役職（管理・監督職）を引き下げる措置または役職を含めた企業内の職位を引き下げる措置を意味します。

例えば，部長職にある労働者を課長職に引き下げることなどがこれにあたります。

職位や役職を引き下げる降格は，昇進の反対措置として行われます。

2　職能資格制度上の資格や職務・役割等級制度上の等級を引き下げる降格とは

ア　職能資格制度とは

（職能資格制度の例）

階層	資格等級	職位		資格要件
上級職	8等級		部長	最上位資格者として，会社の経営方針に基づき，目標達成のための方法を決定し，高度な結果を出せる能力を有する。 昇格前在級年数2年以上
	7等級	部長代理		
中級職	6等級	課長	係長	経営目標を理解し，上級職が立てた計画を実現するための方法を企画・立案することができる能力を有する。 昇格前在級年数3年以上
	5等級			
	4等級			自ら規範を示しながら単独で仕事を行い，部下をまとめ，指導・管理する能力を有する。 昇格前在級年数3年以上
一般職	3等級	一般社員	主任	中程度の難易度の業務を単独でこなし，部下への的確な指示ができる能力を有する。 昇格前在級年数3年以上
	2等級			大卒程度の知識を有し，中程度の難易度の業務を単独または同僚とともに遂行する能力を有する。 昇格前在級年数3年以上
	1等級			上司の指示に従い，難易度の低い業務を適切に行うことができる能力を有する。

職能資格制度とは，企業経営にとって必要な種々の職能を，職掌，職種と熟練度，難易度，責任度などで大きく区分し，それらに対して資格による等級を定め，会社が，労働者各人の職務遂行能力（潜在及び顕在）に応じて資格を与える制度です。
　職能資格制度のもとでは，処遇の基本は，職位や役職ではなく，職能資格によって定まります。
職能資格制度は，「仕事」ではなく，労働者各人の職務遂行能力，すなわち「人」に着目した人事体系であり，日本独特の制度と言われています。

イ　職務等級制度とは

（職務等級制度の例）

階層	資格等級	管理部	営業本部	製造
上位層	8等級	人事部長	営業本部長	
	7等級	総務部長	営業本部長代理	
	6等級	経理部長		工場長
	5等級	課長	営業課長	製造監督者

階層	資格等級		
下位層	4等級	リーダー職	
	3等級	加工職，メンテナンス職	
	2等級	検品職	
	1等級	単純作業職	

　職務等級制度とは，企業内の職務を職務価値（責任の重さ，裁量の幅，部下の人数，専門性の程度等）に応じて分類して，等級を定めて賃金を決定し，労働者をその担当する職務に応じた等級に格付ける制度です。
　職務等級制度のもとでは，あらゆる職務について詳細な職務記述書（ジョブ・ディスクリプションとも呼ばれ，当該職務が担当する業務全てを網羅的に記述した書面です。）が作成され，職務ごとに賃金が決定されます。
　職務等級制度は，「人」ではなく「仕事」の内容に着目した人事体系です。

ウ 役割等級制度とは

(役割等級制度の例)

役割区分	職位	役割
M3	部長	部の最高責任者として総合的な判断を行い，企業理念を達成し，利益を生み出す。
M2	部長代理	部長の方針を踏まえて部下に指示を出し，部全体の行動に配慮して業務を行う。
M1	課長	数名の部下を持ち，部長の方針に従って部下をまとめる。
E3	主任	顧客の新規開拓や既存顧客との取引において，チームリーダーとして率先して業務に取り組む。
E2	一般職	上司の指示に従って顧客と接触し，顧客の獲得や維持のための行動を取る。
E1		上司の指示に従って，上司同行の上顧客と接触し，顧客開拓に取り組む。

　役割等級制度（ミッショングレード制とも呼ばれます。）とは，企業内の各役職や職務に求められる役割の価値に基づいて等級を設定し，労働者をその担当する役割に応じた等級に格付ける制度です。

　ここでいう「役割」とは，職務等級制度における「職務」のように具体的な業務の内容ではなく，等級ごとに期待される行動を簡素化した抽象的なものです。

　役割等級制度も職務等級制度と同様に「人」ではなく「仕事」の内容に着目した人事体系といえます。

エ　職能資格制度上の資格等を引き下げる降格

　降格には，上記アからウで説明した就業規則等で定められた職能資格制度上の資格や職務・役割等級上の等級を引き下げる措置があります。

　職能資格制度上の資格や職務・役割等級制度上の等級は，等級ごとに賃金が定められるため，労働者の賃金を直接決定づけるものといえます。

　そのため，一般的には，資格や等級の引き下げは，当然に賃金の減額を伴います。

　このような職能資格制度上の資格や職務・役割等級上の等級の引き下

げは，昇格の反対措置として行われます。
　ここで，職能資格制度や職務・役割等級制度は，いずれも企業における評価体系・賃金体系の制度であり，どの制度を採用するかは，企業によって異なります。

3　職位や役職を引き下げる降格と職能資格制度上の資格等を引き下げる降格の違い

　職能資格制度や職務・役割等級制度のもとでは，労働者の賃金を決定する基準が資格や等級に直接求められるため，資格や等級を引き下げる降格は，基本給の減額に直結し，労働契約の内容である賃金の不利益変更としての性格を有します。
　他方，職位や役職の引き下げは，役職手当等の減額を伴う場合もありますが，必ずしも基本給そのものの減額に直結するわけではありません。
　そのため，後述するように，職位や役職の引き下げには，就業規則の根拠が必ずしも必要とされないのに対し，職能資格制度上の資格等の引き下げには，降格に関する就業規則の定めが必要とされます（Q3参照）。
　このように，職位や役職を引き下げる降格と職能資格制度上の資格等を引き下げる降格は異なりますので，当該降格措置がどちらの意味合いであるかを明確に意識する必要があります。

第5章　降格

Q2. 会社は，いかなる根拠に基づいて労働者を降格させるのでしょうか。

A. 降格には，①人事異動の措置として業務命令によって行われる降格と②懲戒処分として行われる降格がありますが，①の場合，会社が労働者を降格させる根拠は会社の人事権です。他方，②の根拠は会社の懲戒権です。

1　人事異動の措置として業務命令によって行われる降格の根拠

　人事異動の措置として業務命令によって行われる降格の根拠は，会社の人事権です。
　この点について，裁判所は，「法人は，…労働者に対し，その者の能力，資質に応じて，組織の中で労働者を位置付け役割を定める人事権があると解される。そして，被用者の能力資質が，現在の地位にふさわしくないと判断される場合には，業務遂行のため，労働者をその地位から解く（降格する）ことも人事権の行使として当然認められる。」と判示しています（アメリカン・スクール事件・東京地判平13・8・31労判820号62頁）。
　上記裁判例によれば，会社が企業組織内において労働者を位置づけて役割を定めることは会社の人事権の範囲に属しており，当該労働者が現在の地位に相応しくないと判断される場合，会社は人事権に基づいて労働者に降格の業務命令を発することができるといえます。

2　懲戒処分として行われる降格の根拠

　降格が懲戒処分として行われる場合，その根拠は懲戒権です。
　この点について，最高裁は，「企業は，…職場環境を適正良好に保持

し規律のある業務の運営態勢を確保するため，その物的施設を許諾された目的以外に利用してはならない旨を，一般的に規則をもつて定め，又は具体的に指示，命令することができ，これに違反する行為をする者がある場合には，企業秩序を乱すものとして，当該行為者に対し，…規則に定めるところに従い制裁として懲戒処分を行うことができる」と判示しています（**国鉄札幌運転区事件・最三小判昭54・10・30民集33巻6号647頁**）。

また，懲戒解雇の有効性が争われた**フジ興産事件・最判平15・10・10労判861号5頁**において，最高裁は，「使用者が労働者を懲戒するには，あらかじめ就業規則において懲戒の種別及び事由を定めておくことを要する。そして，就業規則が法的規範としての性質を有するものとして，拘束力を生ずるためには，その内容を適用を受ける事業場の労働者に周知させる手続が採られていることを要する」と判示しています。

したがって，会社は，あらかじめ就業規則に懲戒の種別及び事由を定め，その内容を就業規則の適用を受ける事業場の労働者に周知させることにより，これを根拠として従業員を降格させることができます。

第5章 降格

Q3. 会社が労働者を降格させる場合，降格について就業規則に定めを置くことが必要でしょうか。

A. 会社が労働者の職位や役職を引き下げる場合には，降格に関する就業規則の定めを要しません。他方，職能資格制度上の資格等を引き下げる場合には，原則として就業規則の定めを要します。

1 職位や役職を引き下げる降格の場合

　会社が人事権に基づいて労働者の職位や役職を引き下げる場合，必ずしも就業規則にその旨定める必要はありません。

　前掲アメリカン・スクール事件において，裁判所は，就業規則上降格が規定されていない会社が労働者に対して行った職位や役職を引き下げる降格について，使用者には，組織の中で労働者を位置付け役割を定める人事権が当然に認められることを前提として「降格処分についての就業規則に定めがない被告においても，人事権の行使として降格処分を行うことは許される。」と判示しています。

　もっとも，職位や役職の引き下げに伴い，賃金も連動する場合には，その根拠となる就業規則の規定は必要でしょう。

2 職能資格制度上の資格や職務・役割等級上の等級を引き下げる降格の場合

　職能資格制度上の資格や職務・役割等級上の等級を引き下げる降格は，当然に賃金の減額を伴うものである点で，職位や役職を引き下げる降格とは異なります。

　そのため，会社が，労働者の資格または等級を引き下げるためには，

当該労働者の同意がある場合を除き，就業業規則に定めを置くことが必要となります。

この点について，裁判所は，「本件降格処分は，役職を解くたぐいの降格ではなく，職能部分の賃金の減額を伴うものであるが，右賃金の額は雇用契約の重要な部分であるから，従業員の同意を得るか，あるいは少なくとも就業規則上にその要件について明示すべきである」と判示し，職能資格制度上の資格を引き下げる降格について労働者の同意がない場合には，就業規則において降格の要件を明示しなければならないとしています（マルマン事件・大阪地判平12・5・8労判787号18頁）。

Q4. 降格は，どのような手続で行われるのでしょうか。

A. 会社が，人事異動の措置として労働者を降格させる場合，会社は降格の業務命令を発することにより降格措置を行います。

また，会社が，懲戒処分として労働者を降格させる場合，懲戒処分の手続を経る必要があります。

1 人事異動の措置として降格がなされる場合の手続

会社が，人事異動の措置として労働者を降格させる場合，降格の業務命令を発することにより労働者を降格させることができます。

この場合の降格は，業務命令の発令によって効力が発生します。

なお，後述するように，職能資格制度上の資格等を引き下げる降格は，人事権の行使として行われる場合であっても，労働者の同意または就業規則の定めが必要ですので，労働者を降格させる場合には，労働者の同意を得るか，就業規則において職能資格制度上の資格等の引き下げに関する定めを置いた上で，就業規則の適用を受ける事業場の労働者に周知する手続を採る必要があります。

2 懲戒処分として降格がなされる場合の手続

会社は，懲戒事由に該当する事実があった場合には，労働者本人に弁明の機会を与えた上で，降格処分を告知することが必要です。

なお，就業規則や労働協約上，労働組合との協議や労使代表によって構成される懲戒委員会の討議を経るべきことなどが必要とされる場合に

は,その手続を経ることが必要となります(千代田学園(懲戒解雇事件)・東京高判平16・6・16労判886号93頁)。

第5章 降格

Q5. 人事権に基づく人事異動の措置としての降格と懲戒処分としての降格はどのような関係にありますか。また，会社は，労働者に対して当該労働者が懲戒処分を受けたことを理由に人事異動の措置として降格させることはできますか。

A. 会社は，労働者に降格させるにあたって，就業規則に懲戒処分としての降格の定めがある場合でも，懲戒処分として降格させるか人事異動の措置として降格させるか選択することができます。また，会社は労働者が懲戒処分を受けたことを理由に人事異動の措置として降格させることができる場合があります。

1 人事権に基づく人事異動の措置としての降格と懲戒処分としての降格の関係

労働者に企業秩序違反の行為があり，当該行為が懲戒事由に該当する場合には，会社は，人事異動の措置としての降格と懲戒処分としての降格のどちらを行うか選択する場合があります。

この場合，会社は，就業規則を適用して懲戒処分として降格させることもできますが，人事異動の措置として降格させることもできます。

この点について，裁判例では，「懲戒処分としての降格処分が定められているからといって，使用者の人事権に基づく降格処分の行使ができなくなるものと解するのは相当ではない。」と判示しているものがあります（エクイタブル生命保険事件・東京地決平2・4・27労判565号79頁）。

2 労働者が懲戒処分を受けたことを理由に人事異動の措置として降格させることの可否

　懲戒処分と人事異動の措置としての降格は、目的、趣旨を異にする措置です。
　そして、人事異動の措置としての降格には、使用者に広い裁量権が認められますので、会社は、労働者が懲戒処分を受けた事を理由に、人事異動の措置として降格させることも可能です。
　この点について、管理職職員である男性が、女性労働者に対して、セクシャル・ハラスメントを繰り返し行ったため、企業秩序や職場規律を乱したとして、会社が当該管理職職員に出勤停止の懲戒処分を科すとともに、懲戒処分を受けたことを理由に、人事異動の措置として降格させた事案において、最高裁は、「本件資格等級制度規程は、社員の心身の故障や職務遂行能力の著しい不足といった当該等級に係る適格性の欠如の徴表となる事由と並んで、社員が懲戒処分を受けたことを独立の降格事由として定めているところ、その趣旨は、社員が企業秩序や職場規律を害する非違行為につき懲戒処分を受けたことに伴い、上記の秩序や規律の保持それ自体のための降格を認めるところにあるものと解され、現に非違行為の事実が存在し懲戒処分が有効である限り、その定めは合理性を有するものということができる。」とした上で、人事異動の措置としての降格を有効と判断しています（海遊館事件・最判平27・2・26労判1109号5頁）。
　なお、上記事件の控訴審では、裁判所は、懲戒該当行為であるセクシャル・ハラスメントが行われた事実を認定しながら、「事前の警告や注意、更に被控訴人の具体的方針を認識する機会もないまま、本件各懲戒該当行為について、突如、懲戒解雇の次に重い出勤停止処分を行うことは、控訴人らにとって酷にすぎる」として懲戒処分を無効とし、これを前提とする降格処分も無効と判断しています（大阪高判平26・3・28労判1099号33頁）。

Q6. 会社が労働者を降格させる場合，降格に伴って賃金を減額することはできますか。

A. 職位や役職を引き下げる降格の場合と職能資格制度上の資格等を引き下げる降格では結論が異なり，前者では，降格が有効であれば管理職手当等の職位や役職に応じて支給する手当を支給しないことが認められますが，基本給の減額については別考を要します。

他方，後者では，降格処分が有効であれば基本給を含む賃金減額が有効となります。

1 職位や役職を引き下げる降格と賃金減額の関係

職位や役職を引き下げる降格の場合，企業組織における管理監督権限や指揮命令権限の上下系統における役職を含めた企業内の職位は，必ずしも，賃金と直接結びつくものではありません。

そのため，降格に伴って当然に基本給を減額することができるのではなく，基本給の減額には，その合理性と客観性が必要です。

そして，降格と賃金減額が同時に行われたとしても，前者は人事権の行使，後者は労働条件の変更という性質が異なる別の措置であり，賃金減額については，降格と別に労働契約上の根拠が必要となります。

この点，エステティックサロンの経営等を行う会社が，複数の従業員から言動について不満を寄せられていた労働者に対して降格措置を採った上で，年俸を1150万円から690万円に減額した事案において降格措置の有効性が争点となりました。

この事案において，裁判所は，人事異動の措置としての降格が有効であるとしつつ，賃金減額に関して当該会社の賃金体系や賃金減額の基準が明らかでない旨認定した上で，「年俸にして450万円以上のそれまでの

年俸額の4割を超える金額にわたる減額は，…減額幅としては過大にすぎるものというべきである」，「被告による減額の合理性，客観性（公平性）が基礎付けられていない以上，本件訴訟上は従来の給与水準による賃金債権が認容されるのは致し方ないものというべきである。」と判示して，降格の有効性と賃金減額の有効性を一応分離して判断しています（スリムビューテイハウス事件・東京地判平20・2・29労判968号124事件）。

　また，学校法人が，学校長として勤務する労働者に対して，学校長として再任しないことを議決し，以後，教員として勤務させた事案において，裁判所は「被告学園による原告の降格は，2つの法的意味のある行為である。第1は，平成19年4月以降の給与について，学校長に適用される給与を教員の給与に減額し，管理職手当を支給しなくなったことである。そして，第2は，原告に対し，学校長としての業務を行わせることなく，役職，職位としての学校長の地位を否定したことである。両者は，法的性質が異なるものであることから，…，区別して論じる必要がある。」と判示しています（学校法人聖望学園事件・東京地判平21・4・27労判986号28頁）。

　これらの裁判例は，①職位や役職を引き下げる降格それ自体と②基本給減額を別個の問題と捉え，①と②それぞれの有効性を個別に検討すべきであると判示するものです。

　なお，管理職手当等の職位や役職に応じて支給される手当は，基本給と異なり，企業内の職位や役職と直接結びついた賃金ですので，降格が有効である場合には，手当を支給しないことも当然に有効となります。

　また，降格が無効である場合には，降格に伴う賃金の減額も無効となります。

2　職能資格制度上の資格や職務・役割等級上の等級を引き下げる降格の場合

　職能資格制度や職務・役割等級制度が採用されている会社において，資格や等級は賃金体系そのものであり，従業員の賃金は，資格または等

級によって決定されることになります。

　したがって、職能資格制度や職務・役割制度のもとでは、資格や等級の引き下げが行われる場合には、当然に賃金の減額を伴うこととなります。

　そのため、資格や等級の引き下げそれ自体が有効であれば、賃金の減額も有効となります。

　ただし、裁判所が資格や等級の引き下げの有効性を判断するに際には、労働者が受ける不利益の有無や程度が判断要素となります（Q8参照）。

　そのため、賃金減額の程度が著しい場合には、資格や等級の引き下げ自体が無効と判断される可能性があります。

3　労働者の賃金が年俸として定められている場合に、当該年度途中の降格処分によって賃金を減額することの可否

　労働者の賃金が年俸として定められている場合、当該年度途中の降格に伴って当該年度の賃金を減額することは、①労働者の合意が得られた場合、又は②会社に年度途中で一方的に労働者の賃金を減額できる権限が与えられている場合を除いてできません。

　この点について、裁判所は、「本件各年俸合意において、被告がいったん決定した年俸額を年度途中に行われた降格に伴って対象者の同意なく一方的に減額することができる旨の権限が被告に付与されていたことを認めるに足りる確たる証拠はない。したがって、原告両名各降格処分に伴って行われた原告両名各減給措置は無効と解するほかなく」と判示しています（新聞輸送事件・東京地判平22・10・29労判1018号18頁）。

Q7. 会社が労働者に対して行った人事異動の措置としての降格が無効となるのはどのような場合でしょうか。

A. 会社が労働者に対して行った人事異動の措置としての降格は，①就業規則に降格の定めがない場合や就業規則上の降格事由に該当しない場合など，会社に降格権限がない場合，②権限がある場合であっても人事権濫用と判断される場合に無効になります。

1　職位や役職を引き下げる降格が無効と判断される場合

　前掲アメリカン・スクール事件において裁判所が示したとおり，会社は，就業規則等に定めがない場合であっても，人事権に基づき，労働者の職位や役職を引き下げることが可能であり，会社は職位や役職を引き下げる権限を有しています。
　そして，労働者の職位や役職は，会社が組織の中で労働者を位置付けて役割を定める人事権に根拠を有するものであり，それを引き下げる降格には，人事権の行使として会社の裁量が広く及びます。
　この点について裁判所は，「本件降格異動は，被告において人事権の行使として行われたものと認められるところ，こうした人事権の行使は，労働者の同意の有無とは直接かかわらず，基本的に使用者の経営上の裁量判断に属し，社会通念上著しく妥当性を欠き，権利の濫用に当たると認められない限り違法とはならないと解せられるが，使用者に委ねられた裁量判断を逸脱しているか否かを判断するにあたっては，使用者側における業務上・組織上の必要性の有無及びその程度，能力・適性の欠如等の労働者側における帰責性の有無及びその程度，労働者の受ける不利益の性質及びその程度等の諸事情を総合考慮すべきである。」と判示しています（上州屋事件・東京地判平11・10・29労判774号12頁）。

第5章　降格

　本裁判例は，人事異動の措置として行われる降格には使用者の裁量が広く及び，人事権行使が権利の濫用に当たらない限り適法であることを示したうえで，人事権行使が濫用にあたるか否かの基準として，
①使用者側における業務上・組織上の必要性の有無及びその程度
②能力・適性の欠如等の労働者側における帰責性の有無及びその程度
③労働者の受ける不利益の性質及びその程度
等の諸事情を総合考慮するという判断基準を定立しており，多くの裁判例において本裁判例と類似の基準で人事権の濫用にあたるか否かが判断されています。

2　職能資格制度上の資格等を引き下げる降格が無効と判断される場合

　会社が労働者の職能資格制度上の資格等を引き下げるには，降格の権限が必要であり，具体的には，当該労働者の同意がある場合を除き就業規則の定めが必要です。

　この点について，前掲マルマン事件において，裁判所は，「本件降格処分…の根拠規定は明らかでな」く，「本件降格処分の効力はこれを認めることができない」として，就業規則に根拠規定を欠く降格を無効と判断しています。

　また，アーク証券（本訴）事件・東京地判平12・1・31労判785号45頁において裁判所は，「旧就業規則及び毎年五月に作成されていた給与システムは，…，いったん備わっていると判断された職務遂行能力が，営業実績や勤務評価が低い場合にこれを備えないものとして降格されることは，（心身の障害等の特別の事情がある場合は別として）何ら予定されていなかったものである。」として，就業規則に職能資格制度上の資格を引き下げることを予定した規定がないことを理由に，当該就業規則のもとで行われた降格を無効と判断しています。

　また，同事件では，会社が就業規則を変更し，職能資格制度上の資格を引き下げる降格を可能とする規定を定めた上で行った降格処分について，当該就業規則の変更が不利益変更にあたる旨判示した上で就業規則

不利益変更の合理性を検討し,「企業存亡の危機にあった等の高度の必要性まで存したということができない」ため,就業規則変更には合理性がなく,就業規則の不利益変更を無効であるとし,これを前提として,降格は無効であると判断しています。

　以上の裁判例からすれば,職能資格制度上の資格等を引き下げるには,当該労働者の同意がある場合を除き,就業規則に根拠規定が必要ですが,かかる規定を持たない会社において,就業規則を変更して職能資格制度上の資格等の引き下げを行う場合には,就業規則の不利益変更を適法とするための合理性が必要となります。

　なお,労働者と使用者の個別の合意によって就業規則に定められている労働条件を不利益に変更することは原則として可能ですが,当該同意は,変更により労働者にもたらされる不利益の内容及び程度等を説明し,労働者がこれを理解した上でなされることが必要となります（山梨県民信用組合事件・最判平28・2・19民集70巻2号123頁）。

　したがって,実務的には,会社が労働者との間で職能資格制度上の資格等の引き下げを合意する場合,資格等の引き下げによって生じる不利益の内容及び程度を十分説明するとともに,説明内容や労働者が説明を理解したことを書面化して残しておくことが必要です。

3　職能資格制度上の資格等を引き下げることに関する労働者の同意

　上述のとおり,職能資格制度上の資格等を引き下げる場合,原則として,就業規則の定めが必要ですが,当該労働者の同意がある場合には,就業規則の定めがなくとも資格や等級を引き下げることが可能です。

　もっとも,同意により資格等の引き下げが有効となるためには,同意が労働者の自由な意思に基づくものである必要があり,単に労働者が異議を述べなかったというだけでは足りません。

　この点に関連して,労働者による退職金債権放棄の意思表示の有効性が争点となったシンガー・ソーイング・メシーン事件・最判昭48・1・19民集27巻1号27頁において,裁判所は,労働者による承諾の意思表示

について,「就業規則に基づかない賃金の減額・控除に対する労働者の承諾の意思表示は,賃金債権の放棄と同視すべきものであることに照らし,それが労働者の自由な意思に基づいてされたものであると認めるに足りる合理的な理由が客観的に存在するときに限り有効であると解すべきである」と判示しました。

そして,職能資格制度上の資格の引き下げに関する労働者の承諾の有効性が争点となった事案において,裁判所は,前掲シンガー・ソーイング・メシーン事件を引用したうえで,職能資格制度上の資格の引き下げを賃金の引き下げと同視し,労働者の真に自由な意思に基づく承諾ないし同意があったか否かを検討し,かかる承諾ないし同意がないとして,降格を無効と判断しています(**更生会社三井埠頭事件・東京高判平12・12・27労判809号82頁参照**)。

更生会社三井埠頭事件の判断に照らせば,会社が労働者の同意に基づいて資格や等級の引き下げを行う場合,その同意が労働者の真に自由な意思に基づくか否かが重要であり,単に労働者が積極的に異議を述べなかったというだけでは,同意の存在が否定される可能性が高いといえます。

そして,真に自由な意思に基づく同意であると認められるためには,降格の内容及び労働者が受ける不利益の有無や程度について十分に説明すること,労働者からの異議ないし質問を受け付けること,同意がなされるに至った経緯や同意の態様を記録化すること等の対応が必要となります。

Q8. 降格の有効性が争点となった裁判例にはどのようなものがありますか。また，裁判では降格の有効性の判断にどのような事情が考慮されますか。

A. 裁判例は数多くありますが，降格の有効性判断においては，主として，①使用者側における業務上・組織上の必要性の有無及びその程度，②能力・適性の欠如等の労働者側における帰責性の有無及びその程度，③労働者の受ける不利益の性質及びその程度が考慮されます。

1 使用者側における業務上・組織上の必要性の有無及びその程度が考慮要素となった裁判例

ア 必要性が肯定され，降格が有効とされた裁判例

(ア) エクイタブル生命保険事件・東京地決平2・4・27労判565号79頁

営業所の業績不振を理由とする営業所長から営業社員への降格の有効性が争点となった事案において，裁判所は，人事権の行使に関する使用者の裁量が広範に及ぶことを前提として，会社が行う営業所長の能力評価等適性判断を検討し，当該労働者の営業所長としての能力が劣ると判断して降格させたことについて，業務上・組織上の人事権行使の必要性を肯定し，人事権の濫用にあたらないと判断しています。

(イ) バンクオブアメリカイリノイ事件・東京地判平7・12・4労判685号17頁（第1次降格について）

経営環境悪化のもとで機構改革の一環としてオペレーション（業務）部門の合理化，貸付部門や外為部門の強化，在口支店全体の機構改革を

急務としていた会社において、当該機構改革に非協力的な態度を示していた労働者に対し、課長から課長補佐職相当への降格がなされた事案において裁判所は、会社の経営環境に関する事実認定を行ったうえで、会社に積極的に協力しない管理職を降格する業務上・組織上の高度の必要性があったとして、降格を有効と判断しています。

イ 必要性が否定され、降格が無効とされた裁判例

(ア) ハネウェルジャパン事件・東京高判平17・1・19労判889号12頁

会社が、労働者に対して、4次にわたる降格・減給処分を行った事案において、裁判所は、第1次降格に関し、降格を決定した代表取締役が、代表取締役就任後3ヶ月ないし5ヶ月の短期間に、当該労働者が営業担当取締役相当の待遇を受ける適格性がないと十分に判断することは不可能であるとして、業務上・組織上の必要性を否定し、降格を無効と判断しました。

(イ) 明治ドレスナー・アセットマネジメント事件・東京地判平18・9・29労判930号56頁

投資信託・投資顧問等を業とする会社が、営業部の部長として勤務していた労働者に対して退職勧奨を行った後、部長から課長へ降格させた事案において、裁判所は、発端は会社からの退職勧奨とそれに続く自宅待機命令に始まり、結局労使間で紛争状態となった労働関係について話合いがまとまらない中で、さらに会社から退職勧奨をするとともに一方的に科した降格には、合理性必要性が認められないとして、降格を無効と判断しました。

2 能力・適性の欠如等の労働者側における帰責性の有無及びその程度が考慮要素となった裁判例

ア 労働者の帰責性が肯定され,降格が有効と判断された裁判例

(ア) 星電社事件・神戸地判平3・3・14労判584号61頁

会社が,労働者に対し,当該労働者が飲酒運転による運転免許停止処分等6点の非違行為を行ったとして,部長から一般職へ5段階の降格を行った事案において,裁判所は,当該降格は人事権の濫用にあたらないとして,降格を有効であると判断しています。

なお,同事件においては,5段階降格という降格がなされた点で大幅降格の是非が争点となりましたが,裁判所は,降格に処すること自体が権利の濫用にあたらないと判断される以上,同措置の内容は会社の経営方針ないし経営内容上の判断に従ってなされるものであるから,明らかに内容において不当なものであると認められない限りは会社の判断を尊重すべきと判示しています。

(イ) 新聞輸送事件・東京地判平22・10・29労判1018号1頁

会社が,酒に酔って嘔吐した女性労働者と同乗したタクシーの車内でセクハラ行為を行った労働者及び被害女性からセクハラ被害の申告を受けたが適切な対応をしなかった労働者を降格させた事案において,裁判所は,当該降格は人事権の濫用にあたらないとして,当該措置を有効と判断しています。

イ 労働者の帰責性が否定され,降格が無効とされた裁判例

(ア) スリムビューテイハウス事件・東京地判平20・2・29労判968号124頁(第1次降格)

エステティックサロンの経営等を行う会社が,複数の労働者から不満

が寄せられていた労働者に対し部長1級から次長1級へ降格させ（第1次降格），その後さらに次長1級からブロック長へ降格させた（第2次降格）事案において，裁判所は，第2次降格について，会社が当該労働者に対してその問題性を明確に指摘して指導を行うべきところ，そのような指摘や指導を行わずに当該労働者の行動を見守る対応に終始したことを認定して，降格に合理性がなく無効と判断しています。

（イ）　医療法人東京厚生会事件・東京地判平9・11・18労判728号36頁

　医療法人が，婦長の職位にある労働者に対し，平看護師へと降格させた事案において，裁判所は，降格の理由となった失態について当該労働者のみを責めることができないこと，失態は一過性のものであって管理職としての能力や適格性をまったく否定するものではないこと，当該医療法人において近時降格が全く行われていないこと，当該労働者は婦長就任の含みで採用されたこと，当該医療法人に具体的な損害が発生していないことを理由として，業務上・組織上の必要性を否定し，降格を無効と判断しています。

（ウ）　近鉄百貨店事件・大阪地判平11・9・20労判778号73頁

　百貨店の経営等を業とする会社が，労働者に対し，労働意欲が低いこと等を理由として，部長待遇職から課長待遇職へ降格させた事案において，裁判所は，当該労働者が会社による退職勧奨等の措置によって労働意欲を失い，上司との人間関係を悪化させたのであって会社にも責められるべき点があるとして，業務上・組織上の必要性を否定し，降格を無効と判断しています。

3　労働者の受ける不利益の性質及びその程度が考慮要素となった裁判例

ア　労働者の受ける不利益が大きいことが評価された裁判例

（ア）　近鉄百貨店事件・大阪地判平11・9・20労判778号73頁

　裁判所は，降格の有効性を判断するにあたり，給与が1ヶ月4万8000

円減額されることを認定し，人事権の濫用であることを根拠付ける事実としています。

(イ) コナミデジタルエンタテインメント事件・東京高判平23・12・27労判1042号15頁

裁判所は，報酬グレードについて労働者が2段階降格とされた事案において，役員報酬が年550万円から500万円に減額されたことに関し，大幅な報酬の減額を伴う役員グレードの変更（B1グレードからA9グレードへの変更）を，就業規則や年俸規定に明示的な根拠もなく，労働者の同意を必要とせずに使用者が行うことはできないとして，降格を無効と判断しています。

イ 労働者の受ける不利益が小さいこと，または，会社が不利益緩和措置をとったことが評価された裁判例

(ア) スリムビューテイハウス事件・東京地判平20・2・29労判968号124頁（第1次降格処分）

裁判所は，降格の有効性を判断するにあたり，同措置の内容が部長から次長へ降格であって直近の下位職への降格に過ぎないこと指摘し，降格を有効としています。

(イ) 空知土地改良区事件・札幌高判平成19・1・19労判937号156頁

土地改良区が，総務部長及び出納責任者の職位にあった労働者に対して，係長へ降格させた事案において，裁判所は，当該降格処分は4階級降格であるが，給与については総務部長の月額47万円から係長の36万円に減額するのではなく月額43万円に減額する措置に留めた事実を認定し，減額が比較的低額であるとして，降格を有効と判断しています。

(ウ) アメリカンスクール事件・東京地判平13・8・31労判820号62頁

学校法人が，施設管理部長の職位にある労働者に対して，アシスタントマネージャーへと降格させた事案において，裁判所は，アシスタントマネージャーは本来的には6等級に該当するところ，当該労働者の年齢等諸事情を考慮して7等級に留め，号俸についても25号俸に留め，賃金の減額を4万4000円（月額59万8008円から月額55万4189円）に留めた事実を認定し，相当な範囲を超えないと判断して降格を有効と判断しています。

第5章　降格

4　各判断要素の関係

　上記各判例等の判断においては，事案の特殊性に応じて①から③の各要素が総合的ないし相関的に考慮されて，降格の有効性が判断されています。

　ただし，降格に関して①使用者側における業務上・組織上の必要性，②能力適性の欠如等の労働者側における帰責性が全く認められない場合，そもそも降格の必要性がないということになりますので，③労働者が受ける不利益の有無及び程度を考慮するまでもなく，降格は無効となります。

　したがって，そもそも降格の必要があるのかという点は慎重に考える必要があります。

Q9. 降格が無効である場合,会社はどのような責任を負いますか。また,その場合の労働者は会社との関係でどのような地位になりますか。

A. 降格が無効である場合,会社は,当該労働者に対して,降格前の賃金と降格後の賃金の差額を,降格時に遡って支払う必要があります。

また,判決で降格前の職能資格を有することが確認される可能性があります。

さらに,無効な降格が不法行為と判断される場合には,会社は,当該労働者に対して,不法行為に基づく損害賠償責任を負う可能性があります。

1 降格が無効と判断された場合の賃金

労働者が降格の効力を裁判手続(訴訟,労働審判)で争う場合,降格によって減額された賃金と降格前の賃金の差額の支払いを請求します。

そして,降格が無効である場合,会社は労働者に対し,降格時に遡って上記差額賃金を支払わなければなりません。

2 降格が無効である場合の労働者の地位

裁判所が降格を無効とした場合の当該労働者の地位に関して,労働者が降格処分を争う場合に,当該労働者が会社に対して従前の職位や役職,あるいは,従前の資格や等級の地位にあることの確認を求める訴えが提起されることがあります。

このような訴えに,訴えの利益が認められるかという問題について,

第5章　降格

　会社による労働者に対する降格措置の無効確認は，過去の意思表示の効力を問題とするものであって，原則として，訴えの利益が認められません。

　この点について，住友スリーエム（職務格付）事件・東京地判平18・2・27労判914号32頁において裁判所は「過去の法律関係の確認の訴えが許されるのは，現在の法律関係の個別的な確定が必ずしも紛争の抜本的な解決をもたらさず，かえって，それらの法律関係の基礎にある過去の基本的な法律関係を確定することが，現に存する紛争の直接かつ抜本的な解決のために最も適切かつ必要と認められる場合に限るのが相当である。これを本件についてみるに，原告は，PラダーJG9の地位にあることの地位確認請求に加え，PラダーJG9の地位にないことによって被った不利益である賞与金の支払請求をしており，これが認められれば，あえて，平成15年1月1日から口頭弁論終結日の前日までの間，PラダーJG9の地位にあったことの確認を求める必要はない。」と判示して，地位確認請求を却下しています。

　また，現在の地位の確認であっても，労働者の使用者に対する就労請求権を認めない通説的見解に従えば，その職位や役職に基づいて就労する権利の確認を求める請求には，理由がないことになります。

　もっとも，職位や役職，あるいは，資格や等級を，当該地位に基づいて付与される賃金体系，手当，旅費といった企業内での待遇上の階級を表す地位と捉えることが可能な場合があり，このような場合には，現在の企業内での現在の待遇上の階級を表す地位の確認請求として，請求が認められる場合があります。

　この点，マッキャンエリクソン事件・東京地判平18・10・25労判928号5頁において裁判所は，就業規則において等級ごとに賃金が定められていることを認定した上で，「原告を給与等級7級から6級に降級した本件降級処分は効力がなく，原告は，依然として，給与等級7級の地位にあると認めるのが相当である。そうだとすると，原告の当該地位確認請求は理由があるということになり，これを認容するのが相当である。」と判断して降格前の給与等級である7級の地位にあることの確認請求を認め，同事件の控訴審（東京高判平成19・2・22）も，上記判断を支持しています。

また，前掲学校法人聖望学園ほか事件において，裁判所は，原告が請求の趣旨に記載した「被告学園は，原告との間で，原告が被告学園が設置する聖望学園中学校及び聖望学園高等学校の学校長として稼働する地位及び学校長たる給与の支払を受ける地位にあることを確認する。」との確認請求について理由がないとしましたが，「被告学校法人聖望学園は，原告との間で，被告学校法人聖望学園の給与規定別表1「教員新給料表」の4級12号俸の本俸及び当該本俸額を前提とする業務手当及び教職調整額の支払を受ける地位にあることを確認する」として，被告学校法人内での現在の待遇上の階級を表す地位の確認請求を適法としています。

3　不法行為に基づく損害賠償責任

　裁判所が降格処分を無効と判断しても，直ちに会社が労働者に対して不法行為に基づく損害賠償責任を負うわけではありません。
　もっとも，労働者に対する嫌がらせ目的の降格処分など，人事権濫用の程度が著しい場合には，会社が労働者に対して不法行為に基づく損害賠償責任を負う場合もあります。
　例えば，ハネウェルジャパン事件・東京高判平17・1・19労判889号12頁では，会社が労働者に対して短期間で4次にわたる降格・減給処分を行った事案に関し，裁判所は，「乙山が自己に反発する被控訴人に対する意図的な対抗措置として本件第1次降格処分を行ったものと推定されるのである。」として，慰謝料100万円の支払を命じています。
　また，近鉄百貨店事件・大阪地判平11・9・20労判778号73頁において，裁判所は，「本件降格は，部長待遇職への降格時から二年余りという短期間で行われたものであり，その間，原告は四か所もの配転を受け，外商本部庶務部の部長としてそれなりの業績を上げてきた原告に対し，部長待遇職となって以降奈良店においてサロン裏の席に配置したり，外商本部庶務部事務一課で末席しか与えないなどの被告の措置により，原告は勤労意欲を失い，上司との人間関係を悪化させたのであり，被告にも責められるべき点があること，…などの諸事情を考慮すれば，…本件降

第5章 降格

格は，人事権の裁量の範囲を逸脱し，これを濫用した違法なものといわざるをえず，原告に対する不法行為を構成するとするのが相当である。」として，慰謝料30万円の支払を命じています。

　なお，降格措置それ自体を不法行為として構成する場合，当該措置を行った主体は会社ですので，不法行為の根拠条文は民法709条が適用されます。

Q10. 会社は妊娠中の女性労働者の請求に応じて軽易な業務に転換させた場合,それに伴って女性労働者の職位や役職を引き下げることはできますか。また,会社は育児休業から復職した女性労働者を育児休業前の職位に戻さなければいけませんか。

A. 会社が妊娠中の女性労働者の請求に応じて軽易な業務に転換させた場合に,それに伴って職位や役職を引き下げることは,原則として,男女雇用機会均等法9条3項において禁止されている「不利益な取扱い」に該当します。

また,育児休業から復職した女性労働者を降格させることは,原則として,育児休業,介護休業等育児又は家族介護を行う労働者の福祉に関する法律第10条において禁止される「不利益な取扱い」に該当します。

1 法の規制

男女雇用機会均等法9条3項は「事業主は,その雇用する女性労働者が妊娠したこと,出産したこと,労働基準法第65条第1項の規定による休業を請求し,又は同項若しくは同条第2項の規定による休業をしたことその他の妊娠又は出産に関する事由であって厚生労働省令で定めるものを理由として,当該女性労働者に対して解雇その他不利益な取扱いをしてはならない。」と規定しています。

同条項は,男女雇用機会均等法の目的である雇用の分野における男女の均等な機会及び待遇の確保,女性労働者の妊娠中や出産後の健康の確保(法1条)及び同法の基本的理念である女性労働者の母性の尊重と職業生活の充実の確保(法2条)を実現するために,これに反する事業主

第5章　降格

による措置を禁止する強行法規です。

したがって，同条項に違反する不利益取扱いは無効となります。

また，育児休業，介護休業等育児又は家族介護を行う労働者の福祉に関する法律第10条は「事業主は，労働者が育児休業申出をし，又は育児休業をしたことを理由として，当該労働者に対して解雇その他不利益な取扱いをしてはならない。」と規定しています。

同条も強行法規であり，これに違反する不利益取扱いは無効となります。

なお，育児休業を取得した女性労働者の復職後の地位に関し，「子の養育又は家族の介護を行い，又は行うこととなる労働者の職業生活と家庭生活との両立が図られるために事業主が講ずべき措置に関する指針」では，育児休業後の労働者の復職に際して，当該労働者を原職もしくは原職相当職に復帰させることが原則とされています。

2　降格処分が男女雇用機会均等法9条3項の禁止する「不利益な取扱い」に該当するか

　会社が妊娠中の女性労働者の請求に応じて軽易な業務に転換させた場合でも，軽易業務への転換を契機として当該労働者を降格させる場合には，原則として違法となり，許されないこととなります。

　降格が男女雇用機会均等法9条3項の「不利益な取扱い」に該当するか否かが争点となった事案において，最高裁は「均等法1条及び2条の規定する同法の目的及び基本的理念やこれらに基づいて同法9条3項の規制が設けられた趣旨及び目的に照らせば，女性労働者につき妊娠中の軽易業務への転換を契機として降格させる事業主の措置は，原則として同項の禁止する取扱いに当たる」として，妊娠中の軽易業務への転換を契機として行われる降格は，原則として不利益取扱いに該当し，無効であると判断しています（広島中央保健生協（C生協病院）事件・最判平26・10・23労判1100号5頁）。

　そして，上記事件において，最高裁は，例外的に不利益取扱いに該当

しない場合として，①当該労働者が軽易業務への転換及び上記措置により受ける有利な影響並びに上記措置により受ける不利な影響の内容や程度，上記措置に係る事業主による説明の内容その他の経緯や当該労働者の意向等に照らして，当該労働者につき自由な意思に基づいて降格を承諾したものと認めるに足りる合理的な理由が客観的に存在するとき，又は②事業主において当該労働者につき降格の措置を執ることなく軽易業務への転換をさせることに円滑な業務運営や人員の適正配置の確保などの業務上の必要性から支障がある場合であって，その業務上の必要性の内容や程度及び上記の有利又は不利な影響の内容や程度に照らして，上記措置につき同項の趣旨及び目的に実質的に反しないものと認められる特段の事情が存在するときを挙げています。

本事件は，平成18年の男女雇用機会均等法改正により同法9条3項が追加された後（平成19年4月1日施行），会社が軽易業務への転換を請求した女性の業務を転換するに際して降格措置を執ったことが同条項に違反するかについて初めて最高裁が判断した事案です。

また，マタニティハラスメント（いわゆるマタハラ）が社会的に問題となっている中での判断という特徴もあります。

そして，本事件の差し戻し審（大阪高判平成27・11・17労判1127号5頁）は，上記最高裁の判断枠組みに従い，降格を違法と判断し，病院に対し慰謝料等175万円の支払を命じています。

なお，本事件の判決を踏まえた平成27年1月23日付け雇児発0123第1号「『改正雇用の分野における男女の均等な機会及び待遇の確保等に関する法律の施行について』及び『育児休業・介護休業等育児又は家族介護を行う労働者の福祉に関する法律の施行について』の一部改正について」では，「妊娠・出産等の事由を契機として不利益取扱いが行われた場合には，原則として妊娠・出産等を理由として不利益取扱いがなされたと解されるものである。」とされ，例外的に職位や役職の引き下げが認められる場合を「①円滑な業務運営や人員の適正配置の確保などの業務上の必要性から支障があるため当該不利益取扱いを行わざるを得ない場合において，②その業務上の必要性の内容や程度が，法第九条第三項の趣旨に実質的に反しないものと認められるほどに，当該不利益取扱いにより受ける影響の内容や程度を上回ると認められる特段の事情が存在

すると認められるとき」または「①契機とした事由又は当該取扱いにより受ける有利な影響が存在し，かつ，当該労働者が当該取扱いに同意している場合において，②当該事由及び当該取扱いにより受ける有利な影響の内容や程度が当該取扱いにより受ける不利な影響の内容や程度を上回り，当該取扱いについて事業主から労働者に対して適切に説明がなされる等，一般的な労働者であれば当該取扱いについて同意するような合理的な理由が客観的に存在するとき」としています。

さらに，事業主は，平成29年1月1日施行予定の改正男女雇用機会均等法により，職場における妊娠，出産等に関する言動に起因する問題に関する雇用管理上の措置を取ることが義務づけられます（マタハラ防止措置）。

具体的には，①事業種の方針の明確化及びその周知・啓発，②相談（苦情を含む）に応じ，適切に対応するための必要な体制の整備，③職場における妊娠，出産等に関するハラスメントにかかる事後の迅速かつ適切な対応，④職場における妊娠，出産に関するハラスメントの原因や背景となる要因を解消するための措置等が義務づけられることとなります。

したがって，今後，会社は妊娠中の女性労働者に対して，降格措置のみならず，雇用管理上の様々な場面で広くマタハラ防止義務を負うことになるでしょう。

3 会社が育児休業から復職した労働者を降格させることの可否

上記広島中央保健生協（C生協病院）事件において，櫻井龍子裁判官の補足意見として，「軽易業務への転換が妊娠中のみの一時的な措置であることは法律上明らかであることからすると，育児休業から復帰後の配置等が降格に該当し不利益な取扱いというべきか否かの判断に当たっては，妊娠中の軽易業務への転換後の職位等との比較で行うものではなく，軽易業務への転換前の職位等との比較で行うべきことは育児・介護休業法10条の趣旨及び目的から明らかである。」，「本件措置2については，それが降格に該当することを前提とした上で，育児・介護休業法10

条の禁止する不利益な取扱いに該当するか否かが慎重に判断されるべきものといわなければならない。」として，復職後に業務転換前の職位に戻さないことが育児・介護休業法10条に違反する可能性があることを述べています。

　また，上記事件を受けて厚生労働省が公表した「妊娠・出産・育児休業等を契機とする不利益取扱いに係るQ&A」では，原則として，妊娠・出産・育児休業等の事由の終了から1年以内に不利益取扱いがなされた場合には，妊娠・出産・育児休業等を「契機として」不利益取扱いがなされたものと判断する旨明記されています。

　このような補足意見及びマタハラ防止義務など法律の改正を踏まえると，今後，育児・介護休業から復職した労働者の処遇については慎重に考えるべきでしょう。

●女性労働者に対する「配慮」のための配転とマタハラ

1 はじめに

妊娠した女性労働者や産前産後休業から復帰する女性労働者，育児休業から復帰する女性労働者に対し，使用者が「配慮」して業務の負担を軽減するための配転を実施しようとすることは，よくあることだと思います。しかし，本人が希望していないにもかかわらず，上司が行き過ぎた配慮をしてしまうと，違法なマタニティ・ハラスメント（いわゆる「マタハラ[1]」）にあたってしまうかもしれません。

2 マタハラの禁止

事業主は，雇用する労働者に対し，妊娠，出産，育児休業等を理由として解雇，雇止め，降格などの「不利益な取扱い」を行うことは禁止されています（均等法9条3項・均等則2条の2，育介法10条等）。これらの規定がマタハラを禁止しています。

この点，均等法指針（第4，3（2）ヌ）[2]及び育介法指針[3]（第2，11（2）ヌ）はいずれも「不利益な配置の変更を行うこと」は「不利益な取扱い」にあたる，としています。

そして，本章第5章Q10で紹介した最高裁判決（**広島中央保険生協（C生協病院）事件・最高裁一小判平26・10・23労判1100号5頁**）を受けて厚生労働省が出した通達[4]は，妊娠，出産，育児休業等を「契機として」

---

[1] マタハラの実態については，小酒部さやか「マタハラ問題」2014年，ちくま新書等を参照
[2] 「労働者に対する性別を理由とする差別の禁止等に関する規定に定める事項に関し，事業主が適切に対処するための指針」（平成18年厚生労働省告示第614号）
[3] 「子の養育又は家族の介護を行い，又は行うこととなる労働者の職業生活と家庭生活との両立が図られるようにするために事業主が講ずべき措置に関する指針」（平成21年厚生労働省告示第509号）
[4] 「改正雇用の分野における男女の均等な機会及び待遇の確保等に関する法律の施行について」及び「育児休業・介護休業等育児又は家族介護を行う労働者の福祉に

不利益取扱いが行われた場合は，原則として，妊娠，出産，育児休業等を「理由として」不利益取扱いがなされたと解される，としています。また，同通達は，「『契機として』については，基本的に当該事由が発生している期間と時間的に近接して当該不利益取扱いが行われたか否かをもって判断すること[5]」としています。

上記の各指針，最高裁判決及び通達からすると，女性労働者に配慮するつもりで配転をすると，妊娠，出産，育児休業等を「契機として」不利益な配置変更を行ったものであり，マタハラであると評価されてしまうことが起きうる，というのがここでの問題の所在です。

3 指針を踏まえた注意点

女性労働者に対する配転がマタハラと評価されないためには，そもそも不利益な取扱いにあたらないようにしておくことが重要です。妊娠中の女性労働者の配転，産前産後から復帰する女性労働者の配転については均等法指針が，育児休業から復帰する女性労働者の配転については育介法指針がそれぞれ不利益な取扱いにあたる場合を定めています。以下，各別に検討していきましょう。

（1）均等法指針

この点，均等法指針は「配置の変更が不利益な取扱いに該当するか否かについては，配置の変更の必要性，配置の変更前後の賃金その他の労働条件，通勤事情，労働者の将来に及ぼす影響等諸般の事情について総合的に比較衡量の上，判断すべきものであるが，例えば，通常の人事異動のルールからは十分に説明できない職務又は就業の場所の変更を行うことにより，当該労働者に相当程度経済的又は精神的な不利益を生じさせることは，（2）のヌの『不利益な配置の変更を行うこと』に該当す

関する法律の施行について」の一部改正について（平成27年1月23日付け雇児発0123第1号）
5 厚生労働省「妊娠・出産・育児休業等を契機とする不利益取扱いに係るQ＆A」問1では，「原則として，妊娠・出産・育休等の事由の終了から1年以内に不利益取扱いがなされた場合は『契機として』いると判断する。」とされています。

ること。例えば，次に掲げる場合には，人事ローテーションなど通常の人事異動のルールからは十分に説明できず，『不利益な配置の変更を行うこと』に該当すること。
① 妊娠した女性労働者が，その従事する職務において業務を遂行する能力があるにもかかわらず，賃金その他の労働条件，通勤事情等が劣ることとなる配置の変更を行うこと。
② 妊娠・出産等に伴いその従事する職務において業務を遂行することが困難であり配置を変更する必要がある場合において，他に当該労働者を従事させることができる適当な職務があるにもかかわらず，特別な理由もなく当該職務と比較して，賃金その他の労働条件，通勤事情等が劣ることとなる配置の変更を行うこと。
③ 産前産後休業からの復帰に当たって，原職又は原職相当職に就けないこと。」としています（第4，3（3）ヘ，注：下線は筆者，以下本稿において同じ。）。

（2）均等法指針を踏まえた注意点

ア　妊娠した女性労働者を配転する場合

　まず，妊娠した女性労働者を配転する場合，3（1）で前述した均等法指針（第4，3（3）ヘ）によれば，その従事する職務において業務を遂行する能力があるかどうかによって違反要件が異なります。このため，妊娠した女性労働者本人の体調・意向を確認し，現状の職務において業務を遂行する能力があるかどうかを確認することが必要です。

　確認の結果，業務の遂行をできる能力があるのであれば，従前の職務を従前と同一の労働条件で継続してもらうことが望ましいでしょう。ただし，本人より軽易業務への転換請求（労基法65条3項）があった場合は，軽易業務への転換を実施する必要があります[6]。

　これに対し，確認の結果，妊娠・出産等に伴いその従事する職務において業務を遂行することが困難であり配置を変更する必要があるとしても，異動後の職務は，本人を異動させるのに適当な職務であることが必

---

[6] 行政解釈では，本条項は「原則として女性が請求した業務に転換させる趣旨であるが，新たに軽易な業務を創設して与える義務まで課したものではないこと。」とされています（昭61・3・20基発151号，婦発69号）。

要です。加えて,仮に異動によって本人の負担が軽減されるとしても,賃金その他の労働条件,通勤事情等が劣ることとなる配置の変更を行うには特別な理由が必要ですので,基本的にはこれらの条件を維持することが望ましいでしょう。

イ　産前産後休業から復帰する女性労働者を配転する場合

次に,産前産後休業から復帰する女性労働者を配転する場合,均等法指針(第4,3(3)ヘ)は「産前産後休業からの復帰に当たって,原職又は原職相当職に就けないこと。」は「人事ローテーションなど通常の人事異動のルールからは十分に説明できず,『不利益な配置の変更を行うこと』に該当する」としています。

そして,均等法の通達[7]によれば,「③の『原職相当職』の範囲は,個々の企業又は事業所における組織の状況,業務配分,その他の雇用管理の状況によって様々であるが,一般的に,
(イ)休業後の職制上の地位が休業前より下回っていないこと
(ロ)休業前と休業後とで職務内容が異なっていないこと
(ハ)休業前と休業後とで勤務する事業所が同一であること
のいずれにも該当する場合には,『原職相当職』と評価されるものであること」とされています(第2,4(8)ハ)。このため,産前産後休業から復帰する女性労働者を配転する場合,上記の各要素を踏まえた上で原職相当職と評価される職務を選定することが必要です。

(3) 育介法指針

この点,育介法22条は労働者の育児休業等の申出及び育児休業後の再就業が円滑に行われるようにするため,事業主に対し,育児休業等をする労働者が雇用される事業所における労働者の配置その他の雇用管理,育児休業等をしている労働者の職業能力の開発及び向上等に関して,必要な措置を講ずる努力義務を課しています。これを受けて,育介法指針は,「法第22条の規定により育児休業又は介護休業をする労働者が雇用される事業所における労働者の配置その他の雇用管理に関して必要な措

---

[7] 「改正雇用の分野における男女の均等な機会及び待遇の確保等に関する法律の施行について」(平成18年10月11日付け雇児発第1011002号)

置を講ずるに当たっての事項」として，

「(1) 育児休業及び介護休業後においては，原則として原職又は原職相当職[8]に復帰させることが多く行われているものであることに配慮すること。

(2) 育児休業又は介護休業をする労働者以外の労働者についての配置その他の雇用管理は，(1)の点を前提にして行われる必要があることに配慮すること。」としています（第2,7）。

そして，育介法指針は「配置の変更が不利益な取扱いに該当するか否かについては，配置の変更前後の賃金その他の労働条件，通勤事情，当人の将来に及ぼす影響等諸般の事情について総合的に比較衡量の上，判断すべきものであるが，例えば，通常の人事異動のルールからは十分に説明できない職務又は就業の場所の変更を行うことにより，当該労働者に相当程度経済的又は精神的な不利益を生じさせることは，(2)ヌの『不利益な配置の変更を行うこと』に該当すること。また，所定労働時間の短縮措置の適用について，当該措置の対象となる業務に従事する労働者を，当該措置の適用を受けることの申出をした日から適用終了予定日までの間に，労使協定により当該措置を講じないものとしている業務に転換させることは (2) ヌの『不利益な配置の変更を行うこと』に該当する可能性が高いこと。」としています（第2,11 (3) ヘ）。

なお，育介法の通達[9]は，「指針第二の十一の（三）のヘにより保障される復職先の職場の範囲は，指針第二の七の（一）に規定する『原職又は原職相当職』よりも広く，仮に別の事業所又は別の職務への復職であっても，通常の人事異動のルールから十分に説明できるものであれば，指針第二の十一の（二）のヌの『不利益な配置の変更』には該当しないものであること。」としています（第2,22 (5)（ハ））。

8　なお，育介法の通達（「育児休業，介護休業等育児又は家族介護を行う労働者の福祉に関する法律の施行について」（平成28年8月2日付け職発0802号第1号，雇児発0802第3号））において，原職相当職とは，①休業後の職制上の地位が休業前より下回っていないこと，②休業前と休業後とで職務内容が異なっていないこと，③休業前と休業後とで勤務する事業所が同一であること，のいずれにも該当する場合には，「原職相当職」と評価されるものであること。」とされています（第9,3 (5)）。
9　「育児休業，介護休業等育児又は家族介護を行う労働者の福祉に関する法律の施行について」（平成28年8月2日付け職発0802第1号，雇児発0802第3号）

(4) 育介法指針を踏まえた注意点

上記3(3)のとおり，育児休業から復帰する社員の配転については産前産後休業から復帰する社員の場合より使用者に広く裁量を認めているといえますが，実務上の対応としては，可能な限り原職相当職への復帰ができるように配慮をしておくことが望ましいと思われます。原職相当職に復帰させることが難しい場合であっても4にて後述する通り，本人に対して適切な説明を実施した上で本人の同意を得て実施するべきでしょう。

なお，復帰後のトラブル防止の観点からは，育児休業からの復帰にあたり配転の可能性がある旨を育児休業取得前に事前に伝えておくことが重要です（育介法21条参照）。

4 本人の同意を得る際の注意点

もっとも，様々な事情により不利益な取扱いにあたりうるような配転を実施せざるを得ない場合もあると思います。その場合は，適切な説明を実施した上で本人の同意を得ることが必要です。

この点，均等法の通達（第2，4(5)）及び育介法の通達（第2，22(3)）では，妊娠・出産・育児休業等を契機として不利益取扱いが行われた場合は，原則として，妊娠・出産・育児休業等を「理由として」不利益取扱いがなされたと解される，とされています。ただし，表1の例外イまたは例外ロに該当する場合は，例外的に法違反とはならないと解されています。

本件のように本人の業務負荷を軽減するために配転を実施する場合，例外ロの要件を満たすことが必要です。具体的には，①その取扱いをしなければならない理由，②その取扱いによって，どういった不利益があり，それがどの程度なのか，③有利な事情としてどのようなものがあるのか，それがどの程度なのか，④将来，その取扱いがどのように取り扱われる見込みなのか，について書面で説明し，同意を書面で取得してお

くことが重要です。
　なお，仮に不利益取扱いにあたらないといえる場合であっても，念のため適切な説明を実施した上で本人の同意を得て配転することが実務上は望ましい対応です。

表1：均等法・育介法通達の例外（筆者注：下線は両者が異なる部分）

	均等法通達の例外（第2,4（5））	育介法通達の例外（第2,22（3））
例外イ	①円滑な業務運営や人員の適正配置の確保などの業務上の必要性から支障があるため当該不利益取扱いを行わざるを得ない場合において，	（イ）円滑な業務運営や人員の適正配置の確保などの業務上の必要性から支障があるため当該不利益取扱いを行わざるを得ない場合において，
	②その業務上の必要性の内容や程度が，<u>法第九条第三項</u>の趣旨に実質的に反しないものと認められるほどに，当該不利益取扱いにより受ける影響の内容や程度を上回ると認められる特段の事情が存在すると認められるとき	（ロ）その業務上の必要性の内容や程度が，<u>法十条</u>の趣旨に実質的に反しないものと認められるほどに，当該不利益取扱いにより受ける影響の内容や程度を上回ると認められる特段の事情が存在すると認められるとき
例外ロ	①<u>契機とした事由又は当該取扱いにより受ける有利な影響が存在し，かつ，</u>当該労働者が当該取扱いに同意している場合において，	（イ）当該労働者が当該取扱いに同意している場合において，
	②<u>当該事由及び</u>当該取扱いにより受ける有利な影響の内容や程度が当該取扱いにより受ける不利な影響の内容や程度を上回り，当該取扱いについて事業主から労働者に対して適切に説明がなされる等，一般的な労働者であれば当該取扱いについて同意するような合理的な理由が客観的に存在するとき	（ロ）<u>当該育児休業及び当該取扱い</u>により受ける有利な影響の内容や程度が当該取扱いにより受ける不利な影響の内容や程度を上回り，当該取扱いについて事業主から労働者に対して適切に説明がなされる等，一般的な労働者であれば当該取扱いについて同意するような合理的な理由が客観的に存在するとき

第6章　限定正社員

Q1. 限定正社員とは何ですか。

限定正社員とは，どのような概念ですか。何故，限定正社員という制度の普及が図られているのですか。

A. 限定正社員とは，一般に，勤務地・職務・勤務時間が通常の正社員に比べ限定された無期契約の労働者のことをいいます。多様な働き方を実現するために限定正社員制度の普及が図られています。

1　限定正社員の定義

　限定正社員の定義について，法律上の定めはありませんが，一般に，通常の正社員と比べて，勤務地や職務，勤務時間のいずれかが限定されている無期契約の労働者のことをいい，多様な正社員と呼ばれることもあります。

　労働者側から見ると，勤務地や職務，勤務時間が限定されていることになりますが，使用者側から見ると，勤務地等が限定されることにより，人事権行使がその範囲に限定されることになります。

　従来から，個別労働契約において，勤務地限定特約や職務限定特約を締結するケースは存在していました。しかし，限定特約の存在があいまいであったり，限定正社員を活用しているのが外資系企業や特定の業界に偏ったりしていたため，現在，国としては，就業規則や労働協約等に限定正社員制度の定めを置くことを奨励し[1]，特定の労働者との間の個別

---

[1] 有期契約労働者・限定正社員・正社員間の転換制度を設けることで助成金が支給されるキャリアアップ助成金制度においても，限定正社員制度の雇用区分は労働協

限定特約ではなく，新たな雇用区分としての限定正社員制度を普及させようとしています。

2 正社員に対する人事権行使と時代の変遷

　上述1のとおり，限定正社員に対しては，使用者の人事権行使は制限されることになります。例えば，勤務地を東京に限定していれば，使用者は原則として，当該限定正社員に対して東京以外の勤務地への転勤命令を出すことができません（詳しくは，後述Q5参照）。

　一方，通常の無限定の正社員（以下，本章においては，無限定の正社員のことを「正社員」といいます。）に対する人事権行使については，使用者は広範な裁量を有しています。

　背景には，長期雇用・年功序列型賃金に代表される，いわゆる「メンバーシップ型雇用」の考え方が存在します。このメンバーシップ型雇用という言葉は，濱口桂一郎氏が提唱された言葉ですが，同氏は，欧米等における，ある職務に対して対価を定めるジョブ型の雇用と対比して，ある会社の従業員となることの対価として賃金が定められる日本型の雇用形態のことをメンバーシップ型雇用と呼んでいます。

　メンバーシップ型雇用においては，一旦，当該企業に入社すれば，強固な解雇制限によってその従業員としての身分は守られる一方，一定の職務ないしは勤務地のみで業務に従事するのではなく，企業の裁量によって，営業，人事，経理等，いくつもの職務を渡り歩くことになったり，転勤によって勤務地が変更されたりすることがあります。また，時には時間外労働を命じられることもあります。それでも，一昔前までは，ある企業において正社員として長く勤務し，当該企業におけるキャリアを積み上げていくことが理想の就労モデルとあると考えられていたのです。

　しかし，現在，時代の変遷と共に雇用構造も変化が求められています。

約または就業規則に，当該転換制度は労働協約または就業規則その他これに準ずるものとして新たに規定することが助成金支給の条件とされている。

第6章　限定正社員

　少子高齢化に伴って労働力人口は減少し，価値観も多様化しています。
　例えば，日常的に育児や介護等を行う必要がある者は，勤務地や勤務時間が限定されていなければ働けないという現状がありますし，ある職種の専門性を高めようとしている者は，職務内容を変更されると当該職種におけるキャリアを積めないことになります。
　つまり，従来型の日本型雇用においては，ある企業のメンバーとなることで，様々な職務や勤務地で業務遂行することを求められたり，時間外勤務を求められたりすることがあるわけですが，そのような雇用形態だと，能力や勤務意欲はあっても，就労できない（無限定の正社員としては働けない）というケースが増加しているのです。また，企業側から見ても，労働力人口が減少し，価値観が多様化している現状を考えると，多様な働き方を用意することで有能な人材を確保できるようにする必要があります。
　そこで，勤務地，職務，勤務時間を限定した多様な雇用形態を普及することが求められるようになっているのです。
　「日本再興戦略」（平成25年6月閣議決定）においても，多様な正社員モデルの普及・促進を図るため，有識者懇談会を立ち上げることとされ，同懇談会が多様な正社員にかかる雇用管理上の課題や留意事項を検討してきたのですが，平成26年7月に「『多様な正社員』の普及・拡大のための有識者懇談会　報告書」（以下，「懇談会報告書」といいます。）が出され，詳細な報告がなされていますので，ご参照下さい。

Q2. 限定正社員制度を導入するメリットは何ですか。

A. 労働者からすると多様な働き方が実現でき，使用者からすると限られた労働力人口の中から有能な人材を確保できるとともに人件費を適正配分することができます。

解説

　限定正社員制度が導入されると，労働者から見れば，個々人の事情に応じて，各限定を受けながら無期雇用で社会においてその能力を発揮することができますので，ワークライフバランスを実践することができ，多様な働き方をすることが可能になります。

　使用者から見ると，限られた労働力人口の中から優秀な人材を確保しやすくなります。また，各限定を付することで無限定の正社員と合理的な待遇差を設けることが想定されますので，人件費の適正配分ができるというメリットもあります（詳細は，後述Ｑ９参照）。

　社会全体から見ると，今まで眠っていた労働力が活用され，人材を適正配置することにつながるため，社会全体の活力になるということがいえるでしょう。

　この点，限定正社員制度を導入することで，使用者が労働者を解雇しやすくする思惑があるのではないかという見方も存在します。例えば，勤務地限定正社員が勤務する工場が閉鎖された場合，勤務地が限定されていることから，無限定の正社員と比較して，整理解雇が有効とされやすくなるのではないか，というような危惧がなされているのです。

　しかし，懇談会報告書においては，JILPTの調査を踏まえ，従来，個別労働契約において，勤務地限定や職種限定の特約が締結されているケースでも限定が付されていることにより直ちに整理解雇や能力不足解雇が有効と判断されやすくなっているわけではないという結果が出ていま

第6章　限定正社員

す。

　もちろん，労働条件に限定が付されている以上，解雇の有効性の判断に一定の影響が出ることは考えられますが（後述Q10参照），それが限定正社員制度導入の目的なのではなく，あくまで，労働条件を一部限定した無期型の労働者を基幹労働に取り込んでいき，多様な働き方を可能にして労働力を有効活用することが最大の目的ですので，この点を押さえておく必要があります。

Q3. 限定正社員制度はどのような場面で活用すると有効に活用することができるでしょうか。

A. 限定正社員制度は，地元に密着して勤務したいという意向を有していたり，育児・介護等の事情で長時間勤務が困難だったりする有能な人材を確保・定着させようとする場合や，特定の職務のスペシャリストを養成したい場合等には有効に活用することができます。

解説

限定正社員制度がどのような場合に効果的に活用できるかにつき，懇談会報告書も参照したうえで，勤務地限定正社員，職務限定正社員，勤務時間限定正社員に分けてご説明します。

（1）勤務地限定正社員

勤務地限定正社員については，育児や介護等の事情によって転勤が難しい者や，地元に定着した勤務を希望する者を雇用する際に有用です。このような者らの中にも有能な人材がいるはずですので，勤務地限定の正社員として勤務してもらうことで，企業としても有能な人材の確保や定着が図れると共に，地域に密着した経営戦略を練ることが可能になります。

また，非正規雇用の労働者が多く勤務している小売業やサービス業等においては，改正労働契約法18条に基づき有期契約社員から無期転換した者の受け皿として勤務地限定正社員を活用することが考えられます。多店舗展開する業態においては，より地域のニーズに合ったサービス提供や顧客確保を図ることができるでしょう。

さらに，技能の蓄積・承継が必要な生産現場等における有期契約社員

からの無期転換の受け皿として活用したり，グローバル展開をしている分野において，海外転勤が可能な者と国内勤務のみの者を区分し，人材の確保・定着を図ったりすることも考えられます。

(2) 職務限定正社員

　職務限定正社員は，例えば，金融業界やIT業界等において，高度な専門性が必要となる特定の職務のプロフェッショナルを養成する際に活用することが考えられます。懇談会報告書においては，企業横断的なキャリアアップを行う者についても職務限定正社員が活用されていると報告されていますが（同30頁），既に高度な専門知識等を備えており，特定のプロジェクトにおいてのみ当該企業で活躍することが期待されているような者については，むしろ有期雇用契約の形態で当該プロジェクト期間のみの雇用契約を締結することになるでしょう。

　金融業界やIT業界に限らず，どのような業種であっても，ゼネラリストではなく特定の職務のスペシャリストを養成する場合には職務限定正社員制度は有用です。

　また，医療業界，福祉業界等においては，資格が必要な職務や他の職務と明確に区分することが可能な職務について，職務限定正社員を活用することで，各労働者の役割の明確化や専門性の研鑽を図ることができるため，企業として高齢化やサービス経済の進展への対応がしやすくなるでしょう。

　一方，高度な専門性を伴わない職務に限定して職務限定正社員を活用することも考えられます。この場合は，総務，経理，店舗における販売員等，当該労働者が従事する職務内容に幅が出ることが想定されますので，限定する職務内容の範囲にも一定の幅を持たせておいた方が円滑な事業運営に資することになります。

(3) 勤務時間限定正社員

　勤務時間限定正社員は，育児や介護等の事情により，所定労働時間就業することが困難な者や時間外労働ができない者を雇用する場合に活用

します。働く意欲や能力はあるものの，上記のような事情から時間的な制約があり，就職することができない境遇にいる有能な人材を確保・定着させることが期待できます。

また，キャリアアップに必要な能力を習得するために勤務時間を短縮し，自己啓発のための時間を確保させる働き方として活用することも考えられます。

勤務時間限定正社員は，勤務地限定正社員や職務限定正社員と比較して活用例が少ないようですが，例えば，保育施設や介護施設等は，現在，人手不足が深刻ですから，普段から育児や介護をしている者を勤務時間限定正社員として雇用し，職場の業務配分や人員体制の整備に活用するというのは，企業としても有効な活用法といえるのではないでしょうか。

(4) 限定正社員制度導入にあたっての留意点

限定正社員制度を導入するということは，新たな労働者区分を設けることになりますので，その分，労務管理は複雑になります（本章Q4以降参照）。職場における管理職のマネジメント能力が不可欠になりますので，各職場の実情に即した検討が求められます。

また，労働者の納得を得られる制度にする必要があるため，制度の設計，導入，運用にあたっての労働者への情報提供や，労働組合・過半数代表等との協議は十分に行う必要があるでしょう。

第6章　限定正社員

Q4. 限定正社員と正社員で待遇差を設ける場合はどのようなことに注意をすればいいですか（均衡処遇の問題）。

限定正社員と正社員で待遇差を設けていいのですか。また，待遇差を設ける場合，どのようなことに注意すればいいですか。

A. 法律上，限定正社員と正社員の待遇差を規制する条文はなく，合理的な理由のある待遇差は認められると考えられますが，不合理な差であるとされないように業務内容，責任の程度，配置変更の範囲等における違いを明確にしておくべきです。

1　均衡処遇の考え方

（1）有期契約社員・パート労働者の均衡処遇

　法律上，限定正社員と正社員との間の待遇差を規制する条文はありませんが[2]，有期契約社員やパート労働者の均衡処遇については，労働契約法20条やパート労働法8条，9条が存在し，不合理な待遇差を設けることは規制されています[3]。

　また，労働契約法3条2項では，「労働契約は，労働者及び使用者が，就業の実態に応じて，均衡を考慮しつつ締結し，又は変更すべきものとする。」と定められていますが，これは一般的な均衡処遇についての定めであると考えられています。

　我が国の労働関係法においては，「同一労働同一賃金の原則[4]」が明文化されているわけではなく，基本的には，労使間の合意において労働条

---

[2]　但し，勤務時間限定正社員については，パート労働法の適用が問題になる。
[3]　但し，パート労働法9条は「差別的取扱いの禁止」を定めたものである。
[4]　同一の職種に従事している労働者については，有期やパートといった契約形態の違いに関わらず，皆，同一水準の賃金が支払われるべきとする考え方である。

件が決されます。しかし、正社員と非正社員との間には待遇差が設けられることが多いため、その待遇差が不合理なものであってはならない、という形で規制されているのです。

上記労働契約法20条及びパート労働法8条における規制内容について見ると、有期契約社員やパート労働者といわゆる正社員との間に労働条件の差を設ける場合は、当該待遇差は、「業務の内容及び当該業務に伴う責任の程度…当該職務の内容及び配置変更の範囲その他の事情を考慮して、不合理と認められるものであってはならない」とされており、逆から見ると、これらの要素に基づいた合理的な待遇差については許容されていることになります。

限定正社員の均衡処遇の問題についても、有期契約社員やパート労働者に関する均衡処遇の考え方の延長線上にあるといえるでしょう。

（2）限定正社員の均衡処遇

上記のとおり、限定正社員については均衡処遇に関する条文上の規制もなく[5]、正社員との間に待遇差を設けること自体は問題ないといえます。

もっとも、条文上の規制がないとはいえ、労働契約法20条が制定される以前の有期契約社員と正社員との間の賃金格差につき、「同一（価値）労働同一賃金の原則の基礎にある均等待遇の理念は、賃金格差の違法性判断において、ひとつの重要な判断要素として考慮されるべき」として、民法上の公序良俗違反（90条）を根拠に不法行為を認めた裁判例[6]もあり、均衡処遇の考え方は公序の一要素であると考えられますので、限定正社員についても、正社員との間で不合理な待遇差を設けることは許されないでしょう。

具体的に注意すべき点としては、有期契約社員やパート労働者と同様、正社員との間に、業務の内容、責任の程度、配置変更の範囲等に違いを出すことであり、その違いに基づいた合理的な待遇差であれば許容され

---

[5] 上記脚注1のとおり、勤務時間限定正社員についてはパート労働法の適用が問題となる。
[6] 丸子警報器事件・長野地裁上田支判平8・3・15労判690号32頁

るものと考えられます。

問題は，どのような場合に待遇差が合理的なものとして許容されるのかという点にあります。

2 待遇差の合理性を根拠づける制度設計

(1) 懇談会報告書

懇談会報告書においては，多様な正社員（限定正社員）制度を現在，導入している企業においては，いわゆる正社員と比較した場合の賃金水準は8割～9割としているケースが多いとの報告がなされています。

しかし，この数字は，あくまで調査対象とされた企業における例にすぎませんので，各企業における限定正社員の労働実態に則した合理的な待遇差であれば，必ずしも8割～9割といった数字に縛られる必要はありません。

以下，勤務地限定正社員，職種限定正社員，勤務時間限定正社員に分けて，正社員とどのような違いを設けることが必要なのかについて説明します。

(2) 勤務地限定正社員

勤務地限定正社員の場合，まずは，当該企業における転勤の位置づけを考える必要があります。実際には転勤はほとんどないという企業の場合，勤務地限定正社員の賃金と正社員の賃金の格差が大きければ，不合理な待遇差と見られてしまうでしょうし，逆に全国転勤や海外転勤も頻繁に行われている企業の場合であれば，賃金格差をそれなりにつけないと正社員のモチベーション維持に問題が生じます。

また，当該企業における転勤の有無・位置づけということだけでなく，業務内容や責任・権限の程度についても差異を設けることを検討すべきです。

全国規模の企業であれば，勤務地限定正社員は企業全体の管理を行う

ような業務には従事できませんので[7]，例えば，本社機能と関連する支社・支店の統括業務は「正社員のみに担当させる業務」とし，当該地域に密接に関連した地域営業業務等に関しては，「勤務地限定正社員のみに担当させる業務」というように担当業務を固定化し，業務区分を設けるのも一つの選択肢です。

業務区分だけでなく，決裁権限に差異を設け，より上位の決裁権限は正社員に付与するような設計をすることも考えられるでしょう。

事業所が少なく，そもそも転勤の実例があまりないような企業の場合だと，転勤の有無という要素による差異がありませんので，業務内容や責任・権限の程度による差異がないと，待遇差についての合理的な説明はできないことになります。

(3) 職務限定正社員

職務限定正社員の場合は，当該職務の難易度や専門性によって待遇差が変わることになります。誰にでも処理できる職務に限定する場合には，正社員と比較して，かなり待遇が低くなってもやむをえないでしょうし，逆に，非常に専門性が高い職務に従事し，当該限定正社員が企業横断的に業務に従事できるような場合には，むしろ正社員よりも高待遇になる場合もあるでしょう。

ここでは，高度専門職ではなく，一般的な職務における職務限定正社員を念頭に置きますが，上記（2）と同様，当該企業における配転の有無だけでなく，業務区分や責任の程度，人材活用の仕組みに関する区分けを検討すべきです。

例えば，多様な職務を経験した者が当該企業の幹部になっていくという組織設計の場合，職務限定正社員は，限定外の職務は経験しないわけですから，当該職務の部署を超えた上位職には就けないことになります。この場合，一見，職務限定正社員と正社員が同じ職務についていたとしても，正社員の方は人事ローテーションの一環として当該業務に従事しているため，業務の位置づけが異なるということが言えそうですが，当

---

[7] この場合，限定正社員には役職や昇格に上限があることになるため，あらかじめそのことを明示した組織設計にするのも一つの手段であろう。

該企業において，配転がその後の昇進・昇格にあたってどのように重要な要素となっているのかということを説明できるようにしておく必要があるでしょう。

その他，時間外労働の必要が出てきたときには，職種限定正社員には担当させないようにしたり，シフト勤務の補充の必要が出てきたときには正社員のみが対応する等の形にすることで，責任の程度に差異を設けることができます。また，一定以上の役職には正社員しか就けないような設計にすることも考えられるでしょう。

（4）勤務時間限定正社員

勤務時間限定正社員の場合，正社員との就業時間の差を時間比例で賃金額に反映させるのであれば，問題なく合理的な待遇差となるでしょう。

時間比例以上の待遇差を設ける場合は，やはり上記（2）（3）と同様の観点からの制度設計が必要になります。

例えば，勤務時間限定正社員は，限定された時間外に及ぶ緊急の顧客対応等はできないわけですから，勤務時間限定正社員には決裁権限を付与せず正社員のみに付与しておいたり，勤務時間限定正社員は一定以上の役職には就任できないような設計にしたりすること等が考えられます。

勤務時間限定正社員の場合，正社員と業務内容自体には大きな差異は設けにくいと思いますが，責任・権限の範囲に差異を設けることは可能です。

（5）まとめ

以上のとおり，限定正社員と正社員との均衡処遇の問題は，単純に配転，転勤，時間外労働の有無ということのみに着目するのではなく，業務内容や責任・権限の程度・範囲，人材活用の仕組みに関する差異を設けることで，待遇差が合理的といえる幅が変わってくることになります。

そのため，各企業において，自社の業種や規模，労働実態を考慮したうえで，どのような限定正社員を，社内においてどのように位置づける

のかを十分に検討し，待遇差について合理的な説明ができる形で制度設計をして下さい。

Q5. 限定正社員の就業規則にはどのような事項を記載するとよいでしょうか。

A. 限定正社員の就業規則には,「限定内容」「賃金の取扱い」「解雇事由」を盛り込むとよいでしょう。限定の方法についても,1つの職務・勤務地・勤務時間に限定する,一定範囲に限定するなどの様々な制度設計が可能です。

1　限定内容について

　限定内容としては,①職務限定,②勤務地限定,③勤務時間限定が考えられます。
①職務限定については,
❶金融,ITなどで特定の職能について高度専門的なキャリア形成が必要な職務において,プロフェッショナルとしてキャリア展開していく働き方として活用する,❷資格が必要とされる職務や同一の企業内で他の職務と明確に区別できる職務で活用する,❸高度な専門性を伴わない職務に限定して活用する,などの活用ケースが考えられます。
②勤務地限定については,
❶育児や介護等の事情で転勤が難しい者に活用する,❷有期契約労働者の多い業種において,改正労働契約法に基づく有期契約労働者からの無期転換(労契法18条)の受け皿として活用する,❸技能の蓄積・承継が必要な生産現場における非正規雇用からの転換の受け皿として活用する,❹多店舗経営するサービス業における地域のニーズにあったサービスの提供や顧客の確保のために活用する,などの活用ケースが考えられます。
③勤務時間限定については,
❶育児や介護等の事情で長時間労働が難しい者に活用する,❷労働者がキャリア・アップに必要な能力を習得する際に,自己啓発のための時間

を確保できる働き方として活用する，などの活用ケースが考えられます。

以上に加え，それぞれの限定の方法についても，例えば，1つの職務・勤務地・勤務時間に限定する，一定範囲に限定するなどの様々な制度設計が可能です。

また，職務や勤務地の限定は労働契約法4条に基づく書面による労働契約内容の確認対象に含まれるため，上記の限定については労働契約書にも明確に定めて合意する必要がある点にも注意して下さい。

2 賃金の取扱いについて

勤務時間限定正社員についてはパートタイム労働法8条及び9条の適用が問題となりますが，勤務時間が正社員と同様であり期間の定めのない労働契約を締結している職務限定正社員及び勤務地限定正社員については，パートタイム労働法及び労働契約法20条の適用がなく，直接の法規制はありません。

ただし，労働契約法3条2項の「就業の実態に応じた均衡の配慮」には，限定正社員と正社員との間の均衡処遇も含まれると考えられますし，賃金の差が公序良俗違反（民法90条）とされる可能性もあります。加えて，実際上も，限定正社員と正社員との双方に不公平感を与えず，モチベーションを維持するため，処遇の均衡を図ることが望ましいと思われますので，賃金の差は合理的な範囲で設定するのがよいでしょう（この点についてはQ4参照）。

3 解雇事由について

職務限定正社員と勤務地限定正社員については，職務又は勤務地の限定を踏まえた解雇事由を定めるべきです。具体的には，職務限定正社員については限定された職務の廃止を解雇事由とし，勤務地限定正社員については限定された勤務地における事業所の閉鎖を解雇事由として明記するとよいでしょう。また，職務限定正社員については，特定された職

務に求められる能力を満たさない場合を解雇事由として規定することも有益です。

　ただし，職務又は勤務地を限定し，これを踏まえて上記解雇事由を定めたとしても，解雇権濫用法理（労働契約法16条）の適用は免れないので，この点は留意が必要です（詳細はＱ10参照）。

Q6. 限定正社員の就業規則の具体的な規定例を教えて下さい。

A. 職務限定，勤務地限定，勤務時間限定，賃金の取扱い（地域別・コース別など），解雇事由などを具体的に規定します。

解説

Q5で述べたとおり，限定正社員の就業規則には，「限定内容」「賃金の取扱い」「解雇事由」を盛り込むとよいです。
以下，具体的な規定例を挙げます。

1　職務限定について

職務限定については，特定の業務に限定する例や一定の職務区分に限定する例などがあります。以下，それぞれの規定例を挙げます。

(1) 特定の業務に限定する例

> 職務限定正社員は，法人顧客を対象とした営業業務に従事する。

(2) 一定の職務区分に限定する例

> 職務限定正社員は，一定の職務区分において，その職務区分ごとに必要とされる業務に従事する。

2　勤務地限定について

勤務地限定については，特定の事業所に限定する例，一定地域内に限定する例，通勤圏内に限定する例などがあります。以下，それぞれの規

定例を挙げます。
（1） 特定の事業所に限定する例

> 勤務地限定正社員の勤務場所は，1事業所のみとし，事業場の変更を伴う異動は行わないものとする。

（2） 一定地域内に限定する例

> 勤務地限定正社員は，勤務する地域を限定し，都道府県を異にし，かつ転居を伴う異動をしないものとする。

（3） 通勤圏内に限定する例

> 勤務地限定正社員の勤務地は，採用時の居住地から通勤可能な事業所とする。

3　勤務時間限定

勤務時間限定については，所定労働時間を限定する例，時間外労働を行わない例などがあります。以下，それぞれの規定例を挙げます。
（1） 所定労働時間を限定する例

> 勤務時間限定正社員は，1年間の所定労働日数を150日以上250日以内，所定労働時間数を1,000時間以上1,700時間以内の範囲で雇用契約により定めるものとする。

（2） 時間外労働を行わない例

> 勤務時間限定正社員は，1日の労働時間を8時間とし，所定労働時間を超える勤務を行わないものとする。

4　賃金の取扱い

賃金の取扱いについては，地域別に設定する例，コース別に設定する例，全国異動者に転勤プレミアムを支給する例などがあります。以下，

それぞれの規定例を挙げます。

(1) 地域別に設定する例

1　全国を次のⅠからⅢ地域に区分し、各地域に次の賃金係数を設定する。
①Ⅰ地域100
②Ⅱ地域95
③Ⅲ地域90
2　勤務地限定のない総合職は、賃金係数100を適用する。勤務地限定正社員の基本給、職務手当は、前項の地域区分及び賃金係数を適用する。

(2) コース別に設定する例

異動手当は、基本給、職務手当等の合計額に、次のとおり、異動コース別の賃金係数を乗じた額を支給する。
①全国異動コース100
②エリア異動コース95
③転居転勤なしコース85

(3) 全国異動者に転勤プレミアムを支給する例

勤務地限定のない総合職には、基本給等月例給の5％～10％の範囲で転勤手当を支給する。

5　解雇事由

(1) 職務限定正社員について

限定された職務の廃止を解雇事由とする例や特定された職務に求められる能力を満たさない場合を解雇事由として規定する例などがあります。以下、それぞれの規定例を挙げます。

ア　限定された職務の廃止を解雇事由とする例

事業の縮小、事業の閉鎖等の経営上の理由により、雇用契約において限定された職務がなくなったとき

イ 特定された職務に求められる能力を満たさない場合を解雇事由として規定する例

（就業規則の解雇事由）
個別労働契約において特別に解雇理由として定めた事項
（個別契約）
本契約記載の担当職務に求められる能力（●●スキル，●●検定●級など）を満たさず，期待される役割を果たしていないと判断した場合には解雇する。

※具体的な解雇事由を個別契約で記載することを想定しています。この場合，就業規則の最低基準効（労働契約法12条）により，個別契約にのみ規定した解雇理由が無効となる可能性があることから，個別契約の記載と併せて，就業規則でも個別労働契約に定める事項を解雇事由とする旨を規定するとよいでしょう。

（2） 勤務地限定正社員について

　限定された勤務地における事業所の閉鎖を解雇事由として明記することが考えられます。例えば，次のように規定することが考えられます。

事業の縮小，事業の閉鎖等の経営上の理由により，雇用契約において限定された勤務地がなくなったとき

Q7. 限定正社員に関する転換制度を設計するにあたり，どのような点に留意すればよいでしょうか。

A. 限定正社員に関する転換制度としては，①正社員から限定正社員への転換，②非正規社員から限定正社員への転換，③限定正社員から正社員への転換が考えられます。これらの転換制度については，応募時期・応募資格・転換条件などを整備する，会社の承認・選考を要件とする，転換後の労働条件について同意を得るなどの制度設計をするとよいでしょう。

1 限定正社員に関する転換制度

限定正社員に関する転換制度としては，①正社員から限定正社員への転換，②非正規社員から限定正社員への転換，③限定正社員から正社員への転換が考えられます。このような転換制度については，特に非正規雇用の労働者を多く雇用するサービス業を中心に，人材の確保や定着のために導入する動きが活発化しています。転換制度の適正・公平な運用の観点からは，転換制度を設けるのであれば社内制度として明確にすることが望ましいでしょう。行政も，勤務地限定制度又は職務限定正社員制度を新たに規定して適用した場合などを助成金の対象としており，新たな雇用区分としての限定正社員制度を普及させようとしています。

ただし，転換制度による恒常的な変更ではなく，所定外労働の制限や勤務時間短縮措置といった一時的な措置で対応ができる場合には，転換制度を用いるべきでないケースもあります。例えば，育児・介護等の事情や私傷病を理由にフルタイム・遠隔地勤務ができなくなる社員については，まずは育児介護休業制度や休職制度などにより対応する方が企業・社員のニーズに合致すべき場合もあります。正社員から限定正社員へ転換するには労働者の同意を得る必要があり，賞与，退職金，昇給，昇進

等にも影響が生じるおそれがあるため，現行制度や個別運用で対応できないかはその都度確認・検討するとよいでしょう。

2 転換制度を設けるにあたっての留意点

転換制度を設けるにあたっては，次の点に留意が必要です。

（1）応募時期・応募資格・転換条件などを整備する

転換制度を設けた場合，労働者が自由に転換できるようにしてしまうと，企業における長期的な要員計画の修正等が必要になる，人材活用に支障が生じる，労務管理が煩雑になるなどの問題があります。このため，企業ごとの実情を踏まえて，応募時期，応募資格，転換条件などを整備することが重要です。例えば，一定の年齢・役職に達したことを要件とする，転換の時期や回数に制限を設ける，本人の申出に加えて所属長の推薦や企業側の面接・試験等の要件を課す，転換先のポストが確保されることを条件とするなどの対応が考えられます。

（2）会社の承認・選考を要件とする

一定の要件を満たせば自由に限定正社員と正社員との間を行き来できるような制度にしてしまうと，限定正社員と正社員との間の相互転換希望が頻繁に発生する可能性があり，人員配置上，会社に混乱が生じるおそれがあります。このような事態を防止するため，転換について会社の承認・選考を要件とする制度にするべきです。

（3）転換後の労働条件について同意を得る

転換を行った場合，賃金等の労働条件の低下，時間外労働や配転範囲の拡大などの労働条件変更を伴います。このため，転換にあたっては，改めて労働契約書を作成し，また，転換後に適用される就業規則の適用を受ける点についても同意してもらうとよいでしょう。この場合，転換後の労働条件や就業規則の内容等についての説明をしないで同意を得ると，後に真摯な同意ではないとして紛争が起きる可能性があるため，転

換後の不利益の内容や程度等について具体的に説明を行った上で同意を得るようにして下さい。

第6章　限定正社員

Q8. 限定正社員に関する転換制度の具体的な規定例を教えて下さい。

A. ①正社員から限定正社員への転換，②非正規社員から限定正社員への転換，③限定正社員から正社員への転換について，会社の承認などを要件として，権利性を付与しない規定にするとよいでしょう。

解説

　Q7で述べたとおり，限定正社員に関する転換制度については，応募時期・応募資格・転換条件などを整備する，会社の承認・選考を要件とする，転換後の労働条件について同意を得るなどの制度設計をするとよいでしょう。権利性を付与しないことがポイントです。
　以下，①正社員から限定正社員への転換，②非正規社員から限定正社員への転換，③限定正社員から正社員への転換について，それぞれ具体的な規定例を挙げます。

1　①正社員から限定正社員への転換について

　応募期限，応募資格，会社による選考，転換の回数制限等を設ける場合，例えば，次のように規定します。

1　総合職から地域限定正社員への転換を希望する者は，12月31日までに所定の申請書を会社に提出しなければならない。
2　前項の総合職は，係長級以上であって資格等級3級に2年以上在任した者に限る。
3　会社は，人事面接等の結果転換を認める場合，4月1日付けで地域

限定正社員に認定し，人事通知書により通知するものとする。
4　前項の地域限定正社員から総合職への転換については，転換後3年以内は行わない。また，相互転換の回数は2回までとする。

2　②非正規社員から限定正社員への転換について

　応募期限，応募資格，会社による選考などを設ける場合，例えば，次のように規定します。

1　契約社員から地域限定正社員への転換を希望する者は，12月31日までに所定の申請書を会社に提出しなければならない。
2　前項の契約社員は，勤続3年以上の者に限る。
3　会社は，地域限定正社員への転換を希望する契約社員の中から，選考試験に合格した者を4月1日付けで地域限定正社員に登用することができる。

3　③限定正社員から正社員への転換について

　応募期限，応募資格，会社による選考，転換の回数制限等を設ける場合，例えば，次のように規定します。

1　地域限定正社員から総合職への転換を希望する者は，12月31日までに所定の申請書を会社に提出しなければならない。
2　前項の地域限定正社員は，係長級以上であって資格等級2級に2年以上在任したものに限る。
3　会社は，登用試験，人事面接等の結果転換を認める場合，合格した者を4月1日付けで総合職に認定し，人事通知書により通知するものとする。
4　前項の総合職から地域限定正社員への転換については，転換後3年以内は行わない。また，相互転換の回数は2回までとする。

Q9. 限定正社員の具体的な活用事例について教えて下さい。

A. 限定正社員の活用事例については厚生労働省から合計13の具体的事例が公表されています。❶主な導入目的，❷職務等限定の定め，❸賃金等の処遇，❹転換制度などについて，大企業と中小規模の企業での活用事例が具体的に紹介されているため，限定正社員制度を設ける場合はこのような実例を参考にして制度設計を行うとよいでしょう。

1 公表されている活用事例について

限定正社員の主な活用事例として，例えば，厚生労働省から，懇談会報告書の8事例（「図表4『多様な正社員』の導入企業の事例」）と「勤務地などを限定した『多様な正社員』の円滑な導入・運用のために～企業における『多様な正社員』活用の事例集～」の5事例が公表されています。

前者は主に大企業の事例，後者は主に中小規模の企業の事例ですが，以下，「2」で公表事例の概要を説明し，「3」で公表事例のポイントを説明します。

2 公表事例の概要

（1）懇談会報告書の8事例について

ここで挙げられている8事例は，グローバルに事業展開する企業など労働条件や福利厚生が整備された大企業の事例です。これらについて，❶主な導入目的，❷職務等限定の定め，❸賃金等処遇，❹転換制度の各

項目の概要を挙げると次のとおりです。
ア ❶主な導入目的
①職務・勤務地限定のニーズを持つ人材の確保・定着，ワーク・ライフ・バランスの支援
②給与水準の地域相場を反映した人件費の適正化
③女性の能力・キャリア志向の前進に伴い，転勤を限定し幅広い職務に従事できるよう環境整備
④ものづくり技能の安定的な継承，地域に根付いた事業展開（店舗運営）
イ ❷職務等限定の定め
①就業規則に職務，勤務地等の限定を規定している例
②雇用契約書，労働条件通知書に就業場所の限定状況を具体的に記載する例
③地域限定の同意書を本人から提出させる例
ウ ❸賃金等処遇
①正社員と比べて職務・勤務地限定の正社員について概ね8割〜9割とする例
②手当による調整をする例
③昇進について，正社員とほぼ同じ昇進スピードであるが，上限を異にする例
エ ❹転換制度
①非正規雇用から多様な正社員への転換について，一定の要件（勤続年数，評価結果等）の下，本人の申出，面接等により判断する例
②限定正社員から正社員への転換について 一定の要件の下，本人の申出，所属長の推薦，面接等により判断する例
③正社員から限定正社員への転換について，一定の要件の下，本人の申出（同意），所属長の推薦等により判断する例

（2）企業における『多様な正社員』活用の事例集の5事例について

　ここで挙げられている5事例は，上記「(1)」と異なり，中小規模の企業や地域に密着した事業展開を行う企業における限定正社員の導入事例です。これらについて，❶主な導入目的，❷職務等限定の定め，❸賃

金等処遇，❹転換制度の各項目の概要を挙げると次のとおりです。
ア　❶主な導入目的
①転勤を望まない社員の離職を防止するため
②人材の定着を促進するため
③全国転勤が難しい社員に対応するため
④工場作業の専門従事者として活用するため
イ　❷職務等限定の定め
①「短時間正社員」専用の就業規則を設け，同規則に「短時間正職員とは，正職員と同様，責任と権限および人材活用の仕組み，運用（人事異動，配置転換，昇進等）を有する者であるが，労働時間が正職員と比較して短く，週当たりの労働時間が20時間以上の者で，雇用期間を定めずに採用手続きを経て法人の業務に従事する職員をいう。」と規定している例
②「専門職員（無期）」専用の就業規則を作成し，「採用・異動」「就労契約・就労条件」「解雇」「表彰・制裁」等に関する詳細を記載した上で，就業規則とは別に，就業規則の中から重要な項目のみをピックアップしとりまとめた労働条件説明書を個別の雇用契約書と共に，本人への説明時に活用する例
ウ　❸賃金等処遇
①時間当たり賃金水準に比例した額を設定する例
②賃金水準を正社員の8割〜9割程度とする例
③昇進・昇格に上限を設ける例
④賃金テーブルを異にする例
エ　❹転換制度
①本人の申出，筆記試験及び面接等により判断する例
②出勤率を考慮する例
③一定期間の目標達成度を考慮する例
④限定正社員から正社員への転換に役員承諾を要件とする例

3　公表事例のポイント

❶主な導入目的について，大企業では，ワーク・ライフ・バランスの支援，人件費の適正化などの目的が見られますが，中小規模の企業では，人材の定着を図る目的が主であるのが特徴的です。

❷職務等限定の定め，❸賃金等の処遇，❹転換制度については，大企業と中小規模の企業との間で大きな相違はないようです。すなわち，❷については，就業規則や雇用契約書等で職務，勤務地等の限定を規定して対応しており，❸賃金等の処遇については，正社員と限定正社員で賃金額や昇給・昇格等で差異を設けるのが一般的です。❹転換制度についても，所属長の推薦などの応募資格や転換条件を設けた上で，最終的には面接を行うなどして会社が選考を行う例が一般的のようです。

以上のような限定正社員を導入している企業の実例を参考にして，各企業の実情等を踏まえて制度設計を行うとよいでしょう。導入にあたっては，処遇格差に対する不満が出ないようにする，全国転勤をする正社員の負担感の増加に配慮するなどの課題もありますので，これらの点も検討した上で，社員に対して丁寧に説明を行い理解を得て進めることが重要です。

Q10. 限定正社員を解雇する場合，正社員と異なる点はありますか。

A. 限定正社員の解雇についても客観的合理性及び相当性が必要ですが（労働契約法16条），①限定された勤務地・職務が消滅した場合，②限定された職務について能力不足である場合には，正社員の解雇と異なる取扱いとなることがあります。

1 正社員の解雇について

　解雇については，客観的に合理的な理由を欠き，社会通念上相当と認められない場合は，解雇権の濫用として無効になります（労働契約法16条）。この客観的合理性及び相当性は，裁判実務上，容易には認められず，特に長期雇用が前提とされている正社員の解雇のハードルは非常に高いです。

　裁判例でも，成績不良のレベルが「単なる成績不良ではなく，企業経営や運営に現に支障・損害を生じ又は重大な損害を生じる恐れがあり，企業から排除しなければならない程度に至っていることを要し，かつ，その他，是正のため注意し反省を促したにもかかわらず，改善されないなど今後の改善の見込みもないこと，使用者の不当な人事により労働者の反発を招いたなどの労働者に宥恕すべき事情がないこと，配転や降格ができない企業事情があることなども考慮して濫用の有無を判断すべきである。」とする例（**エース損害保険事件・東京地決平13・8・10労判820号74頁**）や「労働能力が劣り，向上の見込みがない」との解雇事由に該当するとして解雇がされた事案において，当該事由について「著しく労働能力が劣り，しかも向上の見込みがないときでなければならないというべき」と限定解釈した上で，人事考課が相対評価であることや体系的な教育，指導を実施することによって，労働能率の向上を図る余地もあること等を指摘し，解雇を無効とした例（**セガ・エンタープライゼス**

事件・東京地決平11・10・15労判770号34頁があります。

また，能力不足解雇ではなく正社員の整理解雇（会社経営上必要とされる人員削減のために行う解雇）についてもハードルが高く，①人員削減の必要性，②解雇回避努力，③被解雇者選定の妥当性，④解雇に至る手続の妥当性といういわゆる整理解雇の4要素が要求されます（**東洋酸素事件・東京高判昭54・10・29労判330号71頁**など参照。なお，4要素か4要件かについては争いがありますが，近時は4要素として整理する説が有力と思われます（CSFBセキュリティーズ・ジャパン・リミテッド事件・東京高判平18・12・26労判931号30頁，日本通信事件・東京地判平24・2・29労判1048号45頁，専修大北海道短大事件・札幌地判平25・12・2労判1100号70頁，学校法人金蘭会学園事件・大阪地判平26・2・25労判1093号14頁など）。

2　限定正社員の解雇について

限定正社員の解雇についても，上記で述べた労働契約法16条の適用がありますが，❶限定された職務について能力不足である場合（※能力不足解雇について），❷限定された勤務地・職務が消滅した場合（※整理解雇について），には，正社員の解雇と異なる取扱いとなることがあります。以下，それぞれについて説明します。

（1）❶限定された職務について能力不足である場合（※能力不足解雇について）

職務が限定されている限定正社員については，かかる限定ゆえに，教育訓練や警告による改善の機会の付与がどの程度必要かが問題になります。

この点については，懇談会報告書の添付資料で27の裁判例が挙げられていますが（「図表20 JILPT『多様な正社員に関する解雇判例の分析』整理表【能力不足解雇】」），裁判例の傾向を踏まえると，限定があるからといって直ちに解雇が有効となるわけではありません。

すなわち，限定された職務が高度な専門性や高い職位を伴わない場合

には，限定が無い場合と同様にその職務に必要な能力を習得するための教育訓練の実施や警告による改善のチャンスを与える必要があると判断される傾向にあります。

　一方，中途採用で限定された職務が高度な専門性や高い職位を伴う場合には，高い能力を期待して雇用していることから，その職務に必要な能力を習得するための教育訓練の実施は必ずしも求められないものの，警告による改善の機会付与は必要とされる傾向にあります。

　参考になる裁判例として，人事本部長という地位を特定して中途採用された管理職について，常務の処理に自ら積極的にあたる必要がある旨再三の注意を受けていた上に，55の給与職について担当者との面接等を含めたレポート作成の作業を命じられていたのにこれを怠り，5つの職の者との面談を済ませただけであったことなどから，解雇を有効とした例（フォード自動車（日本）事件・東京高判昭59・3・30労判437号41頁），従来の職務経歴に着目し，日英の語学力及び品質管理能力を備えた即戦力と期待して品質管理部海外顧客担当の主事1級として中途採用した労働者の解雇について，長期雇用の新卒者と異なり，教育訓練や他職種への配転を検討すべき場合ではなく，労働者が雇用時に予定された能力を全く有さず，これを改善しようともしないような場合は解雇せざるを得ないとして解雇を有効とした例（ヒロセ電機事件・東京地決平14・10・22労判838号15頁），診療開始時刻の不順守，保険適用外検査の無許可実施等の服務規律違反を繰り返し，患者やその家族とのトラブルも多数発生していた病院の内科医長（院長に次ぐ高い地位）に対する解雇を有効とした例（A病院（医師・解雇）事件・福井地判平21・4・22労判985号23頁）などがあります。

　以上を踏まえると，職務が限定されている限定正社員の能力不足解雇についても，能力不足を理由に直ちに解雇することは認められず，特に高度な専門性を伴わない職務限定では，改善の機会を与えるための警告に加え，教育訓練，配置転換，降格等が必要とされる傾向にあります。他方，高度な専門性を伴う職務限定については，教育訓練，配置転換，降格等が必要とされない場合もありますが，少なくとも警告は必要とされる傾向にあります。このため，職務が限定されている限定正社員の能力不足解雇の場合も，あらかじめ，改善の機会を与えるために警告を行

うとともに，できる限り教育訓練，配置転換，降格等を実施することが重要です。

（2）❷限定された勤務地・職務が消滅した場合（※整理解雇について）

　勤務地又は職務が限定されている限定正社員については，かかる限定ゆえに，上記で述べた整理解雇の4要素の中でも特に「解雇回避努力」が課されるのか否か，また課されるとした場合，その範囲が狭まるのかという点が問題になります。

　この点については，懇談会報告書の添付資料で35の裁判例が挙げられていますが（「図表20 JILPT『多様な正社員に関する解雇判例の分析』整理表【整理解雇】」），裁判例の傾向を踏まえると，勤務地又は職務が限定されているからといって，整理解雇法理の適用は排除されず，配転や出向などの措置が直ちに不要となるものではなく，解雇回避努力自体は求められる傾向にあるといえます。

　ただし，求められる解雇回避努力は個別具体的な事例によって異なり，専門性の有無，職位・処遇，配転が可能な範囲，過去の配転実績などが考慮され，また，退職金の上乗せや再就職支援等をもって解雇回避努力を尽くしたとされる場合もあります。

　参考になる裁判例として，勤務地が限定されているケースで他の勤務地の人員を削減して配転させることまでは求めないとした例（シンガポール・デベロップメント銀行（本訴）事件・大阪地判平12・6・23労判786号16頁）や他の職務を遂行することが客観的に困難であれば配転は不要とした例（佐伯学園事件・福岡高判昭56・11・26労民集32巻6号865頁）などがあります。

　以上を踏まえると，勤務地又は職務が限定されている限定正社員の整理解雇についても整理解雇法理が適用され，解雇回避努力が不要になるわけではないものの，専門性の有無，職位・処遇，配転が可能な範囲，過去の配転実績などが解雇回避努力の程度に影響を与え得ると考えられます。このため，勤務地又は職務が限定されている限定正社員に対しても，転勤や配置転換の打診を可能な範囲で行うとともに，それが難しい場合には代替可能な方策を講じることが重要です。

Q11. 限定正社員の私傷病休職について，正社員と異なる点はありますか。

A. 正社員の場合には，私傷病休職からの復職にあたって，従前の職務を行える健康状態にないというだけではなく，軽減業務の遂行可能性や復職した場合に現実に配置可能な業務等の有無も検討するよう求められる傾向にあります。

　一方，職務が限定された正社員については，契約で特定されている業務について労務提供ができないのであれば復職は認められないのが原則となります。ただし，職務が限定されている社員についても企業に対して一定の配慮を求める裁判例もありますので留意が必要です。

1　私傷病休職制度と復職について

　私傷病休職制度とは，心身の疾病のために正常な労務提供が行えなくなった労働者に対して，療養の機会を与える制度です。私傷病休職制度は，法律上義務付けられているものではないため，制度を設けるか否かは会社の裁量に委ねられており，制度を設けないことも可能です。

　私傷病休職期間中の労働者が主治医から復職可能な健康状態にあると診断された場合には，当該労働者は会社に対して復職を求めることになります。私傷病休職からの復職については「治癒」が要件となっており，原則として，従前の職務を通常の程度に行える健康状態に回復したときを意味すると考えられます（平仙レース事件・浦和地判昭40・12・6労民16巻6号1113頁）。

　ただし，労働契約上，職種や職務内容が特定されていない正社員については，従前の職務を行える健康状態にないというだけではなく，軽減業務の遂行可能性や復職した場合に現実に配置可能な業務等の有無も検討すべきというのが裁判例の傾向です（東海旅客鉄道（退職）事件・大

阪地判平11・10・4労判771号25頁，キヤノンソフト情報システム事件・大阪地判平20・1・25労判960号49頁，私傷病休職からの復職の事案ではないものの片山組事件・最判平10・4・9労判736号15頁など）。

このため，正社員が復職可能かどうかを判断するにあたっては，①当初軽作業に従事させれば短期間で通常業務に復帰できるような見込みがあるかどうか，②従前の業務に復帰できない場合に他の業務に配置することが現実的に可能か，といった点を検討する必要があります。

2 限定正社員の復職について

正社員と異なり，職務が限定されている限定正社員の場合には，契約で特定されている業務について労務提供ができないのであれば，債務の本旨に従った履行ができないことになるため，復職は認められないのが原則です（北海道龍谷学園事件・札幌高判平11・7・9労判764号17頁も同旨）。

ただし，職務が限定されている社員についても企業に対して一定の配慮を求める裁判例もあります。例えば，客室乗務員として雇用されていた労働者がトラックの追突事故によりむちうち症になり休職した事案において，裁判所は，「労働者がその職種や業務内容を限定して雇用された者であるときは，労働者がその業務を遂行できなくなり，現実に配置可能な部所（ママ）が存在しないならば，労働者は債務の本旨に従った履行の提供ができないわけであるから，これが解雇事由となることはやむを得ないところである」としつつ，「比較的短期間で復帰することが可能である場合には，休業又は休職に至る事情，使用者の規模，業種，労働者の配置等の実情から見て，短期間の復帰準備時間を提供したり，教育的措置をとるなどが信義則上求められる」と判示しました（全日本空輸（退職強要）事件・大阪高判平13・3・14労判809号61頁，大阪地判平11・10・18労判772号9頁，ただし，業務上傷病のケース）。

また，慢性腎不全で2年間休職した大型貨物自動車運転手の復職が問題となった事案において，裁判所は，「労働者がその職種を特定して雇用された場合において，その労働者が従前の業務を通常の程度に遂行す

ることができなくなった場合には，原則として，労働契約に基づく債務の本旨に従った履行の提供，すなわち特定された職種の職務に応じた労務の提供をすることはできない状況にあるものと解される」としつつ，「他に現実に配置可能な部署ないし担当できる業務が存在し，会社の経営上もその業務を担当させることにそれほど問題がないときは，債務の本旨に従った履行の提供ができない状況にあるとはいえないものと考えられる」と判示しました（**カントラ事件・大阪高判平14・6・19労判839号47頁**。ただし，就業規則上職種変更権が定められ，近距離運転業務であれば運転業務が可能であったケース）。

　以上の裁判例を踏まえると，職務が限定されている限定正社員の場合，契約で特定されている業務について労務提供ができないのであれば復職は認められないのが原則とはいえるものの，ほどなく回復が見込まれる場合などには，短期間の軽易業務に従事させる，短期間の準備期間を提供する，特別の教育的措置を講じるなどの配慮が求められる可能性がありますので，復職にあたってはこの点も踏まえて慎重に対応・検討する必要があります。

第7章 懲戒

Q1. 出向命令や配転命令を拒否した従業員に対して,懲戒処分の根拠規定がなく,懲戒処分を科すことはできるでしょうか。

A. 出向命令や配転命令を拒否した場合には業務命令違反となりますが,懲戒処分の根拠規定がなければ,懲戒処分を科すことはできません。

人事権としての懲戒処分の根拠

懲戒処分とは,労働者の企業秩序維持違反行為に対する制裁罰であることが明確な,労働関係上の不利益措置をいいます(菅野和夫「労働法(第11版)」658頁)。

懲戒処分を科すためには懲戒の根拠規定が必要なのかという点について,最高裁判例は,「使用者が労働者を懲戒するには,あらかじめ就業規則において懲戒の種別及び事由を定めておくことを要する」と判示しており,規則に明定して初めて行使できるものと判断しています(**フジ興産事件・最判平15・10・10労判861号5頁**)。つまり,企業が労働者を懲戒するには,あらかじめ就業規則等において懲戒処分の根拠規定や,懲戒事由,種類を定めておくことが必要になります(労基法89条9号参照)。

したがって,就業規則等において懲戒処分の根拠規定等を定めておか

なければ，出向命令や配転命令を拒否した従業員に対して懲戒処分を科すことはできず，無効となります。

Q2. 作成義務が課せられていない労働者が10人未満の企業において，出向命令や配転命令を拒否した従業員に対して，懲戒処分の根拠規定がなく，懲戒処分を科すことはできるでしょうか。

A. 労働者が10人未満の企業においても就業規則等に根拠規定が必要であると解されており，根拠規定がないにもかかわらず懲戒処分を科した場合には，無効となります。

解説

Q1で説明したとおり，企業が労働者を懲戒するには，あらかじめ就業規則等において懲戒処分の根拠規定や，懲戒事由，種類を定めておくことが必要です。

これは，作成義務が課せられていない労働者が事業場単位で10人未満の企業（労基法89条本文）においても同様に解されています。つまり，根拠規定がないにもかかわらず懲戒処分を科した場合には，無効となります。実際に，無効と判断した裁判例も存在します（洋書センター事件・東京高判昭61・5・29労判489号89頁）。

そのため，労基法上の就業規則作成義務の有無を問わず，出向命令や配転命令を拒否した従業員に対して懲戒処分を科すためには，懲戒処分の根拠規定が必要になります。

Q3. 懲戒処分に関する規定の内容は，どのようなものにすればよいですか。

A. 懲戒の種別及び事由を定める必要があります。他方で，懲戒処分の量定・基準は定める必要はありません。

解説

1，従業員が正当な理由なく出向命令や配転命令を拒んだとしても，懲戒処分に関する根拠規定を設けておかなければ，懲戒処分を科すことはできないことはQ1及びQ2のとおりですが，懲戒処分を科すためには，具体的にどのようなことを規定しなければならないのかが別途問題となります。

2，前述したフジ興産事件最高裁判決において，「使用者が労働者を懲戒するには，あらかじめ就業規則において懲戒の種別及び事由を定めておくことを要する」と判示されている以上は，懲戒の種別及び事由を定めなければなりません。以下，懲戒の種別及び事由について説明します。

①懲戒処分の種別

フジ興産事件において，「懲戒の種別」を定めなければならないと判示されており，労基法89条9号においても，「制裁の定めをする場合においては，その種類及び程度に関する事項」を就業規則に定めなければならないと規定しています。つまり，懲戒処分の「種類」及び「程度」に関して具体的に定めなければなりません。

制裁の「種類」とは，戒告，減給，出勤停止，降格，諭旨解雇，懲戒解雇等の懲戒処分の種類を意味します。

制裁の「程度」とは，一定の事由に該当する場合の制裁の程度をいいます。制裁の程度は，制裁の事由との均衡を十分に考慮して規定されなければならず，この均衡を破るような懲戒処分は，公序良俗に反する法

律行為として無効と解されます（厚生労働省労働基準局編「平成22年版労働基準法　下」902頁）。

　なお，懲戒処分の種類として「降格」が定められていなかったにもかかわらず，降格処分を科したケースとして，**アメリカン・スクール事件・東京地判平13・8・31労判820号62頁**がありますが，懲戒処分としての降格処分は無効と判断されています（ただし，人事権の行使としての降格処分は有効と判断）。

②懲戒事由

ア，フジ興産事件において，懲戒の「事由」を定めなければならないと判示されており，就業規則等において，懲戒事由を列挙しておかなければなりません。

　従業員が正当な理由なく出向命令や配転命令を拒んだことを理由に懲戒処分を科す場合には，就業規則等に「会社の業務命令を拒んだとき」などといった懲戒事由を設けておく必要があります。

イ，ところで，労働者の非違行為は多種多様であるから，これらを懲戒事由として網羅することは極めて困難です。

　そこで，包括条項として，「その他前各号に準ずる行為があったとき」というような規定を設けることが必須となります。

　このような包括条項を設けておけば，たとえそれ以外の懲戒事由に該当しない非違行為に対しても，懲戒処分を科すことが可能になり得ます。**メディカルサポート事件・東京地判平12・2・28労経速1733号9頁**においては，経費の不正請求及び不正精算について，包括条項以外の懲戒事由には該当しませんが，「その他各号に準ずる行為があった者」という包括条項に該当するので，懲戒解雇は有効であると判断しました。

　ただし，包括条項があればどのような非違行為に対しても懲戒処分を科すことが可能となるわけではなく，上記メディカルサポート事件において裁判所が，「抽象的表現の概括条項が設けられている場合に，このような条項に該当するというためには，懲戒の対象となる当該行為が，それ以外に列挙された事由と近似した内容のものであることのほか，企業秩序維持の観点からそれらと同程度の反価値性を有することも必要であると解すべき」と判示するように，具体的に懲戒事由として掲げてい

る非違行為と同程度かそれ以上に企業秩序を乱す行為についてのみ適用できると考えるべきです。そのため，包括条項のみで懲戒処分を科すような事態はできるだけ避けるべきであり，具体的な懲戒事由については，できる限り多種多様な非違行為を対象とするような規定ぶりにすることが望ましいです。

　他方で，懲戒処分の量定（処分の軽重をはかって決定すること）・基準については，前記フジ興産事件最高裁判決で言及されていません。また，労基法上，定めておくことは求められていません。
　懲戒処分の量定・基準については，具体的に就業規則で定めてしまうと懲戒制度の運用を硬直化させてしまい，結果として企業の裁量の幅を狭めてしまいかねないので，就業規則には定めない方が無難です。但し，懲戒処分の妥当性を確保する観点からは，就業規則という形ではなく，例えば内規やガイドライン等で定めておくほうが望ましいです。
　なお，懲戒事由や懲戒処分の量定については，人事院の公務員に関する「懲戒処分の指針について」と題する通知が参考になります。

Q4. 出向命令や配転命令を拒否した従業員に対して、業務命令違反という懲戒事由に該当すれば、ただちに懲戒処分は有効になるのでしょうか。

A. 懲戒事由に該当したからといって、直ちに懲戒処分が有効になるわけではなく、相当性などの懲戒処分に関する諸原則に照らして有効性が判断されます。

1 懲戒処分の相当性

（1）懲戒処分は、就業規則上の懲戒事由に該当すれば直ちに有効となるものではありません。労働契約法15条は「使用者が労働者を懲戒することができる場合において、当該懲戒が、当該懲戒に係る労働者の行為の性質及び態様その他の事情に照らして、客観的に合理的な理由を欠き、社会通念上相当であると認められない場合は、その権利を濫用したものとして、当該懲戒は、無効とする。」と規定し、懲戒処分に相当性を要求しています。つまり、相当性を欠く場合には、当該懲戒処分は無効になります。

（2）懲戒処分の相当性を基礎付ける一事情として、事前の注意・警告、軽い懲戒処分の重要性が挙げられます。すなわち、初回の非違行為に対して懲戒解雇や諭旨解雇といった重い懲戒処分を科すのではなく、まずは注意・警告を行ったり、戒告、譴責、出勤停止などの懲戒処分を科したりして、再度同じような非違行為を行った場合に重い懲戒処分を科す方が、懲戒処分の有効性は高まるといえます。なぜなら、当該労働者が、警告や注意を受けていたり、軽い懲戒処分を科されたりしていたにも拘わらず、同様の行為を繰り返す場合には、当該非違行為の悪質性が増すからです（重い懲戒処分を科す前に注意・警告、軽い懲戒処分を科さなかったことを、懲戒処分を無効とする理由とした裁判例として、X市事件・大阪地判平18・4・26労経速1946号3頁、Y社（セクハラ・懲戒解

雇）事件・東京地判平21・4・24労判987号48頁等）。

（3）なお，企業が従業員に対して，出向命令や配転命令を発したにもかかわらず，当該従業員が正当な理由もなく拒んだ場合には，懲戒処分を科すことは可能であり，この場合，基本的にはそれなりに重い懲戒処分を検討するのが一般的だと思われます（有効性も認められやすいです）。ただし，出向命令，配転命令の有効性に疑義がある場合には，軽い懲戒処分にしておいた方が無難でしょう。

2 二重処罰禁止の原則（一事不再理の法理）

　懲戒処分は，労働者の行った企業秩序違反行為に対する一種の刑罰ですから，刑事罰と同様の法理に服することになります。すなわち，刑事罰の場合と同様に二重処罰禁止の原則（一事不再理の法理）が適用され，同一の非違行為に対して再度懲戒処分を科すことは許されません（渡島信用金庫事件・札幌高判平13・11・21労判823号31頁など）。

　例えば，軽い懲戒処分を科した後に重い懲戒処分を科す場合，二重処罰禁止の原則（一事不再理の法理）の観点から，最初の軽い懲戒処分の対象とした非違行為は後の重い懲戒処分の対象にはできません。他方，懲戒処分ではない注意や警告であれば，それの対象となった非違行為をも含めて重い懲戒処分の理由とすることができます。

3 不遡及の原則

　懲戒処分の根拠規定は，それが設けられる以前の非違行為に対して遡及的に適用できないと一般的に解されているため（不遡及の原則。富士タクシー事件・新潟地判平7・8・15労判700号90頁），懲戒処分の根拠規定を作成した後の非違行為に対してのみ適用すべきです。

4　平等原則

（1）同等の非違行為については同等の処分がなされるべきであり（平等原則），懲戒処分を科す際には，企業における同等の懲戒処分事例について先例を調べたうえで，これを踏まえてどのような懲戒処分を科すかを検討することが必要です。平等原則違反の懲戒処分は，前述した相当性を欠くものとして，無効となります。

　出向命令や配転命令を拒否したことを理由とした懲戒処分についても，先例となる懲戒処分事例が譴責等の軽い懲戒処分であった場合には，懲戒解雇や諭旨解雇といった重い懲戒処分を科すと，平等原則違反として無効になる可能性があります。

（2）ただし，非違行為を特定した上で，今後はその非違行為については厳罰に処する旨を労働者に告知し，周知徹底していれば，先例に囚われずに重い処分を科すことも不可能ではないと解されます。

　従来黙認してきた非違行為を懲戒処分の対象とする場合にも，労働者に対して事前に十分な告知や警告をすることが重要です。

Q5. 以前に出向や配転を拒んだことを理由に，当該従業員を懲戒解雇しようと思いますが，長期間が経過していても問題ないでしょうか。

A. 非違行為から長期間が経過しているからといって，そのことから直ちに懲戒処分が無効になるわけではありません。ただし，無効になる場合があるので注意が必要です。

解説

1 企業は懲戒処分の選択及び懲戒権の行使時期について裁量を有しているため，非違行為から長期間が経過しているからといって，そのことから直ちに懲戒処分が無効になるわけではありません（学校法人B（教員解雇）事件・東京地判平22・9・10労判1018号64頁）。

2 しかし，長期間に亘って懲戒権の行使がなされていない場合，非違行為を行った労働者は，懲戒処分は行われないであろうと期待を持ちます。そして，企業が突如として懲戒権を行使した場合には，その期待を侵害し，その法的地位を不安定にします。また，懲戒処分は労働者の非違行為によって乱された企業秩序を回復させるために実施されるという側面があることから，対象となった非違行為から相当期間が経過すれば，企業秩序は回復されたり，懲戒処分を科してまで回復する必要がなくなったりする状況になることもあり得ます。

このような観点から，非違行為から相当期間が経過した後に懲戒処分を科した場合には，その懲戒処分が無効になる場合があります（ネスレ日本事件・最二小判平18・10・6労判925号11頁，前掲学校法人B（教員解雇）事件等）。

したがって，懲戒事由が発覚した場合には，速やかに懲戒処分を科すべきです。

3 ただし，懲戒処分の前提となる非違行為に関する事実関係を十分に

調査せずに処分するのは，後に労働者と懲戒処分の有効性が争いになったときに，企業に不利な事情が後から発見されてしまいかねず妥当ではありません。そのため，十分な事実関係の調査を行った上で懲戒処分を科すべきですが，事実関係の調査は場合によっては多大な時間を要してしまうことがあります。

この点については，「使用者においても，当該懲戒事由を認知した後，事実関係の調査，いかなる懲戒処分を選択するかについての調査，事務分配の調整，業務の停滞を回避するための事務の引き継ぎを図る必要などがあるから，就業規則に懲戒権行使の時間的限界について特別な定めがない場合には，懲戒事由を認知した後，事実の確認その他の調査，調整に必要な相当な期間内に懲戒権を行使すれば足り，それ以上に長期間が経過した後に懲戒権を行使したとの事実は，原則として懲戒権の濫用に該当するか否かを判断する際の一事情として考慮すれば足りる」などと判示した裁判例（医療法人清風会事件・山形地酒田支決平9・2・20労判738号71頁）があるとおり，事実関係の確認などのために，懲戒事由が発生してから多少時間が経過した後に行った懲戒処分が直ちに無効になるわけではなく，相当な期間内に行われていれば有効であると解されています。ただし，あまり期間が空きすぎてしまうと，やはり懲戒処分が無効になるリスクがありますので注意が必要です（前掲ネスレ日本事件及び前掲学校法人B（教員解雇）事件）。

このようなリスクを回避するためには，企業は懲戒事由が発覚した後，処分までに時間を要している場合，労働者に非違行為は不問に付されたとの期待を抱かせないように，社内手続において非違行為を不問に付さないで懲戒処分をする旨を決議したり，当該労働者に対して，懲戒処分に関する調査や審議が継続している旨を通告したりしておくべきです（前掲ネスレ日本事件及び前掲学校法人B（教員解雇）事件参照）。

第7章　懲戒

Q6. 懲戒処分を科した後に，別の非違行為が発覚した場合に，これを懲戒事由として追加しても問題ないでしょうか。

A. 懲戒処分当時に企業が認識していなかった非違行為は，特段の事情がない限り，当該懲戒の理由とされたものでないことが明らかですから，その存在をもって当該懲戒処分の有効性を根拠づけることはできません。

解説

1　懲戒処分を科した後に，懲戒処分時に企業が認識していなかった非違行為が発覚した場合，企業としては，懲戒処分の相当性を補強すべく，新たに発覚した非違行為を懲戒事由として追加したいと考えることは少なくありません。

しかし，懲戒処分当時に企業が認識していなかった非違行為は，特段の事情がない限り，当該懲戒の理由とされたものでないことが明らかですから，その存在をもって当該懲戒処分の有効性を根拠づけることはできません（山口観光事件・最一小判平8・9・26労判708号31頁）。

そのため，企業としては，追加主張せざるを得なくなるような状況にならないように，事前に十分に調査すべきです。

2　他方，懲戒処分時に企業が認識していた非違行為については，懲戒処分時に告知された非違行為と実質的に同一性を有し，あるいは同種若しくは同じ類型に属すると認められるもの又は密接な関連性を有するものである場合には，懲戒事由として追加主張できるとされています（富士見交通事件・東京高判平成13・9・12労判816号11頁）。

Q7. 出向命令や配転命令を拒否した従業員に対して懲戒処分を科す際の手続きとして，注意すべき点はありますか。

A. 「懲戒処分を科す際には，懲戒委員会を開催し，全会一致で決定を得なければならない」などといった懲戒処分に関する手続規定や，弁明の機会を付与しなければならない旨の規定が設けられている場合には，それらを履践せずに科した懲戒処分は，無効になる可能性が高いので注意が必要です。

1 懲戒権限行使に必要な手続

　就業規則や労働協約において，「懲戒処分を科す際には，懲戒委員会を開催し，全員一致による決定を得なければならない」などといった懲戒処分に関する手続を定めている場合には，その手続を遵守することは当然であって，当該手続を履践しないで科した懲戒処分は，懲戒権の濫用となり，無効になる可能性が高いです（千代田学園（懲戒解雇）事件・東京高判平16・6・16労判886号93頁，中央林間病院事件・東京地判平8・7・26労判699号22頁等参照）。

　しかし，例外的に手続的要件を緩和する条項や，手続を不要とする条項を設けておくことによって，懲戒手続を履践しなくても懲戒処分が有効になる可能性があります（例えば，懲戒委員会規程において，懲戒処分を科す際には，「委員会の決定は，全員一致による。」と規定されていましたが，「ただし，やむをえない事情がある場合，委員長は出席者の過半数をもって決議することができる」という例外規定を置いていた事案で，例外規定に基づいて委員の全員一致がなくても懲戒処分として有効とした裁判例があります（南海電気鉄道事件・大阪地堺支決平3・7・31労判595号59頁）。

　実際に，出向命令や配転命令を拒否した従業員に対して懲戒処分を科す際には，就業規則等において，懲戒処分に関する手続規定がないか確

認する必要があります。

2　弁明の機会の付与

　就業規則に弁明の機会の付与が懲戒手続が規定されている場合に，同手続を経ずに科した懲戒処分は無効となります（前掲千代田学園（懲戒解雇）事件・東京高判平16・6・16労判886号93頁等）。

　他方，そのような手続が就業規則に規定されていない場合にまで，同手続を付与することが求められるわけではなく，弁明の機会を付与しなかったことをもって直ちに当該懲戒処分が無効になるわけではありません（日本電信電話（大阪淡路支店）事件・大阪地判平8・7・31労判708号81頁，前掲日本HP本社セクハラ事件・東京地判平17・1・31判時1891号156頁等）。

　ただし，裁判例においても，一般論としては，適正手続保障の見地からみて，懲戒処分に際し，被懲戒者に対し弁明の機会を与えることが望ましいと指摘されていることから，重い懲戒処分や，懲戒処分の対象となる労働者が事実関係を争っている場合には，弁明の機会を付与することが望ましいです。

Q8. 正当な理由がないにもかかわらず,出向命令や配転命令を拒否し続ける従業員に対して,懲戒解雇処分を科しましたが,退職金を不支給としてもよいでしょうか。

A. 不支給とする根拠規定が必要ですが、根拠規定があれば必ずしも退職金を不支給にすることが認められるわけではありません。

1 退職金を不支給または減額できる場合

(1) 懲戒解雇処分となった労働者に対しては,退職金を支給しない,または,支給する退職金を減額するという取扱いにしている企業が多いです。このように不支給としたり減額したりするためには,その旨を就業規則に定めておかなければなりません。

ただし,懲戒解雇処分になったからといって,直ちに退職金の不支給・減額が認められるわけではありません。退職金は,功労報償的な性格だけでなく賃金後払的な性格をも有するため,退職金の不支給・減額規定を適用できるのは,労働者のそれまでの勤続の功労を抹消してしまうほどの背信行為があった場合に限られます(**小田急電鉄事件・東京高判平15・12・11労判867号5頁,日音事件・東京地判平18・1・25労判912号63頁など参照**)。

(2) なお,出向命令や配転命令を拒んだ従業員に対して,業務命令違反を理由として懲戒解雇処分とした上で,退職金の不支給や減額をする場合には,私生活上の非行や一般的な非違行為を理由とする場合と比べて,有効と判断される可能性は高くなります。

2 退職後に懲戒解雇事由が発覚した場合の対応

　退職後に懲戒解雇事由が発覚した場合には，既に労働契約は解消されているので，改めて当該労働者に対して懲戒解雇処分を科すことはできません。

　就業規則上に，「懲戒解雇された場合には，退職金を全額又は一部を支給しない。」という規定だけ規定されていた場合には，「懲戒解雇された場合」には該当しなくなってしまうので，退職金を不支給又は減額することはできなくなってしまいます。

　もっとも，企業が懲戒解雇を科したい理由の多くは退職金の支払いを拒絶したいというものですから，退職金不支給条項を工夫することによって対処することができます。

　具体的には，退職金不支給条項を「懲戒解雇された場合には」とするだけではなく，その規定に「懲戒解雇相当事由が存在する場合には」という文言を追加するか，そもそも「懲戒解雇の場合には」という文言に代えて，「懲戒解雇相当事由が存在する場合には」とすることで，退職金の支払いを拒絶することが可能になります。

Q9. 配転(配置転換・転勤)命令を拒否する社員を懲戒解雇することはできますか。

A. 配転命令が無効であれば,懲戒処分も無効となりますが,配転命令が有効であれば,これを拒否することは業務命令違反となるので,懲戒処分の対象となり,事情によっては懲戒解雇も有効となります。

1 配転命令拒否に対する懲戒処分

　配転命令が無効の場合,社員は当該配転命令に従う義務がありませんので,無効な配転命令に従わないことを理由とした懲戒処分は無効になります(マンナ運輸事件・神戸地判平16・2・27労判874号40頁等参照)。
　一方,有効な配転命令の拒否を認めると,企業は,自社における人材配置を決められないことになり,企業秩序を著しく乱すことになりますので,配転命令が有効であれば,これを拒否することは業務命令違反として懲戒処分の対象となります。
　以下,配転命令権の根拠や有効性判断についてご説明します。

2 配転とは

　配転とは,社員の配置の変更であって,職務内容または勤務場所が相当の長期間に亘って変更されるものをいいます。このうち同一勤務地(事業所)内の職務内容の変更が「配置転換」,勤務地の変更が「転勤」と一般的に称されています。
　配転は,社員の能力・適性に応じた配置の調整や,多様な業務を担当させることによる能力開発,異動による組織の活性化などを目的に行わ

れます。また，不況時に解雇を避けるための手段として，余剰人員を抱えた部門から他の部門に社員を異動させることも多々見受けられます。特に，会社による解雇が大幅に制限されている現状からすれば，配転の雇用調整としての役割は極めて重要です（そのため，会社による配転命令は広く認められています。）。

3 配転命令権の根拠

　長期的な雇用を予定した正社員については，職種，職務内容や勤務地を限定せずに採用されていることが多く，広範囲な配転が行われていくのが通常です。このような長期雇用の労働契約関係においては，会社が人事権の一内容として社員の職務内容や勤務地を決定する権限（配転命令権）を有することが予定されています。

　配転命令権の根拠については就業規則上，「会社は，業務上の必要性がある場合には，従業員に対して配転を命じることがある。従業員は，特段の事情のない限り，この命令を拒むことはできない。」というような規定が置かれているのが一般的ですが，このような就業規則上の規定があれば，配転命令権の根拠と考えることができます。

　また，採用の際などに社員から配転について包括的に同意を取り付けておけば，それでも足ります。仮に，このような就業規則上の規定や明示の同意がなくても，本社採用の幹部候補生などのように，労働関係の類型から当然に会社に包括的な配転命令権が黙示の労働契約の内容として認められる場合もあります。

4 配転命令権の制限

　上記のように，会社には広範な配転命令権が与えられているのが一般的です。しかし，配転は社員の生活やキャリアに影響を及ぼすこともあるため，配転命令権も無制約ではありません。以下のとおり，①法令による制約，②契約による制約，③権利濫用法理による制約があります。

(1) 法令による制約（①）

　組合への加入や正当な組合活動を理由とする配転命令は，不当労働行為として無効になります（労組法7条1号）。また，性別，国籍，社会的身分を理由とする差別的な配転命令も無効になります。

　そのほか，妊娠，出産・育児休業等の事由を理由とした配転が不利益取り扱いであると認められた場合には，男女雇用機会均等法9条3項違反や育児・介護休業法10条違反として，配転命令は無効となります。この点に関し，いわゆる「マタハラ判決」として注目された最高裁判決（**広島中央保険生活共同組合事件・最判平26・10・23労判1100号5頁**）や，これに引き続いて厚労省から出された通達（平成27年1月23日付け雇児発0123第1号）の内容には十分留意する必要があります（かかる最高裁判決や通達の詳細については，第5章Q10参照）。

(2) 契約による制約（②）

　労働契約において，明示的又は黙示的に職種や勤務地が限定されている場合には，かかる限定合意に反する配転・転籍命令は原則として，契約違反として無効になります。（職種・勤務地限定合意の詳細については，第1章参照）

(ア) 職種限定合意

　医師，看護婦，病院の検査技師，ボイラーマン，パイロット，税理士，弁護士などといった特殊の技術，技能，資格を有する者については職種の限定があるのが通常です。

　他方，特別な訓練や養成を経て一定の技能を習得し，長い間その職種に従事してきた者であっても，技術革新や経営の多角化などが著しい今日では職種の限定があったとは言えない場合も少なくありません（例えば，長年に亘って機械工として従事してきた社員の組立現場への配転など（日産自動車東村山工場事件・最判平元・12・7労判554号6頁））。

(イ) 勤務地限定合意

　現地採用の工員や事務補助職として勤務している社員については勤務

第7章　懲戒

地限定の合意が認められやすいでしょう（例えば**ブック・ローン事件・神戸地決昭54・7・12労判325号20頁**）。また，社員が転勤できない旨を明示して雇用契約を申込み，これに対して何らの留保を付することなく会社が採用した場合などは勤務地限定の合意が認められやすくなります。

他方，大卒の本社採用者（総合職）は，転勤によるキャリアアップ，能力開発が予定されていることが多いので，勤務地の限定が認められにくいでしょう。

（3）権利濫用による制約（③）

ア　権利濫用法理

会社が配転命令権を有していたとしても，その行使が権利濫用法理により制約を受ける場合があります。権利濫用になるか否かは，業務上の必要性と社員の不利益を比較衡量することになります。具体的に配転命令が濫用となるのは，①業務上の必要がない場合，②配転が不当な動機・目的によるものである場合，③社員の被る不利益が通常甘受すべき程度を著しく超える場合とされています（**東亜ペイント事件・最判昭61・7・14労判477号6頁**）。

まず，業務上の必要性がない配転命令や（「業務上の必要性」の詳細については，第1章Q8～10参照），嫌がらせ目的，退職に追い込むことを目的とした配転命令（「不当な動機・目的」の詳細については，第1章Q14参照）は無効になります（**フジシール事件・大阪地判平12・8・28労判793号13頁，プロクター・アンド・ギャンブル・ファー・イースト・インク（本訴）事件・神戸地判平16・8・31労判880号52頁**など）。

また，業務上の必要性があったとしても，重篤な病気の家族を介護しなければならない場合など，配転による社員の不利益が著しいときも（「著しい不利益」の詳細については，第1章Q11～13参照），配転命令は無効になります（**北海道コカ・コーラボトリング事件・札幌地決平9・7・23労判723号62頁**）。

他方，社員の不利益が転勤に伴い通常甘受すべき程度にとどまるときには，業務上の必要性は余人をもって代えがたいといった高度のものであることは必要なく，人材の適正配置，業務の能率増進，社員の能力開

発，労働意欲の高揚，業務運営の円滑化といった程度のものでよいとされています。

　なお，判例は，不当な動機・目的や著しい不利益など「特段の事情」がある場合に限って権利濫用となると判示しているので，権利濫用になるのはあくまで例外的場面であり，原則として有効であるという立場をとっているといえるでしょう。

　以下，個別の事情ごとの裁判例の判断内容をご紹介します。

イ　遠距離通勤や単身赴任を理由とする拒否

　転勤により遠距離通勤になるという事情があっても，判例は通勤時間が片道1時間長くなり，保育園に預けている子供の送迎等に支障が生じる場合でも，著しい不利益とはいえないとしています（ケンウッド事件・最判平12・1・28労判774号7頁）。また，転勤に応じると家庭の事情により単身赴任（夫婦別居）をせざるを得ない場合でも，それだけの事情ではその不利益は通常甘受すべき程度にとどまるものと判断される可能性が高いです（帝国臓器製薬事件・最判平11・9・17労判768号16頁など）。また，子供のいる女性の転勤についても配転命令を有効とした判例（前掲ケンウッド事件）もあります（ただし，後述のとおり，育児・介護の事情を抱えた社員について転勤の配慮義務を定めた育児介護休業法を踏まえて権利濫用の判断を行った判例もあります。）。

ウ　育児，介護を理由とする拒否

　育児・介護休業法では，「社員の配置に関する配慮」として「事業主は，その雇用する社員の配置の変更で就業の場所の変更を伴うものをしようとする場合において，その就業の場所の変更により就業しつつその子の養育又は家族の介護を行うことが困難となることとなる社員がいるときは，当該社員の子の養育又は家族の介護の状況に配慮しなければならない。」と規定しています（同法26条）。

　この規定自体については，通達において「子の養育や家族の介護を行っている労働者にとって，住居の移転等を伴う就業の場所の変更が，雇用の継続を困難にしたり，職業生活と家庭生活との両立に関する負担を著しく大きくする場合があることから，労働者の配置の変更で就業の場所の変更を伴うものをしようとする場合において，その就業の場所の変更により就業しつつその子の養育又は家族の介護を行うことが困難とな

る労働者がいるときは，当該労働者の子の養育又は家族の介護の状況について配慮することを事業主に義務づけるものであること。」とされています（平成14年3月18日雇児発0318003号）。

　また，「子の養育又は家族の介護を行い，又は行うこととなる労働者の職業生活と家庭生活との両立が図られるようにするために事業主が講ずべき措置に関する指針」（平成16年12月28日厚労告示460号）では，「配慮することの内容としては，例えば，当該労働者の子の養育又は家族の介護の状況を把握すること，労働者本人の意向を斟酌すること，配置の変更で就業の場所の変更を伴うものをした場合の子の養育又は家族の介護の代替手段の有無の確認を行うこと等があること。」とされています。

　なお，この点に関連して，判例は，「（育児介護休業法26条は）労働者の子の養育や家族の介護の状況に対する配慮を事業主の義務としているところ，事業者の義務は『配慮しなければならない』義務であって，配転を行ってはならない義務を定めてはいないと解するのが相当である。しかしながら，改正育休法の制定経緯に照らすと，同条の『配慮』については，『配置の変更をしないといった配置そのものについての結果や労働者の育児や介護の負担を軽減するための積極的な措置を講ずることを事業主に求めるものではない』けれども，育児の負担がどの程度のものであるのか，これを回避するための方策はどのようなものがあるのかを，少なくとも当該労働者が配置転換を拒む態度を示しているときは，真摯に対応することを求めているものであり，既に配転命令を所与のものとして労働者に押しつけるような態度を一貫してとるような場合は，同条の趣旨に反し，その配転命令が権利の濫用として無効になることがあると解するのが相当である。」と判示しています（**明治図書出版事件・東京地決平14・12・27労判861号69頁**）。

　育児や介護をしている社員の配転を行う場合は，以上のような法律，判例，通達等を十分に理解した上で，実施する必要があります。

（4）以上のように，配転命令は広く認められているものの，配転も常に命じることができるというわけではなく，上記のような制約があります。これらの制約にあてはまらなければ，会社の社員に対する配転命令は有効なものとなります。

5　いかなる懲戒処分が適切か

　有効な配転命令が拒否された場合に，いかなる懲戒処分を課すのが適切かは，当該企業が就業規則において業務命令違反に対してどのような懲戒処分を課すと定めているか，また，配転命令拒否に至る経緯等の事情によっても異なるものの，配転命令拒否は，企業の秩序維持に重大な悪影響を及ぼしますので，重い懲戒処分も許容されやすいと考えてよいでしょう。裁判例では，懲戒解雇が有効とされている事案も多いです(ケンウッド事件・最判平12・1・28労判774号7頁等参照)。

　もっとも，有効な配転命令に従わない社員の懲戒解雇が常に有効と判断されるわけではなく，懲戒解雇に至る経緯等によっては，懲戒権の濫用（労契法15条）と評価され，懲戒解雇が無効と判断されることもあり得ます。メレスグリオ事件・東京高判平12・11・29労判799号17頁では，「被控訴人（会社）は，控訴人（社員）に対し，職務内容に変更を生じないことを説明したにとどまり，本件配転後の通勤所要時間，経路等，控訴人において本件配転に伴う利害得失を考慮して合理的な判断をするのに必要な情報を提供しておらず，必要な手順を尽くしていない」（括弧書きは筆者注）ことから，懲戒解雇は性急に過ぎ，配転の影響等に対する配慮を著しく欠き，権利濫用に該当するとして，懲戒解雇を無効と判断しています。

　この裁判例の判断を踏まえると，配転命令に従わない社員に対しては，直ちに懲戒解雇を行うのではなく，まず，面談を行い，書面で配転先への出勤を督促するなどした上で，なおこれに応じない場合に懲戒解雇を検討するといった手順を踏むのが無難です。

Q10. 出向命令を拒否する社員を懲戒解雇することはできますか。

A. 出向命令が無効であれば懲戒処分も無効となりますが，出向命令が有効であれば，これを拒否することは業務命令違反となるので，懲戒処分の対象となり，事情によっては懲戒解雇も有効となります。

1　出向命令拒否に対する懲戒処分

　配転命令拒否の場合と同様（配転命令拒否に対する懲戒処分については，Q1），出向命令が無効の場合，社員は当該出向命令に従う義務がありませんので，無効な出向命令に従わないことを理由とした懲戒処分は無効になります。

　一方，有効な出向命令の拒否を認めると，企業は，自社における人材配置を決められないことになり，企業秩序を著しく乱すことになりますので，出向命令が有効であれば，これを拒否することは業務命令違反として懲戒処分の対象となります。

　以下，出向命令権の根拠や有効性判断についてご説明します。

2　出向とは

　出向とは，社員が自己の雇用先の会社に在籍したまま，他の会社の事業所において相当長期間に亘って当該他会社の業務に従事することをいいます（在籍出向とも呼ばれています）。

　出向は，子会社，関連会社への経営・技術指導を目的とする場合，出向先で経験を積ませて能力開発や教育訓練を図る場合，雇用調整の手段として余剰人員を関連会社に異動させる場合，中高年層のポスト不足対

応として社員を関連会社に異動させる場合などに行われています。

3　会社の出向命令権の根拠

　会社間の人事異動である出向の場合には，社員にとっては労務提供先の会社が変更されるので，配転の場合のように黙示の契約内容になっているというだけでは足りず，就業規則上の「会社は，業務上の必要性がある場合には，社員に対して，関連会社へ出向を命じることがある。」といった規定や労働協約上の根拠規定，採用の際における同意（包括的同意）など明示の根拠がない限りは出向命令権が労働契約の内容になっているということは難しく，出向は認められません。
　また，就業規則・労働協約や入社の際の同意等，出向命令権の包括的な規定ないし同意があれば十分かといえば，そうではありません。出向においては，労務提供先の会社の変更に伴って賃金等の労働条件，キャリア等で不利益が生じうるため，この点に対する配慮が必要になります。すなわち，出向を命じるには，出向先での労働条件，出向期間，復帰条件（復帰時の労働条件や退職金の計算などにあたっての勤続年数の通算など）などが出向規定等によって労働条件に配慮する形で整備されていることも必要です（新日本製鐵（日鐵運輸第2）事件・最判平15・4・18労判847号14頁参照）。（出向命令権の根拠の詳細については，第2章Q2参照）

4　出向命令権の制限

　出向は社員のキャリアや生活に与える影響が小さくないので，配転と同様に，①法令，②契約，③権利濫用法理による制約があります。
③権利濫用法理について，労働契約法は「使用者が社員に出向を命ずることができる場合において，当該出向の命令が，その必要性，対象社員の選定に係る事情その他の事情に照らして，その権利を濫用したものと認められる場合には，当該命令は，無効とする。」と明文化しています（労

契法14条)。

　そして，出向の場合には，労働提供の相手方の変更を生ぜしめるので，その点において著しい不利益を生ぜしめないかどうかの判断が配転の場合の権利濫用の判断に付加されます。具体的には，出向命令の業務上の必要性と出向者の労働条件上及び生活上の不利益とが比較衡量されます。労働条件が大幅に下がる出向や復帰が予定されていない出向は，整理解雇の回避や管理職ポストの不足など，経営上の事情がない限り権利濫用になる可能性が高いといえます。

　このように，出向も常に命じることができるというわけではなく，上記のような制約がありますが，これらの制約にあてはまらなければ，会社は社員に対して出向を命じることができます。

5　いかなる懲戒処分が適切か

　有効な出向命令が拒否された場合にいかなる懲戒処分を課すのが適切かは，当該企業が就業規則において業務命令違反に対してどのような懲戒処分を課すと定めているか，また，出向命令拒否に至る経緯等の事情によっても異なるものの，出向命令拒否は，配転命令拒否と同様，企業の秩序維持に重大な悪影響を及ぼしますので，重い懲戒処分も許容されやすいと考えてよいでしょう。

　配転命令拒否と比べて，出向命令拒否を理由とする懲戒解雇の有効性が争われた事案は多くはありませんが，裁判例では，出向命令が有効であれば，出向命令拒否を理由とした懲戒解雇を有効とし，出向命令が無効であれば，出向命令拒否を理由とした懲戒解雇を無効と判断する傾向にあります。(日東タイヤ事件・最判昭48・10・19労判189号53頁参照。控訴審・上告審は出向命令が無効であるとして懲戒解雇無効と判断していますが，第一審は出向命令が有効であるとして懲戒解雇を有効と判断しています。)

　なお，配転命令拒否の事案ですが，配転命令自体は有効と判断されたものの，懲戒解雇に至る過程において，当該社員が「本件配転に伴う利害得失を考慮して合理的な判断をするのに必要な情報を提供しておら

ず，必要な手順を尽くしていない」とし，当該懲戒解雇は権利濫用であって無効であると判断された裁判例があります（**メレスグリオ事件・東京高判平12・11・29労判799号17頁**）。

　出向命令も，配転命令と同様，人事権行使による異動の場面ですので，この裁判例の判断を踏まえると，出向命令に従わない社員に対しては，直ちに懲戒解雇を行うのではなく，まず，面談を行い，書面で出向先への出勤を督促するなどした上で，なおこれに応じない場合に懲戒解雇を検討するといった手順を踏むのが無難でしょう。

Q11. 転籍を拒否する社員に対して懲戒処分を課すことはできますか。

A. 転籍は社員の個別同意が必要であるため、転籍を拒否する社員に対して懲戒処分を課すことはできません。

1 転籍とは

転籍とは、社員が自己の雇用先の会社から他の会社へ籍を移して当該他会社の業務に従事することをいい、移籍出向とも呼ばれています。転籍の場合には、移籍元との労働契約関係が終了する一方で、移籍先の会社との労働契約が開始します。

転籍の法的性格は、①移籍元と移籍先との協定などに基づき、社員が移籍元との労働契約を合意解約して、移籍先と新たな労働契約を締結する場合と、②労働契約上の使用者の地位が、移籍元から移籍先に譲渡される場合とに類型化できます。

いずれの場合も社員の同意が必要です。そして、転籍の場合には、移籍元との雇用契約の終了という効果を生じさせるものであるため、転籍時に社員の個別具体的な同意が必要です。

つまり、社員が転籍に同意しない場合は転籍させることはできず、業務命令として転籍を命じたとしても無効になります。

2 転籍拒否に対する懲戒処分

転籍は、配転や出向と異なり、当該社員と移籍元の会社との雇用契約を終了させることになりますので、転籍に関する当該社員の個別具体的な同意がなければ無効となります。

そのため、当該社員が転籍を拒否する場合、転籍拒否を理由に懲戒処分を課すことはできません。

Q12. 出向先での指示命令に従わない社員に対して，どのように対応すればよいでしょうか。

A. 出向先の就業規則に従い，出向先において懲戒処分を課すことが可能です。また，出向先で職場秩序を乱す行為が，同時に出向元での職場秩序を乱していると評価できるケースでは，出向元の就業規則に基づいて出向元が懲戒処分を課すことも可能な場合があります。

1　出向における就業規則の適用関係

出向においては，出向元と出向先との間に二重の雇用契約が存在しますが，就業規則の適用関係がどうなるかについて整理しておきます。

(1) 出向協定等における取り決めがある場合

出向に際して，出向元と出向先と出向社員の三者間で就業規則の適用関係について合意することもありますが，社員の労働条件を不利益に変更するものでない限り，出向元と出向先において一方的に適用関係を定めることも可能です。そして，出向協定等において，懲戒権の行使をはじめとする就業規則の適用関係について取り決めがなされている場合には，それに従うことになります。

(2) 出向協定等における取り決めがない場合

出向協定等に就業規則の適用関係について取り決めがなされていない場合には，出向規定，出向契約の解釈によって適用関係が決まります。一般的には，以下のとおりの適用関係となります。

第7章 懲戒

出向元就業規則	出向先就業規則
①賃金に関する事項	③労務提供に関する事項
②退職に関する事項	④服務規律に関する事項
⑤懲戒に関する事項	
⑥休職関係	

　出向元には，当該社員との雇用契約の基盤があることから，一般的には①賃金に関する事項及び②退職に関する事項については出向元の就業規則が適用されます。一方，現実の労務提供は出向先でなされるため，③労働時間等を含む労務提供に関する事項及び④服務規律に関する事項については出向先の就業規則が適用されると解されます。また，⑥休職関係に関する事項については出向元・出向元双方の就業規則適用の余地があります。

　なお，⑤懲戒処分に関する事項については後述するとおり，懲戒解雇のように雇用契約関係を終了させる処分に関しては出向元の就業規則が適用され，出勤停止など就労を前提とする処分に関しては出向先の就業規則が適用されると解されます。（出向元と出向先の就業規則の適用関係の詳細については，第2章Q36参照）

2　出向者に対する懲戒処分は出向先，出向元のどちらが科すか

（1）出向先による懲戒処分について

　出向においては，出向元だけでなく出向先とも雇用契約が存在しますが，出向者は出向先での指揮命令に従って労務を提供しますので，出向先の業務命令や服務規律に従うことになり，この点については出向先の就業規則の適用を受けることになります。したがって，出向者が出向先において，業務命令違反や服務規律違反に該当する行為を行った場合には，出向先は自社の就業規則に基づいて当該出向者に対して懲戒処分を科すことができます。

　ただし，出向者の雇用契約の基盤は出向元との間にありますので，懲

戒解雇のように雇用契約関係を終了させる処分に関しては，出向元の就業規則が適用されることとなり，一般的には出向先が雇用契約関係を終了させる懲戒処分を科すことはできないと考えられています。出向先としては，出勤停止処分など就労を前提とする懲戒処分や，出向先が賃金を支払っているケースであれば減給処分などを科すことになります。

(2) 出向元による懲戒処分について

他方，出向においては，出向元との間の雇用契約も存続しています。出向者が，出向先で労務を提供する際に業務命令違反，服務規律違反に該当する行為を行った場合，出向先での職場秩序を乱している以上，出向先が懲戒処分を科すことができることは明らかですが，出向元の職場秩序を乱していると評価できるのかが問題となります。

この点，出向に際しては，出向元から出向者に対して業務命令としての出向命令が出されており，出向先の指揮命令に従って誠実に労務を提供するということが当該出向命令に内包されています。そのため，出向先での業務命令違反等の職場秩序を乱す行為は，同時に出向元での職場秩序を乱していると評価することができます。

裁判例においても，出向先において，勤務態度不良，会社の名誉・信用失墜行為等を理由として，出向元が出向者に対して懲戒解雇処分を科したことに関して，出向先での勤務態度は実質的には出向元における勤務態度と同視して評価することが可能であるから，出向元が，出向先での職務怠慢，上司の指示命令違反行為について，出向元の懲戒規程を適用し出向命令を解除した上で懲戒解雇処分を科すことは許されるとの判断を示したものがあります（岳南鉄道事件・静岡地裁沼津支部判昭59・2・29労判436号70頁。この他にも松下電器産業事件・大阪地判平2・5・28労判565号64頁等）。

(3) 出向元と出向先でそれぞれ懲戒処分を科すことの可否

懲戒処分は，ある特定の非違行為に対する処分であり，非違行為と懲戒処分の関係は，「罪と罰の関係」にあると捉えることができます。このような懲戒処分の性質から，刑事罰の場合と同様に，同一の非違行為

に対して再度懲戒処分を科すことは許されないとされています。これを二重処罰禁止の原則と言いますが，出向先と出向元がそれぞれ懲戒処分を科した場合，二重処罰禁止の原則に抵触するのではないかとも思われます。

　しかし，出向先と出向元がそれぞれ当該出向者に懲戒処分を課すことは，必ずしも二重処罰禁止の原則に抵触するとは限らないと考えられています。

　この点，関連会社に出向した出向者が，出向先の上司に対して侮辱的言動や誹謗中傷を行ったことを理由として，出向先が出勤停止，役付罷免を，出向元が役付罷免及び降格をした事案において，裁判所は，出向元と出向先として，それぞれ異なる立場から懲戒処分を行ったものであることなどからすれば，何重もの不利益を科したものではないと判示しました(**勧業不動産販売・勧業不動産事件・東京地判平4・12・25労判650号87頁**)。

　このように，出向先と出向元がそれぞれ出向者に対して懲戒処分を科したとしても，出向先における非違行為が同時に出向元における非違行為であり，かつ，それぞれ異なる立場から懲戒処分を行ったものと評価できる場合には，二重処罰の問題になるとは限りません。

第8章 海外人事

Q1. 当社は，海外子会社に日本で採用した社員を赴任させる予定ですが，どのような準備が必要ですか。出張の場合はどうでしょうか。

A. 就労ビザの手配，社会保険の資格継続，海外旅行保険等への加入，労災特別加入，赴任前健康診断の実施など，様々な準備が必要です。

1 海外での勤務形態

従業員を日本から海外に渡航させて勤務させる場合には，①出張，②法人格のない海外事務所等への駐在，③海外子会社等への出向，④海外子会社等への転籍などの形態があります。

③出向は，出向元（日本法人）の社員の地位を保持したまま，出向先（海外法人）の社員ないし役員となって出向先の業務に従事させる人事異動であるのに対し，④転籍は，現在所属する日本法人との間の労働契約関係を終了させ，新たに転籍先（海外法人）との間に労働契約関係を成立させる人事異動であることから（菅野和夫『労働法〔第十一版〕』690～691頁参照），海外転籍の場合に日本の法律の適用が問題となるケースはほとんどないものと考えられます。そこで以下，①出張，②駐在，③出向のみを対象として取り上げます。

なお，本稿では，便宜上，「駐在」ないし「海外駐在」は海外事務所など法人格を有しない赴任先での勤務を指す用語として使用し，また，

②駐在と③出向とを併せて「赴任」ないし「海外赴任」と表記します[1]。

2　海外勤務にあたっての事前準備

従業員を海外で勤務させるにあたって，どのような準備が必要でしょうか。

（1）就労ビザの手配

海外駐在や海外出向の場合，赴任先で長期間就労することになりますので，赴任先の国・地域における就労ビザの取得が必要となります。ビザの取得までには相応の時間を要する上，有効期間等の条件も国・地域によって異なりますので，早い段階で関係当局に確認することが必要です。

海外出張の場合は，出張期間が短い場合はビザが不要となる国もありますが，期間の長短にかかわらずビザの取得を要求する国もあるようですので，事前に出張先の国の大使館に問い合わせるなどして，ビザの要否を確認しておく必要があります。

（2）社会保険の資格継続

海外駐在及び海外出向の場合，社会保険は資格継続として取扱うケースが多いようです。しかし，現地子会社が給与を全額負担しているような場合には，資格喪失とみなされるおそれもありますので，給与支給の枠組みを検討する際に，年金事務所や健康保険組合に取扱いを確認しておく必要があります。

海外出張の場合は，日本における社会保険の資格は継続されるのが通常です。

---

[1] 「海外赴任」（海外駐在，海外出向）と「海外出張」との区別は，法律上必ずしも明確ではないが，期間の長短のみならず，国内，海外，いずれの事業場に所属し，いずれの事業場の使用者の指揮に従っているかという点から判断される。

(3) 海外旅行保険等への加入

　社会保険の資格が継続されても，日本の健康保険証は海外では使用することができないため，赴任先・出張先での病気や傷害等に対する医療費は社員が一旦自己負担する必要があります。その後，健康保険組合等に海外療養費の請求をすればよいのですが，健康保険には原則３割の自己負担分が存在します。
　このため，民間の海外旅行保険の方が，全額補償という点でメリットが大きいところです。また，保険会社が契約している海外の病院での医療を受けた場合，医療費の自己負担が不要となるケースもあるようです。そこで，社員を海外に赴任・出張させるにあたっては，海外旅行保険等を付保することも検討する必要があります。

(4) 労災特別加入制度

① 海外駐在・海外出向の場合

　労災保険は国内にある事業場に適用される制度であるため，海外赴任中の労災事故については，原則として日本の労災保険は適用されません[2]。
　しかし，実際には海外赴任中の事故や傷病も多く，国によっては労災の適用範囲や給付内容が不十分な場合もあることから，労災保険法上，海外派遣者[3]について特別加入制度が設けられています。
　これは，会社が海外に派遣する社員について特別加入の申請を行い，都道府県労働局長の承認を得ることにより，業務災害や通勤災害が発生

---

[2] 運送会社の上海事務所に首席代表として赴任した従業員が急性心筋梗塞で死亡し，遺族が労災保険給付を申請したところ，出張中の労災ではなく特別加入手続もないとして不支給決定がなされたのに対し，遺族が不支給決定の取消を求めたという事案で，東京本社に業務の決定権があったことや，出勤簿を本社に提出していたこと等から実質的に国内事業場に所属していたと認定して，不支給決定を取り消した判決がある（中央労働基準監督署事件・東京高判平28・4・27労経速2284号3頁）。
[3] ここにいう「海外派遣者」は，「海外の事業場に所属して，その事業場の使用者の指揮に従って勤務する労働者」を指すものであり，労働者派遣法23条にいう「海外派遣」とは異なる意味で使用されている点に注意が必要である。

した場合に労災保険から給付がなされるという制度です。

労災保険給付の中には、遺族補償年金など海外旅行保険でカバーされない可能性のある給付もありますので、海外赴任をさせる場合は、この特別加入の手続を行うことも検討すべきです。

② 海外出張の場合

海外出張の場合は日本国内の事業とみなされることから、行政通達上、「海外派遣者」とは異なり、特別加入は不要であり、日本国内において所属する事業場の労災保険により給付を受けられるものとされています（昭52・3・30基発192号）。

(5) 赴任前健康診断の実施

会社は、社員を海外に6ヶ月以上派遣する場合は、あらかじめ、所定の項目について医師による健康診断を行わなければなりません（労働安全衛生法66条1項、労働安全衛生規則45条の2第1項）。

この健康診断については社員の側にも受診義務がありますが（労働安全衛生法66条5項）、この点を明確にするため、就業規則に一般的な受診命令の規定を設けておくべきでしょう。なお、この健康診断の結果は英文に翻訳しておくと、後日、社員が海外の医療施設を利用することになった時に役立ちます。

(6) その他

海外赴任の場合は、以上に加えて、各種予防接種、赴任先での住居の確保、帯同する子女の学校の入学手続など、長期滞在に備えた各種準備を進めていくことになります。

Q2. 当社社員に海外子会社への出向を命じたところ，家庭の事情を理由に難色を示していますが，どのように対応すればよいですか。また，出向先が危険地域であることを理由とする場合はどうでしょうか。

A. 家庭の事情を理由とする場合，まずは労働者本人から詳しい事情を聴取し，十分に協議した上で本人の了解を得るよう努力する必要があります。また，出向先が危険地域である場合，業務上の必要性や社員の生命・身体等に対する危険の程度等を考慮して出向を命じるか否か判断することになりますが，後者の危険の程度が大きい場合には，出向を取りやめることも検討すべきです。

1 社員に出向を命じるためには

出向とは，出向元の社員の地位を保持したまま，出向先の社員ないし役員となって出向先の業務に従事させる人事異動です（菅野和夫『労働法〔第11版〕』691頁）。

（1）出向命令権と就業規則等の規定

会社は，人事権の一つとして出向命令権を行使することになりますが，社員にとっては，労務提供の相手方が変わるほか，賃金や労働条件，キャリア等の面でも不利益が生じ得ます。

特に，海外出向の場合は，生活習慣，言語，気候，衛生環境，ビジネス慣習など様々な点において日本と異なる環境下での勤務であり，国内での出向に比べて，社員にとっての負担はより大きくなります。

したがって，社員に海外出向を命じるためには，①労働協約ないし就

業規則における出向命令権の包括的規定や入社の際の事前同意だけでは必ずしも十分とはいえず，②労働協約や就業規則等において，出向期間，出向中の社員の地位，賃金，退職金，手当等の処遇に関して社員の利益に配慮した規定が設けられていることが必要となります[4]。

（２）勤務地限定特約

労働契約において就業場所を限定する旨の特約（勤務地限定特約）がある場合は，海外出向を命じるにあたって，労働協約ないし就業規則の規定のみでは足りず，必ず本人の個別同意を要しますので，注意が必要です。

（３）出向命令の権利濫用

出向命令が，必要性や対象労働者の選定その他の事情に照らし，権利濫用として無効となる場合もあります（労働契約法14条）。裁判例でも，出向先における労働条件が低下することを理由に出向命令が無効とされた例がありますので[5]，注意が必要です。

（４）実務上の対応

前述のとおり，一定の要件を満たせば，必ずしも本人の同意がなくても，社員に海外出向を命じることは可能です。しかし，現実には，就労ビザの取得手続等，海外出向を実現させるためには社員本人の協力が不可欠であることから，実際には，海外出向を命じる場合は，一定期間前に本人に内示の上，その内諾を得てから出向辞令を発令することになります。

4　新日本製鐵（日鐵運輸第２）事件・最二小判平15.4.18労判847号14頁参照。
5　神鋼電機事件・津地決昭46・5・7労判133号14頁，神戸高速鉄道事件・神戸地判昭62・9・7労判503号23頁。

2 家庭の事情による出向命令拒絶への対応

では，社員が家庭の事情を理由に海外出向に難色を示した場合，会社としてはどのように対応すべきでしょうか。

(1) 聴取と説得

まずは，社員本人やその家族等の事情をよく聴取した上で，不安を取り除く手立てを考えるべきでしょう。例えば，経済的負担が大きいという理由で難色を示しているのであれば，会社からの金銭的補助による解決の可能性もあります。

(2) 育児・介護理由の拒絶

育児や介護を理由として難色を示している場合，育児介護休業法26条において，「事業主は，その雇用する労働者の配置の変更で就業の場所の変更を伴うものをしようとする場合において，その就業の場所の変更により就業しつつその子の養育又は家族の介護を行うことが困難となることとなる労働者がいるときは，当該労働者の子の養育又は家族の介護の状況に配慮しなければならない。」とされていますので，注意が必要です。国内における転勤命令の事案ですが，育児や家族の介護等の事情を考慮して，転勤命令が無効とされた裁判例[6]や，慰謝料請求が認められた裁判例[7]があります。

---

6 明治図書出版事件・東京地決判平14・12・27労判861号69頁（共働き夫婦における重症アトピー性皮膚炎の子の育児の必要性を考慮）。
7 NTT西日本（大阪・名古屋配転）事件・大阪地判平19・3・28労判946号130頁（実父の介護等の必要性や，肺ガンの再発の危険性を抱える妻のサポートの必要性を考慮）。

（3）拒絶への対応

最終的に，説得が功を奏さず，社員が海外出向命令を拒絶する事態に至った場合は，代替要員を選定・確保するとともに，拒絶の理由が合理性を欠くような場合には，当該社員に対する懲戒処分も検討することになります。

3　出向先が危険地域である場合

テロや人質事件が頻発しているような危険地域への出向を命じたところ，これを社員が拒否した場合，会社は業務命令違反を理由に当該社員を懲戒したり，解雇することができるでしょうか。

この点，出張命令に関する判例ですが，危険地域であることを理由に出張命令を拒否し，船の出航を阻害した社員に対する解雇が無効とされています[8]。

上記の例でも，出向の業務上の必要性や社員の生命・身体等に対する危険の程度等の要素を考慮して判断すべきであると思われますが，後者の危険の程度が大きい場合は，出向自体を取りやめることも検討する必要があります。

また，危険の程度がさほどのものでなくとも，諭旨解雇や懲戒解雇といった処分は重きに失する可能性が高いといえます。懲戒処分にあたっては慎重な検討が必要です。

---

[8]　電電公社千代田丸事件・最三小判昭43・12・24民集22巻13号3050頁。当時危険地域であった朝鮮海峡における海底ケーブルの修理作業への従事を拒否した従業員3名について，船の出航を一時阻害したことを理由になされた解雇は妥当性・合理性を欠き，公社に認められた合理的な裁量権の範囲を著しく逸脱したもので無効であるとされた。

Q3. 当社は最近海外に子会社を設立し，社員を数名出向させることになったため，海外赴任規程を作成することを考えていますが，どのような点に留意して作成すべきでしょうか。

A. 赴任期間，賃金，退職金の扱い，労働時間・休憩・休日，休暇，福利厚生，赴任先の就業規則との関係などについて定める必要があります

1 海外赴任規程の必要性

　海外赴任は，生活習慣，言語，気候，衛生環境，ビジネス慣習など様々な点において日本と異なる環境下での勤務であり，また，テロや人質事件，事故等のリスクもあることから，海外赴任を命じるにあたり，会社はこれらの点に十分に配慮することが必要となります。

　そこで，海外赴任を命じることがある旨の包括的，一般的な規定を就業規則に設けるだけでなく，これとは別に海外赴任規程を作成し，海外赴任中の賃金，退職金，諸手当，年次有給休暇の取扱い等の事項について規定を設けることを検討する必要があります。

　なお，海外赴任規程が存在しない会社において新たに規程を設ける場合は，就業規則の不利益変更に該当する場合がありますので，赴任先の限定，社員の身分，待遇等の明確化と保証など規定内容の合理性や，労働組合等との協議経過等が問われることに注意が必要です[9]。

9　ゴールド・マリタイム事件・大阪高判平2・7・26労判572号114頁参照。

2 海外赴任規程において定めるべき事項

海外赴任規程には具体的にどのような事項を定めるべきでしょうか。

(1) 赴任期間

海外赴任規程あるいは就業規則本体の中に，赴任期間を明示する必要があります。期間は，業務上の必要性や企業の実情に応じて決めることになりますが，概ね3年ないし5年程度が一般的ではないかと思います。もっとも，個別の事情によりさらに延長するということもあり得ますので，延長の可能性も明記しておくべきです。

(2) 賃金

海外赴任時の賃金については，日本で勤務していた時の賃金水準を下回らないように設定する必要があります。そこで，いわゆる購買力補償方式[10]と呼ばれる考え方により，支給水準を維持することが一般的です。

賃金の支給方法については，為替リスクの観点からは，赴任先において現地通貨で支給することが合理的であるようにも思われますが，家族を帯同しないケースもあることや，赴任者本人の財産形成や社会保険資格継続の観点から，赴任先と日本国内の双方で支給する例が多いようです。

赴任先と日本国内の双方で支給する場合，現地通貨と日本円の両建てで支給するケースが多いようですが，現地通貨での支給にあたって，為替レートの換算方法や換算時期が問題になりますので，この点も明確に

---

[10] 国内勤務時の給与から税金と社会保険料を控除し，生活費指数等を乗じて，現地通貨に換算して支給額を決定する方式をいう。このほか，国内勤務時の基本給に比例して支給する給与と赴任先の国・地域別に設定した給与を合算して算出する「併用方式」，国内勤務時の給与とは無関係に，赴任先の国・地域や赴任先での職務・役割等に応じて別途給与を算定する「別建て方式」などがある（永井知子・五木田桂子『海外赴任者の労務』（税務経理協会）173頁）。

しておくべきです。

　支給費目としては，基本給以外に，海外勤務のインセンティブとしての海外勤務手当，赴任地の生活環境や治安等を考慮した特別の手当（いわゆる「ハードシップ手当」），住宅手当，帯同家族手当，子女教育手当等を支給する例もあります。このような手当を支給する場合は，その支給基準や金額を定める必要があります。

　なお，通常の賃金に加えて，実費として，海外赴任時・帰任時の旅費や引越費用，赴任後の一時帰国の際の旅費などを支給することもあります。

（3）退職金

　海外赴任の場合，一定期間経過後は日本に戻ることが前提となっていることから，退職金計算において赴任中の勤続年数を通算する例が多いところです。

（4）労働時間，休憩，休日

　労働時間や休憩，休日については，現実に就労している赴任先の条件に合わせることになります。後述するように，赴任先に就業規則等が存在する場合には，これを適用する旨を明記しておくべきでしょう。

　特に，宗教や生活習慣の違いから，一般的な休日の曜日が日本とは違う場合（例えばイスラム圏），この点の明記がないと，休日労働時間の算定に疑義が生じることがあります[11]。

（5）人事考課

　海外赴任中の社員の人事考課についてもトラブルになるケースがあります。

11　オマーンの事業所に出張していた期間中の休日割増賃金について，イスラム圏での一般的な休日である金曜日を法定休日として計算した裁判例がある（日鯨商事事件・東京地判平22・9・8労判1025号64頁）。

第8章　海外人事

　例えば，社員の人事考課に際して海外事務所の評価に基づいて算出された評価点を考慮した結果，評価ランクが最低ランクとなり，降格・減給がなされたため，当該社員から人事権の濫用であるとして未払賃金等の請求がなされた裁判例があります[12]。裁判所は，海外事務所の評価を個々の社員の人事評価に反映させるという人事制度自体は合理性を欠くものではないものの，その評価基準は一義的に明確なものとはいえず，また，本件の具体的事情からは人事評価が人事制度に則って適切になされたものとはいえないとして，降格・減給は人事権を濫用したものとして無効であると判示しました。

　そこで，海外赴任中の社員の人事考課についても，評価基準を明確化するとともに，評価権者や評価方法を予め定めておくことを検討する必要があります。

(6) 休暇

　休暇については，日本への一時帰国のための特別休暇制度を設ける例があります。また，慶弔休暇についても，海外赴任の特殊性に鑑み，日本国内におけるよりも長い期間を設定することがあります。

(7) 福利厚生

　海外赴任に伴う生活上の困難等を考慮して，社宅の提供，無料健康診断の実施，語学習得費の補助，子女の教育費用の負担，日本国内に在住する家族の渡航費用の補助など，さまざまな福利厚生制度を設けることがあります。

　もちろん，これらはあくまで任意の制度ですので，これらがなければ海外赴任を命じられないというものではありません。

(8) 赴任先の就業規則との関係

12　国際観光振興機構事件・東京地判平19・5・17労判949号66頁。

赴任先にも就業規則ないしこれに類する規定が存在する場合，赴任先，赴任元いずれの就業規則を適用するかが問題となる場面もあります。
　一般的には，労働時間や休日，休憩，服務規律，安全衛生など，現実に就労する際の諸条件については，赴任先の規則を適用することになります。

Q4. 海外勤務者の労働時間管理について，どのような点に留意したらよいでしょうか。

A. 海外赴任の場合は，一般的に，赴任先が労働時間を管理することになります。他方，海外出張の場合は，出張先での業務遂行について具体的な指揮命令が及んでいる場合でなければ，事業場外労働みなし制度の適用を検討することになります。

1　海外赴任（駐在・出向）の場合

海外赴任の場合は，一般的に，赴任先が労働時間を管理する例が多いと思われます。

もっとも，Q6で述べるとおり，海外赴任中に社員が精神疾患に罹患するというケースは珍しくないことから，赴任先の会社に勤務状況を確認して，毎月の労働時間を把握する等の対策を講じることが必要です。

こうした対策を全く講じなかった場合，赴任元も安全配慮義務違反の責任を問われる可能性があります。

2　海外出張の場合

海外出張の場合に，出張者の労働時間をどのように管理したらよいでしょうか。

まず，海外出張の場合に，日本の労基法における労働時間の規制が及ぶか否かが問題となりますが，海外出張は日本国内の使用者の指揮命令の下，その事業の一環として行われるものであること，また，使用者も労働者も準拠法は日本法と考えているのが通常であることから[13]，日本の

---

[13] 準拠法選択についてはQ5を参照。

労基法の規制が及ぶと考えられます。

　もっとも，海外出張の場合，現地交通機関が定刻どおりに運行しなかったり，想定外の事態が発生して予定変更を余儀なくされることもあり，労働時間を必ずしも把握・算定しがたい場合があります。

　そのような場合には，事業場外労働みなし制度を適用して，所定労働時間労働したものとみなすことが考えられます（労基法38条の2第1項本文）。

　この点，海外旅行の派遣添乗員について，「本件添乗業務について，本件会社は，添乗員との間で，あらかじめ定められた旅行日程に沿った旅程の管理等の業務を行うべきことを具体的に指示した上で，予定された旅行日程に途中で相応の変更を要する事態が生じた場合にはその時点で個別の指示をするものとされ，旅行日程の終了後は内容の正確性を確認し得る添乗日報によって業務の遂行の状況等につき詳細な報告を受けるものとされている」として，労基法38条の2第1項にいう「労働時間を算定し難いとき」にはあたらないとした判例があります[14]。

　しかし，旅行添乗員のように事前に日程と業務内容が厳密かつ詳細に決められている場合であればともかく，通常の海外出張の場合は，現地での業務遂行については，出張者の裁量に任されている部分が大きいといえます。

　したがって，使用者の具体的指揮監督が及んでいるような事情がない限り，「労働時間を算定し難い」ものとして，事業場外労働みなし制度の適用が認められる可能性があります。裁判例においても，海外出張先での労働時間について，事業場外労働みなし制度の適用を認めたケースがあります[15]。

　では，使用者の具体的指揮監督が及んでいるとは，具体的にどのようなケースを想定すればよいのでしょうか。

　この点，事業場外で業務に従事する場合であっても，
① 何人かのグループで事業場外労働に従事する場合で，そのメンバーの中に労働時間の管理をする者がいる場合，

14　阪急トラベルサポート（派遣添乗員・第2）事件・最二小判平26・1・24労判1088号5頁。
15　ロア・アドバタイジング事件・東京地判平24・7・27労判1059号26頁。

② 事業場外で業務に従事するが，無線やポケットベル等によって随時使用者の指示を受けながら労働している場合，
③ 事業場において，訪問先，帰社時刻等当日の業務の具体的指示を受けたのち，事業場外で指示どおりに業務に従事し，その後事業場にもどる場合

など，使用者の具体的な指揮監督が及んでいる場合には，事業場外労働みなし制度の適用はないとの行政通達があります（昭63・1・1基発第1号）。

したがって，事業場外労働みなし制度の適用にあたっては，上記①〜③の事情に当てはまる事情がないかを確認する必要があります。

なお，上記②については，携帯電話を所持しているだけで直ちに使用者の指示を受けているということにはならず，携帯電話により「随時使用者の指示を受け」ているか否かがポイントとなります。

3 移動時間について

海外出張中の移動時間は労働時間に該当するでしょうか。

この点，「出張中の休日はその日に旅行する等の場合であっても，旅行中における物品の監視等別段の指示がある場合の外は休日労働として取扱わなくても差支えない。」との行政通達があります（昭23・3・17基発第461号，昭33・2・13基発第90号）。

したがって，移動時間は原則として労働時間には該当しません。

Q5. 当社は，社員をタイの現地子会社に出向させる予定ですが，日本での時間外勤務に対する法定割増率が1.25倍であるのに対し，タイでは1.5倍です。当社は，いずれの基準で割増賃金を支払うべきでしょうか。

A. 労働者が出向先であるタイ法の適用を選択した場合は，1.5倍の割増賃金を支払う必要がありますので，現地法の内容を事前に確認しておく必要があります。また，割増賃金を含む賃金支払の分担方法について事前に出向先との間で決めておく必要があります。

1 問題の所在

海外勤務中に社員が時間外労働[16]をした場合，割増賃金はどの国の法律により計算すべきでしょうか。設問のように，時間外労働に対する法定割増率は，日本では1.25倍であるのに対し，タイでは1.5倍ですが，社員が出向中のタイの現地子会社で時間外労働を行った場合に，どちらの国の基準で割増賃金を支払うべきでしょうか。いわゆる適用法規の決定が問題となります[17]。

---

[16] 以下，休日労働や深夜労働も含め，単に「時間外労働」と表記する。
[17] なお，紛争が日本における訴訟に発展した場合は，適用法規決定の問題の前に国際裁判管轄（民事訴訟法3条の2以下）の問題も生じ得るが，ここでは適用法規決定の問題に限定して論じる。

第8章 海外人事

2 適用法規の決定の問題

（1）行政取締法規・刑罰法規としての労基法の適用

まず，日本の労働基準法が国外における事業にも強行適用されるか否かについて，行政取締法規としての面では，同法は日本国内にある事業にのみ適用がある（属地主義）ので，国外の支店や出張所等であって事業としての実態を備えるものについては，同法の適用はないとされています（厚生労働省労働基準局編『労働法コンメンタール3 平成22年版 労働基準法下』1043頁）[18]。

設問の事例では，タイの現地子会社は日本国内の事業には該当しないことから，日本の労働基準法は，行政取締法規としての側面では適用されないことになります。この点は，刑罰法規の側面でも同様と考えられます。

（2）私法的側面についての労基法の適用

では，国外における時間外労働に対する割増賃金支払という私法的側面について，日本の労働基準法が適用されるでしょうか。この問題については，準拠法選択のアプローチをとる見解と，地域的適用範囲画定のアプローチをとる見解がありますので，それぞれ検討します。

① 準拠法選択のアプローチ
ア 会社と社員との間で日本法を適用する旨の合意が成立している場合

法の適用に関する通則法（以下「通則法」といいます）7条において，当事者による準拠法の選択がある場合はそれによるとされています。

したがって，会社と社員との間で，労働契約について日本法を適用す

---

[18] 他方，たとえば海外において日本の建設業者により施行される土木建設工事に労働者が派遣されて作業を行う場合に，当該作業場が独立の事業と認められない場合には労基法が適用される（昭25・8・24基発第776号）。

る旨の合意が成立している場合は，原則として日本法が適用されることになります。この場合，割増賃金は日本の労働基準法に従って計算することになりますので，割増率は1.25倍とすれば足ります。

しかし，通則法12条1項[19]において，当事者が選択した準拠法が最密接関係地法[20]以外の法律であっても，労働者が最密接関係地法における強行規定の適用を選択した場合は，当該強行規定が適用される旨規定されており，同条2項[21]には，労務提供地法を最密接関係地法と推定する旨の規定があります。

すなわち，会社と社員との間で日本法を準拠法とする旨の合意がある場合でも，労務提供地（設問の事例ではタイ）の法律が最密接関係地法と推定されますので，社員が労務提供地法の適用を選択した場合は，日本の裁判所においても労務提供地の法律（タイ法）が適用される可能性があります。

設問の事例では，タイ法の割増賃金に関する規定は強行規定であると思われますので，労働者がタイ法の適用を選択した場合は，割増率を1.5倍として計算することになります。

イ　会社と社員との間で準拠法についての明確な合意がない場合

他方，当事者間で準拠法に関する明確な合意がない場合は，「当該法律行為の当時において当該法律行為に最も密接な関係がある地の法」（最密接関係地法）が適用されますが（通則法8条），通則法12条3項[22]によ

19　「労働契約の成立及び効力について第7条又は第9条の規定による選択又は変更により適用すべき法が当該労働契約に最も密接な関係がある地の法以外の法である場合であっても，労働者が当該労働契約に最も密接な関係がある地の法中の特定の強行規定を適用すべき旨の意思を使用者に対し表示したときは，当該労働契約の成立及び効力に関しその強行規定の定める事項については，その強行規定をも適用する。」
20　最密接関係地法とは，当該法律行為に最も密接な関係がある地の法をいい（通則法8条1項），労働契約の場合は，当該労働契約に最も密接な関係がある地の法をいう（通則法12条1項）。
21　「前項の規定の適用に当たっては，当該労働契約において労務を提供すべき地の法（その労務を提供すべき地を特定することができない場合にあっては，当該労働者を雇い入れた事業所の所在地の法。次項において同じ。）を当該労働契約に最も密接な関係がある地の法と推定する。」
22　「労働契約の成立及び効力について第7条の規定による選択がないときは，当該労働契約の成立及び効力については，第8条第2項の規定にかかわらず，当該労働契

り，やはり労務提供地が最密接関係地法と推定されます。

したがって，このケースでも，社員が労務提供地法の適用を選択した場合はタイ法が適用され，割増率を1.5倍として計算することになります。

ウ　海外出張の場合

設問は海外出向のケースを想定していますが，海外出張の場合には，出張中も国内の使用者の指揮命令が継続しているといえることから労務提供地が出張先の国とは言い難く，再密接関係地法は日本法と考えるべきであり，また，当事者としても原則として日本法を準拠法として選択しているとみるべきであるとの見解があります[23]。

このように，海外出張の場合には，割増率について日本法が適用されるのが通常であると思われます。

②　地域的適用範囲確定のアプローチ

地域的適用範囲確定のアプローチによる場合，労働基準法は日本国内の事業にのみ適用されますので，赴任先の事業には適用されないことになります。他方，赴任先の国の法律が適用される可能性があります。

（3）現地法の強行適用の可能性

以上のとおり，海外赴任の場合，割増賃金の計算にあたっては，適用法規の決定につきいずれのアプローチをとるかにかかわらず，赴任先の国の法律が適用される可能性があります。

また，以上のような適用法規決定に関する問題にかかわらず，社員から赴任先の国の裁判所において割増賃金請求がなされた場合や，赴任先の行政当局からの監督がなされた場合には，労務提供地である赴任先の法律が強行適用される可能性を排除できません。

したがって，海外赴任を行うにあたっては，現地法の内容とその強行

約において労務を提供すべき地の法を当該労働契約に最も密接な関係がある地の法と推定する。」

23　山口浩一郎監修『統合人事管理』(経団連出版，2015年) 25〜26頁 (山川隆一執筆)。

適用の可能性について，事前に現地の専門家に十分確認しておく必要があります。

3　割増賃金を出向元と出向先のどちらが負担するか

　海外出向の場合，労働時間管理は出向先の会社が行うことが通常ですが，時間外労働に対する割増賃金を出向元と出向先のいずれが負担するかについては，基本的には出向契約に定めるところによります。

　出向契約上の定めがない場合は，出向先が支給することになると思われますが，疑義を避けるため，負担関係について出向契約で明確にしておく必要があります。

Q6. 海外勤務を行っている社員がメンタルヘルスの不調を訴えていますが,当社としてはどのような対応が必要でしょうか。

A. 一刻も早く専門医の診察を受けさせて病状を確認するとともに,適切な治療を受けさせることが重要です。そのために,赴任先・出張先との連絡体制を確立しておくことはもちろん,随時,現地の適切な医療機関を紹介できるような体制も整えておく必要があります。

1 問題の所在

海外勤務は,国内と全く違う生活習慣,言語,気候,衛生環境,ビジネス慣習等の下で行われることから,社員にはさまざまなストレスが生じる可能性があります。その結果,赴任した社員が精神疾患に罹患するというケースは珍しくありません。

また,家族帯同での海外勤務も多いところですが,その場合は,社員本人のみならず,帯同した家族の心の健康も問題となることがあります。

裁判例においても,上記のような海外勤務の特殊性の下で,仕事上の困難などが誘因として付け加わることにより心因性精神障害の発症の危険性が高まるという一般論を述べたものがあります[24]。また,海外に単身赴任した労働者のうつ病による自殺について,業務起因性が認められ,労災保険給付の不支給処分が取り消された例もあります[25]。

さらに,海外勤務におけるメンタルヘルスの問題は,労災保険のみならず会社の安全配慮義務にもかかわるところです。

---

[24] 加古川労基署長(神戸製鋼所)事件・神戸地判平8・4・26労判695号31頁。
[25] 前掲加古川労基署長(神戸製鋼所)事件,国・八王子労基署長(パシフィックコンサルタンツ)事件・東京地判平19・5・24労判945号5頁。

海外出張の事案ですが，裁判例において，社員が長期出張中に帰社させて欲しいと要望したにもかかわらず，当該社員がうつ病を発症するまで業務の軽減その他の援助を与えるべき義務を怠り，その後もかえって出張期間を延長するなどした会社の対応につき，安全配慮義務違反を認めたものがあります[26]。

　これに対し，海外出向の場合は，一次的には，当該社員を現実に就労させている出向先が安全配慮義務を負うことになると考えられますが，出向元との間の労働契約関係も存続していることから，出向元も一定の範囲で安全配慮義務を負う可能性があります。

　このように，海外勤務に伴うメンタルヘルスの問題は，海外勤務を命じる会社にとって決して無視できない問題となっています。

　なお，メンタルヘルスの事案以外にも，海外赴任や海外出張に伴うストレスや負荷が原因で脳疾患等の病気を発症したケースについて，労災保険法上の業務起因性が認められた事案が多数存在します。この観点からも，海外勤務を行う社員の健康管理は重要なテーマとなります[27]。

2　会社のとるべき対応

　では，海外に赴任・出張した社員がメンタルヘルスの不調を訴えた場合，会社としてはどのような対応をすべきでしょうか。

　このような訴えがあった場合，会社としては，まず，一刻も早く専門医の診察を受けさせて病状を確認するとともに，適切な治療を受けさせることが必要となります。

　もっとも，赴任・出張先の国・地域によっては，十分な医療サービスを受けられないことがあります。そのような場合は，本人を一時帰国させて，日本での診療を受けさせる等の対応も検討しなければなりません。

26　デンソー（トヨタ自動車）事件・名古屋地判平20・10・30労判978号16頁。
27　海外赴任の事案として，国・中央労基署長（興国鋼線索）事件・大阪地判平19・6・6労判952号64頁。海外出張の事案として，松本労基署長（セイコーエプソン）事件・東京高判平20・5・22労判968号58頁，成田労基署長（日本航空）事件・東京高判平18・11・22労判929号18頁，神戸東労基署長（ゴールドリングジャパン）事件・最三小判平16・9・7労判880号42頁）。

この点，出向者が出向先での仕事に困難が生じたとして相談してきた場合に，出向元は，出向先での業務の遂行に伴う疲労や心理的負荷等が過度に蓄積して社員の心身の健康を損なうことがないように配慮し，出向先の会社に勤務状況を確認したり，出向の取り止めや休暇取得や医師の受診の勧奨等の措置をとるべき注意義務を負うとした裁判例があり[28]，参考になります。

以上のような対応の前提として，あらかじめ赴任先との連絡体制を確立しておくことはもちろん，随時，現地の適切な医療機関を紹介できるような体制も整えておく必要があります。

また，国内と全く違う生活習慣，言語，気候，衛生環境，ビジネス慣習等の下での勤務であるということを念頭において，赴任先や出張先における就労状況を定期的に確認する等，こまやかな配慮が望まれるところです。

なお，会社は，6ヶ月以上海外で勤務した労働者を帰国させて日本国内での業務（一時的な就労は除く）に就かせるときは，所定の項目について医師による健康診断を行わなければなりません（労働安全衛生法66条1項，労働安全衛生規則45条の2第2項）。

この健康診断の項目にメンタルヘルスに関するものは含まれていませんが，平成26年の労働安全衛生法の改正法においていわゆるストレスチェック制度が導入されたことから，今後，海外からの帰任者に対してもこれに準じた取扱いをすることを検討する必要があります。

---

[28] A鉄道（B工業C工場）事件・広島地判平16・3・9労判875号50頁。ただし，結論としては会社の安全配慮義務違反を否定した。

Q7. 当社は，インドネシア所在の子会社Ａ社に出向中の社員を帰任させる予定です。当社で年次有給休暇を付与する際に，Ａ社での勤務年数を通算すべきですか。Ａ社での残存休暇はどうすべきですか。

A. 海外出向中のＡ社での勤務年数も，年次有給休暇の継続勤務要件の算定にあたって通算すべきです。また，Ａ社での残存休暇についても，当社において引き継ぐことが望ましいといえます。

1　年次有給休暇における継続勤務要件

　労働基準法第39条第１項および第2項において，雇入れの日から起算して６箇月以上継続勤務し，全労働日の８割以上出勤した労働者に対して，所定の日数以上の年次有給休暇を与えなければならないとされています。

　では，この継続勤務の要件の算定にあたって，海外出向中の勤務年数を通算すべきでしょうか。設問のように，インドネシア所在の子会社Ａ社に出向中の社員を帰任させ，日本において年次有給休暇を付与する際に，Ａ社での勤務年数を通算すべきでしょうか。

　この点，出向とは，出向元の社員の地位を保持したまま，出向先の社員ないし役員となって出向先の業務に従事させる人事異動をいいますが（菅野『労働法〔第十一版〕』691頁），出向元との労働契約が継続している以上，観念的には，勤務が継続していることになります。

　行政通達においても，「継続勤務とは，労働契約の存続期間，すなわち在籍期間をいう。継続勤務か否かについては，勤務の実態に即し実質的に判断すべきものであり，次に掲げるような場合を含むこと。この場合，実質的に労働関係が継続している限り勤務年数を通算する。」とし

た上で，継続勤務と認められるものとして，「在籍型の出向をした場合」が挙げられています（昭63・3・14基発150号）。

したがって，海外出向中の勤務年数も，年次有給休暇の継続勤務要件の算定にあたって通算すべきことになります。

2 残存する年次有給休暇の取扱い

（1）年次有給休暇の繰越

付与された年次有給休暇は繰り越すことができると解するのが行政の考え方であり（昭22・12・15基発501号），そのような取扱いが一般的です。社員は昨年付与された未消化の残存年次有給休暇を今年取得することができます。この年休権の時効は2年間（労基法115条）とされています。

では，設問の事例において，インドネシア子会社であるA社での残存休暇を日本においてはどのように取り扱うべきでしょうか。以下，国内出向の場合と対比して説明します。

（2）国内出向の場合

まず，国内出向の場合を考えてみると，出向先において発生した年次有給休暇が直ちに出向元に引き継がれるわけではありません。

しかし，前記のとおり，出向の場合は，出向元との間の労働契約も継続し，継続勤務要件の算定にあたって出向先での勤務年数もカウントされます。これらを踏まえ，一般的な出向契約や出向規程では，出向先の残存有給休暇は帰任後の出向元に引き継がれる例が多いようです。特に，グループ会社間であれば，有給休暇の日数や取得の運用も統一されていることが多く，引継に特段の支障はないようです。

（3）海外出向の場合

　それでは，社員が海外出向して帰任した場合はどうでしょうか。
設問の事例で子会社A社のあるインドネシアでは，継続勤務12ヶ月後に最低12日の年次休暇を付与すべき旨が法律上規定されています（労働法79条2項c号）。もっとも，繰越が認められるのかは定かではありません。

　また，A社の就業規則ないしこれに類する規定では，宗教上の理由や生活習慣等に基づき，当社の就業規則とは全く別の有給休暇日数の計算方式が定められている可能性があります。このような規定に基づき計算される有給休暇日数が，当社の就業規則上の日数よりも多いというケースもあり得ます。

　仮に多い場合でも，前記（2）で述べたところと同じ趣旨から，海外出向先において発生した年次有給休暇の残存分は出向元に引き継ぐという取扱いをすることが，適当であると考えられます。

第8章 海外人事

Q8. 外国人社員を採用するにあたって，どのような点に留意したらよいでしょうか。

A. 採用に先立ち，会社において在留資格認定証明書の交付申請が必要となるケースがあります。また，外国人社員がすでに日本に在留している場合は在留資格を確認することが必要です。雇用契約の締結に当たっては，当該社員の理解できる言語で契約を締結する必要があります。就業規則については，可能な限り翻訳を用意することが望ましいといえます。

1 はじめに

現在，我が国における総在留外国人数は約223万人[29]であり，そのうち，ハローワークに届出がなされている外国人労働者の数は約91万人[30]となっています。

周知のように，現在の日本は，いわゆる高度外国人材[31]については積

29　平成27年12月末現在の在留外国人数についての法務省報道発表資料による(http://www.moj.go.jp/nyuukokukanri/kouhou/nyuukokukanri04_00057.html)。

　なお，在留資格別では，①「永住者」700,500人（構成比31.4％），②「特別永住者」348,626人（構成比15.6％），③「留学」246,679人（構成比11.1％），④「技能実習」192,655人（構成比8.6％），⑤「定住者」161,532人（構成比7.2％）の順であり，その他の在留資格が582,197人（構成比26.1％）となっている。

30　平成27年10月末現在の外国人雇用状況に関する厚生労働省報道発表資料による(http://www.mhlw.go.jp/stf/houdou/0000110224.html)。

　なお，産業別では，①「製造業」32.6％，②「サービス業(他に分類されないもの)」13.6％，③「卸売業，小売業」12.5％，④「宿泊業，飲食サービス業」11.8％，⑤「教育，学習支援業」6.2％の順となっている。

31　「高度外国人材」とは，『高度外国人材活用のための実践マニュアル』（平成25年度厚生労働省委託事業・株式会社富士通総研製作）によれば，①企業での職種でみると，研究者やエンジニア等の専門職，海外進出等を担当する営業職，法務・会計等の専門職，経営に関わる役員や管理職を担うべき者，②教育レベルでみると，日本国内及び海外の大学・大学院以上の最終学歴を有する者，③在留資格でみると，「研

396

極的な受入れをする一方で,単純労働力としての外国人の受入れは行っていません。平成26年4月の雇用政策基本指針[32]でも,「日本経済の活性化や国際競争力強化という観点から,高度外国人材の受入れ及び定着を支援することが重要であり,就労環境,生活面などの環境整備について,政府全体で取り組む。企業の高度外国人材の活用を積極的に推進するとともに,外国人留学生の就職・定着について,関係機関,大学,企業が連携しつつ効果的な支援を行う。」とされている一方で,外国人労働者の受入れ範囲の拡大については,「労働市場や医療・社会保障,教育,地域社会への影響や治安等国民生活への影響も踏まえ,国民的議論が必要である。」とされているところです。

いずれにしても,少子高齢化社会を迎えた日本において,外国人の労働力に対する需要は,今後も増えていくことが予想されます。

2 就労ビザの取得,在留資格の確認

海外に在住する外国人を採用して日本で勤務させるためには,まず,会社において地方入国管理局に在留資格認定証明書の交付を申請し,交付を受けた証明書を当該社員に送付して,本人に就労ビザを取得してもらうことが必要となります。

また,日本国内で外国人を採用する場合は,採用前に在留カード等の提示を求め,在留資格を確認することが必須です[33]。

前記のとおり,現在,日本では外国人を単純労働力として受入れることは行っておらず,就労や長期滞在を目的とするビザは,以下の類型に該当するものに限定されています。

究(企業内の研究職)」,「技術(機械工学等の技術者,SE 等のエンジニア)」,「人文知識・国際業務(企画,営業,経理等の事務職,企業内通訳等)」,「投資・経営」,「法律・会計業務」,「企業内転勤」等のいわゆる「専門的・技術的分野」の者を指すものとされている。
32 平成26年4月1日厚生労働省告示第201号。
33 外国人に不法就労をさせた場合,事業主側も不法就労助長罪(出入国管理及び難民認定法73条の2第1項第1号)に問われるおそれがあります。

第8章　海外人事

A　高度専門職ビザ
1　高度専門職1号イ，ロ及びハ（現行の外国人受入れの範囲内にある者で，高度な資質・能力を有すると認められるもの）
2　高度人材（例：在留資格「特定活動（高度人材）」で在留する外国人の扶養を受ける配偶者及び子など）

B　就業ビザ
3　教授（例：大学教授，助教授，助手など）
4　芸術（例：作曲家，作詞家，画家，彫刻家，工芸家，写真家など）
5　宗教（例：僧侶，司教，宣教師等の宗教家など）
6　報道（例：新聞記者，雑誌記者，編集者，報道カメラマン，アナウンサーなど）
7　経営・管理（例：会社社長，役員など）
8　法律・会計業務（例：日本の資格を有する弁護士，司法書士，公認会計士，税理士など）
9　医療（例：日本の資格を有する医師，歯科医師，薬剤師，看護師など）
10　研究（例：研究所等の研究員，調査員など）
11　教育（例：小・中・高校の教員など）
12　技術・人文知識・国際業務（例：理工系技術者，ＩＴ技術者，外国語教師，通訳，コピーライター，デザイナーなど）
13　企業内転勤（例：同一企業の日本支店（本店）に転勤する者など）
14　興行（例：演奏家，俳優，歌手，ダンサー，スポーツ選手，モデルなど）
15　技能（例：外国料理の調理師，調教師，パイロット，スポーツ・トレーナー，ソムリエなど）

C　一般ビザ
16　文化活動（例：無報酬のインターンシップ，茶道・華道の研究者など）
17　留学（例：日本の大学・短期大学，高等学校，中学校，小学校等への留学生，日本語学校の学生など）

18 研修（例：企業・自治体等の研修生，実務作業を伴わない研修）
19 家族滞在（例：長期滞在外国人の扶養を受ける配偶者及び子）
20 技能実習1号イ及びロ（例：海外の子会社等から受け入れる技能実習生，監理団体を通じて受け入れる技能実習生）

D 特定ビザ
21 日本人の配偶者等（例：日本人の配偶者，日本人の実子）
22 永住者の配偶者（例：永住者の配偶者）
23 定住者（例：日系人，定住インドシナ難民，中国残留邦人の配偶者・子など）
24 特定活動（例：外交官等の家事使用人，ワーキングホリデー入国者，報酬を伴うインターンシップ，ＥＰＡに基づく看護師，介護福祉士候補者など）
25 特定活動（観光・保養を目的とするロングステイ）

E 外交ビザ
26 外交（例：外交使節団の構成員，外交伝書使など）

F 公用ビザ
27 公用（例：外交使節団の事務及び技術職員並びに役務職員など）

各種ビザの詳細については，外務省ホームページ[34]をご参照ください。また，入国手続や在留手続等について疑義がある場合は，地方入国管理局における外国人在留総合インフォメーションセンター[35]に問い合わせるなどして確認することをお勧めします。

---

34 http://www.mofa.go.jp/mofaj/toko/visa/chouki/index.html
35 http://www.immi-moj.go.jp/info/

3　採用にあたっての留意点

（1）外国人労働者の母国語等での契約締結の要否

　日本語の読み書きができない外国人労働者を採用する際に，母国語等，当該外国人が理解可能な言語で雇用契約書ないし労働条件通知書を作成することが必要となるでしょうか。特に，非漢字文化圏の外国人労働者は，日本語を話すことはできても読み書きができないというケースが多く，問題となります。

　この点，労働基準法や労働契約法において，労働契約の使用言語について定めた規定はありませんが，労働基準法15条1項において労働条件の書面による明示が要求されているほか，労働契約法4条1項において「使用者は，労働者に提示する労働条件及び労働契約の内容について，労働者の理解を深めるようにするものとする。」とされていることから[36]，契約締結にあたって，外国人労働者が雇用契約書ないし労働条件通知書の記載内容を理解することは，契約の有効性の前提になっていると解されます。

　行政通達等でも，「事業主は，外国人労働者との労働契約の締結に際し，賃金，労働時間等主要な労働条件について，当該外国人労働者が理解できるようその内容を明らかにした書面を交付すること[37]」，「実習実施機関と技能実習生との間には入国前に雇用契約が締結されており，出入国管理機関における入国審査の際に，雇用契約書や労働条件を技能実習生が理解したことを証する文書等を提出することとされていること[38]。」とされています。

　以上を踏まえると，日本語の読み書きができない外国人労働者と労働

---

[36] ただし，同項自体は訓示規定であり，ここでの使用者の義務の性格は努力義務にとどまるとされている点は注意すべきである（荒木尚志・菅野和夫・山川隆一『詳説労働契約法（第2版）』（2014年，弘文堂）90頁）。

[37] 「外国人労働者の雇用管理の改善等に関して事業主が適切に対処するための指針」（平成19年8月3日厚生労働省告示第276号）。

[38] 「技能実習生の労働条件の確保について」（平成22年基発0208第2号）。

契約を締結するにあたっては，当該外国人労働者の母国語か，最低限，当該労働者が理解できる他の言語（英語など）で契約書ないし労働条件通知書を作成することが必要であると考えられます。

なお，厚生労働省のホームページにおいて，各国語での労働条件通知書の例が掲載されており，参考になります[39]。

（2）就業規則の翻訳の要否

常時10人以上の労働者を使用する事業場においては，就業規則の作成・届出と周知が義務付けられています（労基法89条，106条1項）。では，事業場に外国人労働者がいる場合に，就業規則を当該労働者が理解可能な言語に翻訳する必要があるでしょうか。

この点，労働基準法及び労働契約法において，就業規則を外国人労働者が理解できる言語に翻訳することを義務付ける規定はありません。

しかし，労働契約法7条において「労働者及び使用者が労働契約を締結する場合において，使用者が合理的な労働条件が定められている就業規則を労働者に周知させていた場合には，労働契約の内容は，その就業規則で定める労働条件によるものとする。」とされていますが，前述した労働契約法4条1項の規定の趣旨からは，就業規則を周知させるにあたって，その内容を労働者が理解しているということが前提になっていると解されます。

したがって，可能な限り，外国人労働者が理解可能な言語に翻訳することが望ましいといえます。例えば，英語を理解できる外国人労働者が大多数を占めるような場合は，最低限，英語版を用意しておくことがリスクヘッジの観点から重要です。

なお，どの言語であっても，完璧な翻訳は困難ですので，日本語版の就業規則と外国語版の就業規則との間に矛盾抵触があった場合は，日本語版を優先適用する旨の規定を入れておくとよいでしょう。

以上が原則的な対応となりますが，現実問題として，勤務している外国人の国籍が多岐にわたるような場合に，全ての労働者が理解可能な言

---

39 http://www.mhlw.go.jp/new-info/kobetu/roudou/gyousei/leaflet_kijun.html

語の翻訳を用意することは困難な場合もあります。

そこで，口頭で内容を説明した上で，説明を受け内容を理解した旨の書面にサインをもらうことなどで代替せざるを得ない場合もあると思われます[40]。

（3）社会保険・労働保険

日本の事業所に雇用され勤務する外国人労働者についても，日本人社員と同様，社会保険（健康保険，厚生年金保険）や労働保険（雇用保険[41]，労災保険）の適用対象となります。

（4）雇用状況の届出義務

事業主が外国人を雇い入れ又は外国人が離職した場合は，氏名，在留資格，在留期間その他厚生労働省令で定める事項について確認し，厚生労働大臣に届け出る義務があります[42]（雇用対策法28条1項）。

---

[40] 「外国人労働者の雇用管理の改善等に関して事業主が適切に対処するための指針」（平成19年8月3日厚生労働省告示第276号）は，就業規則については触れておらず，「事業主は，労働基準法等関係法令の定めるところによりその内容について周知を行うこと。その際には，分かりやすい説明書を用いる等外国人労働者の理解を促進するため必要な配慮をするよう努めること。」と指摘するにとどまっている。

[41] 厚生労働省の『雇用保険に関する業務取扱要領（平成28年4月1日以降）』において，「日本国に在住する外国人は，外国公務員及び外国の失業補償制度の適用を受けていることが立証された者を除き，国籍（無国籍を含む。）のいかんを問わず被保険者となる。」とされている。

[42] かかる届出を怠った場合は30万円以下の罰金を科せられる可能性があります（雇用対策法38条1項2号）。

Q9. 当社は、外国人従業員を採用時の職場から別の部門に配転させることになりましたが、何か問題はあるでしょうか。また、当該従業員を母国の当社子会社に出向させることについて、どのような問題があるでしょうか。

A. 雇用契約において職種・職務が限定されている場合は本人の同意が必要です。また、限定がない場合でも、当該労働者のモチベーション維持等の観点から、きちんと理由を説明することが重要です。

1 配置転換を命じる場合の留意点

(1) 個別同意の要否

　外国人労働者については、在留資格との関係で、職種や職務内容を限定して雇用契約を締結しているケースも多いところです。そのような場合に、他の職種に就かせたり、他の職務を担当させる場合には、当然、本人の同意が必要となります。

　他方、職種や職務が特に限定されていない場合でも、単なる一片の通知をもって配置転換を命じることは必ずしも適切ではありません。特に、Q8で述べた高度外国人材のような外国人労働者の場合、自己のキャリア形成に対する意識が強い傾向があることから、専門外の仕事や自身のキャリアプランとマッチしない仕事を与えると、モチベーションが下がり、退職という事態につながってしまう可能性もあります。

　また、日本人正社員は、終身雇用の期待の下、配置転換や子会社等への出向もあり得るという前提で入社していることが多いのに対し、外国人労働者にとって、必ずしもこのような考え方は一般的ではないところ

第8章　海外人事

です。

したがって，配置転換を命じるにあたっては，これを命じる業務上の必要性や，当該労働者のキャリアにどのようなプラス・メリットがあるのかといった点をきちんと説明した上で，当該労働者の納得を得るよう努めることが必要です。

（2）在留資格との関係

配置転換を行うにあたって，在留資格において認められている範囲を超える業務を行わせる場合は，在留資格の変更手続が必要となる可能性もありますので，この点にも留意する必要があります。

2　海外出向を命じる場合の留意点

（1）個別同意の要否

Q2で述べたとおり，労働契約において就業場所を日本に限定する旨の特約（勤務地限定特約）がある場合は，海外出向を命じるにあたって従業員の個別同意が必要となります。

また，かかる特約がないとしても，前記1と同様の理由から，本人に海外出向を命じる理由を説明した上で，理解を得る努力が不可欠といえます。特に，日本で就労している外国人労働者の場合，出向期間が経過した後に日本に戻される可能性があるのか否かは最大の関心事ともいえますので，この点についてきちんと説明しておく必要があります。

（2）在留資格との関係

外国人労働者に在留期間を超えた海外出向を命じる場合，日本に帰国する際に再入国許可申請手続が必要となる可能性もありますので，出向期間の設定にあたってはこの点にも留意する必要があります。

（３）給与水準

　海外出向中の給与水準について，現地スタッフの給与水準とのバランスも重要ですが，日本における給与水準よりも極端に低くなってしまうと，特に前述の高度外国人材は処遇が低いことを理由に退職してしまうことにもなりかねませんので，適切な処遇を検討することが重要です。なお，高度外国人材の処遇と人材活用については，以下のマニュアルが参考になります。

　「高度外国人材活用のための実践マニュアル」（株式会社富士通総研作成・平成25年度厚生労働省委託事業）
http://www.mhlw.go.jp/file/04-Houdouhappyou-11655000-Shokugyouanteikyokuhakenyukiroudoutaisakubu-Gaikokujinkoyoutaisakuka/0000046327.pdf

第8章 海外人事

Q10. 当社は，工場において多数の外国人労働者に作業に従事させていますが，安全教育を行うにあたって，母国語での説明を行う必要があるでしょうか。

A. 母国語ないし当該労働者の理解できる言語での説明を行う必要があるといえます。

1 問題の所在

　使用者は，その雇用する労働者に対して，生命，身体等の安全を確保しつつ労働することができるよう必要な配慮をする義務，すなわち安全配慮義務を負っていますが（労働契約法5条），外国人労働者が工場での作業中に手順を誤るなどして負傷するという例は裁判例でもしばしば見られるところです[43]。

　このようなケースで重い後遺症が残ったような場合は，労災保険ではカバーしきれず，労働者から安全配慮義務違反を理由に高額の損害賠償を請求される可能性があります[44]。

　では，外国人労働者に対する安全教育の実施において，母国語ないし当該労働者が理解できる言語での説明を行う必要があるのでしょうか。

---

[43] 名古屋高金沢支判平11・11・15判時1709号57頁，三協マテハン事件・名古屋高判平15・9・24労判863号85頁など。
[44] この点に関連し，不法就労外国人について「予測される我が国での就労可能期間ないし滞在可能期間内は我が国での収入等を基礎とし，その後は想定される出国先（多くは母国）での収入等を基礎として逸失利益を算定するのが合理的」とした判例があります（改進社事件・最三小判平9・1・28労判708号23頁）。

2　行政通達及び裁判例

　「外国人労働者の雇用管理の改善等に関して事業主が適切に対処するための指針」(平成19年8月3日厚生労働省告示第276号)において,「事業主は,外国人労働者に対し安全衛生教育を実施するに当たっては,当該外国人労働者がその内容を理解できる方法により行うこと。特に,外国人労働者に使用させる機械設備,安全装置又は保護具の使用方法等が確実に理解されるよう留意すること。」とされています。

　また,「事業主は,外国人労働者が労働災害防止のための指示等を理解することができるようにするため,必要な日本語及び基本的な合図等を習得させるよう努めること。」,「事業主は,事業場内における労働災害防止に関する標識,掲示等について,図解等の方法を用いる等,外国人労働者がその内容を理解できる方法により行うよう努めること。」とされています。

　裁判例においても,パイプ加工作業中に右示指を切断する事故にあった中国人研修生の事案について,機械に安全装置を取り付けず,また,日本語をほとんど理解できない労働者に十分な安全教育を行わなかったとして,会社の安全配慮義務違反を認めたものがあります[45]。この裁判例では,安全教育について,「原告は中国人であり,日本語をほとんど理解できず,また,研修生として来日した者であることを考慮すると,作業手順や注意事項及び事故発生時における対応等について,中国語で記載した書面を交付するか,中国語で説明した上,その内容・意味を正確に理解していることを確認するのでなければ,安全教育としては不十分であって,安全配慮義務を尽くしているとはいえないというべきである。」としています。

45　ナルコ事件・名古屋地判平25・2・7判1070号38頁。

3 結論

　以上の行政通達や裁判例を踏まえると，外国人労働者に対しては，母国語か，当該外国人が理解できる言語での安全教育を行うことが必要といえます。このような安全教育を怠った結果，事故が発生した場合には，使用者は安全配慮義務違反の責任を問われる可能性があります。

終章 人事権の展開と企業の実務

第一東京弁護士会労働法制委員会
労働契約法部会　部会長　木下潮音

1．いま人事権を語る意義

　人事権というのは古くて新しいテーマのようでいつも事件は起きています。なぜ今人事権を検討しようとしたかということを少しお話させていただきたいと思います。

（1）正社員は無限定なのか

　実はこの人事権を検討しようと思った一番のきっかけは、限定正社員という議論が始まった時に、「正社員は無限定である」という言葉が、あたかも世の常識のように（というのは法律家的ではありませんが）すでに規定されていた定義もしくは概念であるかのように言われ始めたことです。正社員は働く場所も仕事の内容も、さらには労働時間すら無限定であるということが言われ、それらのうちのどれかあるいは幾つかもしくはすべてを限定するのが限定正社員であるというような話のされ方をしました。

　私は労働法を実務家として長年にわたり取り扱ってきて、この「正社員は無限定である」という言葉に著しく違和感を覚えました。今まで少なくとも私が色々な仕事をしている上で、正社員が無限定であるということを前提に議論した事は無いと確信しています。それは何故かと言えば、当然ですが正社員には、正社員だけではなく我が国におけるすべての労働契約には、労働基準法をはじめとする法規制がありますし、正社員の労働条件は就業規則という形で集団的に規定されているとはいえ、その就業規則という契約の条件の範囲内で雇用があるというのが常識だ

からです。

　しかし、なぜそれを限定正社員との対比の上で正社員とは無限定であるということが言われるようになったのか、あるいはそれを言われたことをあまり批判もなく社会があたかも受け入れるような対応をしているのか。このような社会の動きに対して、労働法を実務家として行う我々は、この人事権というものをもう一度学び明確に定義し、そして正社員とは何か、正社員以外の雇用形態とはなにか、ということについて検討を深めるべきだと考えました。そこで、2015年夏の第一東京弁護士会の労働法制委員会合宿では、人事権をテーマに取り上げたわけです。

　決して人事権が企業にとって万能な権限であるということを再確認するためにこのテーマを取り上げたわけではありません。むしろ正社員であれば人事権が広範にとはいいますが、無限定にあるいは無制限に人事権の下にあるというような一方的な議論に対する批判的な検討をするつもりで今回のテーマを取り上げました。

（2）正社員の雇用の変容

　もちろん人事権を定義するあるいは人事権の背景となっている裁判例・最高裁判例が、かなり広く日本において人事権を日本の特に正社員の雇用形態において認めているということは前提になっています。しかし、そのような判決が行われた時代背景やその持っている射程というものをきちんと認識する必要がありますし、それが現代の企業活動の中であるいは社会生活の中でどの様に変容しているのかあるいは変容していないのかをチェックする必要があると考えました。

　実は変容の中には2通りあります。1つはいわゆるグループ経営、会社法でいえば連結経営ということになりますが、グループ経営というものがもはや日常のこととなった大企業においては、人事権の範囲というのは1つの企業体の範囲にとどまりません。出向、場合によっては転籍など、あるいは労働契約承継、企業再編に伴うものも伴わないものも含めて、企業間をまたぐ人事異動、人事権の行使というのが確かに日常的に行われています。そして企業活動の幅は、場所的な範囲としてもグローバル化と言われますが多国籍化しておりますので、大企業においては

非常に広い範囲で人事権の行使が行われているのもまた事実です。
　一方、常にこのことは意識しなければなりませんが、我が国の労働者の人数割合あるいは労働契約の割合、労働者の分布からいって、実は大企業に雇用されている労働者というのはごく少数にすぎません。大企業あるいは国の省庁等いわゆる大組織に雇用されている労働者にとっての人事権と、中堅中規模以下特に小企業に雇用されている労働者にとっての人事権というのは、大きな意味の違いがあります。その点を考えると、常に裁判の実務家である労働法を取り扱う弁護士が過去の裁判例の検討などの形で見ている人事権の行使というのは、実は大企業つまりごく少数の労働者の事例を見ているに過ぎないのではないかということも考えざるを得ません。さらに言えば、1985年の男女雇用機会均等法以降、コース別人事制度というものが確立されていく中で、大企業の正社員においても人事権の行使を企業側が限定する社員というのは実は多数いるわけです。こうしてみると、広範な人事権の下にある労働者が果たして人的な広がりとしてどれだけの広がりを持っているのかということをもう一度ここで確認する必要もあると思いました。広がりという点では、広がっているけれどもその対象は実は少ないのではないか、狭いのではないか。多くの中小企業中堅企業では今でも日本国内においてあるいは地域内において事業所が一つないし少数に過ぎず全国転勤もありません。場合によっては定年制も大企業の問題なのです。中小企業の社員は60歳を過ぎても70歳を過ぎても働いている人は沢山います。ですから労働事件というのは、日本の中の労働問題のごく限られた問題をやっているのだという意識を本当は持たないといけません。目の前に現れた裁判例などが凄く目を引きますし、世の中を動かしているように見えますから。そこのところは反省しなければなりません。
　それから一方、大企業の従来型の正社員、いま無限定といわれている正社員も含めて、人の生活いわゆるワーク・ライフ・バランスといわれるものを考えたときに、その有り様が随分と変容してきています。その背景にあるのはやはり家庭の有り様の変容です。男女雇用機会均等法前の高度成長期は、男性片働き核家族というものが高度成長期を支えた働き方あるいは生活の仕方のモデルだといわれています。男性片働き核家族の下では、単身赴任も容認されますし、子育ての支援というのは単身

赴任の下で父親が月に何回くらい家に帰れるかという程度の支援で十分に考えることができていました。それを不満に思うとか権利侵害だと思う意識もなかったと思われます。権利侵害だと考えた人が最高裁までチャレンジしましたが、そのチャレンジは、企業の人事において余人をもって替えがたいものではないけれどもだからといってあなたが単身赴任になることに文句を言ってはいけないと、わりとあっさりとその不法行為性は否定されています。それも過去の裁判例として我々は持っております。まして最高裁判決ですから、東亜ペイント事件と帝国臓器製薬事件というこの2つの最高裁判決をもとにすると、日本の正社員というのは日本中どころか世界中、家族から切り離されても、いつでもどこでも転勤しなければいけない。最近では出向も増えてきていますから、転勤ではなく出向という形で、入社した会社と違う会社に行かなければいけない。そう思い込んでいるあるいは思い込まされている中で、そのアンチテーゼとして限定正社員というものが出てきたときに、先ほど言った「正社員には限定はない」というようなことになってしまったのですが、本当にそこから考えなければいけないということだと思います。

　繰り返しますが、高度成長期から大体1980年代中頃、つまり男女雇用機会均等法ができる頃までということですが、その頃までの男性片働き核家族モデルが一挙に崩れてきている中で、今の言葉で言えば女性活躍ですが当時の言葉で言えば男女均衡・均等ということで女性の企業内での活動も増え、一方育児介護などの休業や家庭責任をどう果たしていくのかということがそこで問題になってきて、そうすると家族のためにあるいは家庭を維持するために企業に譲れないところがあるという労働者が増えてきています。それは一部、家庭的な配慮のための人事権行使の権利濫用論として捉えられていますけども、果たして本当に権利濫用論でいいのかということも考えていかなければならないところだと思います。権利濫用論というのは、それぞれ個別の例外論です。それぞれ個別の例外論なのか本質的な問題なのかというところも考えていかなければなりません。

（3）労働者の自己決定

　そしてさらに、安西先生の原稿の中にもありますが、キャリア権とい

うことで、家族の為にということではなく自分のために働くことを考える、これは自己中心という悪い意味ではなく、自己のキャリア形成という点から働くということを考えた中で、労働契約の中で果たすべき労務の提供の内容を労働者側が全くコントロールできないという人事権の考え方、つまり正社員で入社したら全くの白地でそこに何が書き込まれるかは全て会社の指示、まさに人事権の行使によるという考え方が、果たして妥当するのかという点も、今検討が進んできています。ただ一方それは、自ら選んだキャリアを全うするのであれば常にそこには企業との対立や対等な交渉を経ていかなければなりませんから、場合によってはジョブ型正社員、まさに限定正社員に戻ってくるわけですが、ジョブ型正社員とどなたかが言ったように仕事を契約する正社員という形に進んでいくのかもしれません。そうすると、今までの形態の正社員の雇用関係を前提にキャリアを主張することが出来るのかという問題になってくるわけです。もちろんジョブ型正社員であれば自分が選んだジョブを全うすることが労働契約を全うすることですから、その中ではキャリア権を侵害するような人事権行使ということはありえなくなるわけです。

　色々なことが全部絡まって人事権の論争というのは起きてきています。今まで良かったから今まで通りが良いのだとか、新しいほうが良いのだとか、正社員は古いだとか、正社員は岩盤規制だから正社員の規制を崩さなければいけないとか、そういう一面的な単純な検討ではない検討をしたいと思ったわけです。そのためにはたくさんの人に多方面から人事権というものを検討していただいて、その検討の結果集まった過去の知識や過去の常識、過去の運用や慣行、そのようなものをもう一度見直した上で、今後に向けた新しい人事権のあり方というものを検討すべきではないかと思っております。今回のこの本の総論にあたる人事権について検討した趣旨というのは以上のようなことです。

　労働法制委員会の合宿ですから、使用者側の利便や利益、裁判テクニックだけを検討したものではありませんし、労働側からの権利行使や権利主張、抵抗ということだけを検討したわけでもありません。労使が調和して新しい労働契約関係のなかの人事権、いってみれば現代的な労働契約関係のなかの人事権というものの在り方を考えるということが今回のテーマになっています。

2．各章についてのコメント

①企業内人事異動（配転・転勤）

最高裁判例が認めた幅広い「人事権」

　企業内人事異動については、昭和61年7月14日最高裁第二小法廷判決、いわゆる東亜ペイント事件が定立したルールによって、就業規則、労働協約による転勤を命ずることのできる根拠、転勤命令権、いわゆる人事権の記載をもとに、幅広い範囲で人事権の行使を認めるということを述べています。その内容からいいますと、使用者は業務の必要性においてその裁量により労働者の勤務場所を決定することができるということなのですが、転勤時に転居を伴う転勤は一般に労働者の生活関係に少なからぬ影響や不利益を与えかねないから、使用者の転勤命令権は無制約に行使することができるものではなく、これを濫用することは許されない。いわゆる権利濫用論の根拠は、なぜ濫用になるかといえば、転勤時に転居を伴う転勤というものが一般的に労働者の生活関係に少なからぬ影響を与えることであるということになります。ですから、東亜ペイント事件の時代から、転勤と生活上の不利益、生活上の影響というのは常に比較対象が入り考慮されてきたことになるわけです。東亜ペイント事件では、転勤命令につき業務上の必要性がない場合、業務上の必要性が存する場合であっても当該転勤命令が他の不当な動機目的を持ってなされたものであるとき、もしくは労働者に対し通常甘受すべき程度を著しく超える不利益を負わせるものであるときということで、この3つを権利濫用の場合として定立しました。

　業務上の必要性が存しない場合というのをほとんど認めない、業務上の必要性は転勤自体にあるといってもいいような考え方をとっているのは、人事権というものが企業の成長や企業の存続にとって使用者側は常に行使していかなければならない性質があるからだと私は思っています。人事というのは企業の権利の中で一番ドラスティックなものです。今は弁護士の中にも企業内弁護士ということで企業に雇用されて働いて

いる方がいらっしゃいますが、企業で働く人にとって人事というのは自分の給料の額と同じかそれ以上に関心事項です。その関心の高さというのは、我々弁護士には想像がつかないことかもしれませんが、「誰がどこに行く」「自分がどこに行く」だけではなく、企業がどんな人事権を行使するかというのは非常に大きな関心事であり、それはそれ自体企業が存続しているということは人事権を行使し続けていることにあたると考えています。

　ですから人事権を行使するに当たって業務上の必要性のない場合というのはほとんど考えられない、むしろ人事権を行使すること自体が業務の必要そのものなのだと思っておりますので、その点では裁判例も非常に広く認めています。例えば業務上の必要性について最高裁は、当該転勤先への異動は余人をもっては替えがたいほどの必要性に限定することは相当ではなく、労働力の適正配置、業務の能率増進、労働者の能力開発、勤務意欲の高揚、業務運営の円滑化など、企業の合理的運営に寄与する点が認められる限りは、業務上の必要性の存在が肯定されるとしていますから、今挙げた事情を考えれば、会社は人事権を行使すること自体に会社としての存在意義があるということが言えるのではないかと思います。

　一方、必要性はあるけれども不当な動機目的をもってなされたものといえば、第一は不当労働行為による問題です。これは不当労働行為論のほうに普通は譲られております。不当労働行為としての不利益取り扱いもしくは支配介入としての人事権行使は、不当な動機目的によるものということで、人事権濫用もしくは不当労働行為として無効になるというものです。その他の例としては、最近ではいわゆるハラスメントとしての人事権行使が考えられるかと思いますが、実際の例として人事権の行使自体がパワハラになったという裁判例は今のところ認知しておりません。

「通常甘受すべき程度を著しく超える不利益」とは何か

　問題はこの当該転勤によって労働者に対し通常甘受すべき程度を著しく超える不利益を負わせるものというのがどんなものかということになります。もう一度この言葉を見てみますと、最初に述べたとおり転勤というものは、普通は生活に影響を与える、それから生活関係に少なから

終章　人事権の展開と企業の実務

ず影響を与える、しかもそれは苦痛を伴います。その言葉を最高裁は通常甘受すべき程度と言っています。要するに転勤をさせられたらみんな苦労があって、みんな我慢しているのだ、通常甘受すべき程度の我慢はみんながしているのだということを前提に、最高裁はそれを著しく超える不利益というふうに言っているわけですから、不利益を感じたというだけではこの人事権行使が権利濫用にならないということが、この最高裁の言葉からも明らかになります。ただ通常甘受すべき程度の不利益やそれを著しく超える不利益というものの捉え方は、時代によって変わってきていますし、企業と従業員との関係性によっても変わってきているのは先ほども述べたとおりです。繰り返しますが、高度成長期のような家庭モデルのもとで考えられた転勤と、現時点での生活環境の中で考えられる転勤では、大きくこれが異なってくるというふうに考えられます。

「共働き」世帯にとっての「不利益」

現代において留意すべき点としては、やはり家族の働き手が複数である一方、家庭生活を支えるいわゆる家庭責任を担う者も複数である、複数同士だからどちらか片方がすればいいということではありません。複数がそれぞれ担っているので、片方が担えなくなってしまうとその家庭が維持できなくなってしまいます。この点は非常に重要なポイントで、今まで家庭責任の家事の側でそれをよく皆さんは認識しているのですが、私が最近注目しているのはその収入の側です。男性片働き時代は男性の収入で核家族を扶養するということを念頭において、企業側はもちろんそういうような賃金体系を考えてきましたから、結婚したら配偶者に対する扶養手当、子供が生まれたら子供に対する扶養手当いわゆる家族手当というものを充実させたり、あるいは家族の数に応じて住宅手当の金額を変動させたりということで、生活に密着した賃金を払っていました。それはその企業が雇用している労働者が、唯一その労働者とその家庭を支える収入源であるということを企業側も認識していたからにほかなりません。一方でその時代に女性労働者が、家族手当や住宅手当などいわゆる世帯主要件を中心として差別を訴えていたわけですが、差別を訴える前提として元々家計の担い手として一位、二位の担い手がいるということを企業側が認知できていなかったということが多かったのではないかと思います。逆に一位、二位の担い手がいる、あるいは二人以

上の担い手がいることを認知し始めた企業は、自分が雇っている労働者に家庭の責任が全部ないのであれば、逆に言えば自分の企業がそれを担う必要はないと考え出して、家族手当や住宅手当に対する考え方を大きく変容させ、むしろ仕事そのものに対する価値に対して賃金を払うほうが公正であり公平であると考えるようになりました。賃金論は人事権論とは違うように思いますがやはり、関連性が認められます。

　そうなってきますと、家庭においての家計の担い手である労働者、成人ですので夫婦単位だと思いますが、夫婦はそれぞれ自分の働きに応じ賃金を得ていますが、企業はその家族に対する扶養、生活保障を考慮した賃金を払わなくなってきました。そうすると何が起きるか。その賃金の中で一家を養うのは非常に困難であるとすると、二人以上の生活の担い手が必要で、例えばそれが主婦のパートと呼ばれるレベルから夫婦共働きというものが通常になってきた現代からいうと、夫婦共に仕事を失うことはその個人が仕事・収入を失うことだけでなくその家計を支える収入を失うということですから、家族に対する影響は従来以上のものがあります。よく夫の単身赴任の事件で、妻も仕事を辞めて一緒に行くことができなかったのかという議論がありますが、夫の赴任に合わせて妻が赴任しても従来の仕事と同じだけの収入が得られなければそれは意味のないことになってしまいます。

　こういう賃金面の払い方の違い、扶養や家庭責任というものを各企業が自ら払う賃金から除外していって、個人の仕事・個人の成果に対する賃金に変わってきたということをもう一度我々は考えた上で、配置転換の問題を考えていかなければいけないと思います。ですから夫婦共働きだから生活ができるという夫婦に対して、夫婦片働きになることを前提とした配置転換を命ずるのであれば、失われた賃金分をどう補償するかということになってしまいます。家族を帯同して異動するどちらか、これは夫でも妻でもいいのですが、どちらかの労働者の賃金に、仕事を辞めるもう片側の賃金分を転勤に伴う手当として上乗せして支払うということはおそらく考えてもいません。考えない以上はどうするかというと、やはり配置転換への配慮が必要になってきます。最近では夫や妻の転勤に伴って一旦今勤めている会社を退職してもまた元に戻ってきたら再雇用される仕組みというのが、女性活躍推進などのなかでずいぶん話題

になっていますが、果たしてもう一度戻って来られればそれでいいのかというところまで考えなければならない時代になってきていると思います。

ですからもう一度、東亜ペイント事件を読むときに、その判決の時代の家族構成や賃金構成と現代の企業が支払っている賃金構成、あるいは企業が考えている家族構成とは違う、ということに留意すべき点があると考えています。

②企業間人事異動（出向・転籍・労働契約承継）

企業間人事異動の特徴

　企業間人事異動については、言葉の通り企業間の契約とそれに基づく労働契約の変容ということで、常に三当事者以上の契約であるということが通常の人事権行使との違いということになります。まずその違いをはっきりと認識することが必要です。つまり、出向の背景には必ず出向契約があり（「出向協定」という言い方をすることが多いですが）、転籍の背景には必ず転籍の元となる、例えば事業譲渡やその他の企業間の契約があるということになります。出向については、最近ではグループ内出向については、あたかも通常の人事異動と同じように考えて、この出向協定の存在を比較的意識しない方が増えてきているように思いますが、それは間違いであって、必ず企業間の協定というものが存在しなければなりません。ただそれは企業間の人事異動を日常的に行っている連結企業グループでは、個々の当事者を特定した企業間協定、企業間の出向協定ではなく、いわゆる基本契約的に企業の間で人を動かすことができるような基本的な協定が結ばれているのが通常ですし、それを受けて労使関係においても就業規則の出向規定や労働協約における出向に関する取扱いとして、協約など包括的かつ基本的な協定やルールが明記されているのが通常だと思います。

　そのような人事異動としての出向については、実はあまり紛争になるということが想定されていません。それはなぜかというと、その出向協定においてその出向の前後を通じて労働者の労働条件が不利益に変更されることがないことが前提になっているからです。そもそも出向協定の中では、出向者の労働条件は出向元である根本の労働契約の範囲内で出

向が行われるということになっていますから、出向の前後を通じて賃金の切り下げや退職金の不利益変更などが行われることはまず無く、労働時間や休日についての変容がある場合は、時間外労働や休日勤務に関する保障の範囲の中で手当てがなされているのが普通となります。また個別的なそのような手当がなされない場合は、いわゆる出向手当などの金銭的なコンペンセーションを伴っていることが多く行われています。

企業再編における人事権

　一方、企業間の人事異動が労使関係において緊張関係をもたらすのは、このような日常的な出向の場合ではなく、むしろ企業再編と言われるような非連続的な企業間の人事異動が行われる場合が多いと思われます。例えば会社の分社に伴って労働契約承継を選ぶか出向を選ぶか転籍を選ぶかなどというのは、企業再編の手法の一つとして常に検討されることですが、その検討の結果例えば出向を選んだ時に、この出向が日常的に行われる企業間異動の出向と同じなのか違うのかという点は非常に大きな問題を含んでいます。もちろんこれが転籍であれば、個別的な企業間の異動が終局的であるということを含めて、転籍が労働契約の終了ということを意識されて紛争になりやすいのは当然のことと思います。

　そこで出向や転籍などの企業間人事異動を考えるときも、日常的な連結経営の中での異動なのかそれとも企業再編に伴う非連続的な異動なのか、このことを常に意識して事案の判断にあたる、もしくは裁判例の検討にあたるということは重要ではないかと思います。

　通常の企業間人事異動としての出向が、出向権の濫用の防止という労働契約法14条の規定の範囲の中で比較的容易に行われているからといって、企業再編に伴う分社先あるいは場合によっては譲渡先への出向が同様に行われるかというのは、問題視すべきではないかと思います。逆に言えば、今紛争に上がってくるものはこの企業再編に伴うような非連続的な企業間の異動が多いわけですから、それを判断するに当たっては過去の裁判例の中でもその種類の裁判例を参考にすることが必要ですし、多くの場合企業再編に伴う人事異動の場合は、労働契約の終了やあるいは労働条件の変更、特に労働者にとっての不利益変更を伴うことが多いのでその点に留意すべきだと思います。

終章　人事権の展開と企業の実務

労働契約法14条について

　労働契約法14条について、労働契約法を見直してみますと、労働契約法14条というのは非常に厳しい労使間のせめぎあいの中で、ある意味妥協の産物であるというのがよく分かります。労働契約法は就業規則を根本とする日本的な集団的な画一的な労働条件というものを労働契約の特徴と捉えて、それに対して規範を示すことが元々目的として作られた法律です。ですから労働契約法ができた時の議論の中心は、当然ながら労働契約法の第二章、特に7、8、9、10条の要するに就業規則による労働条件の決定とその就業規則変更による労働契約の内容の変更、特に10条が一番大きいわけですが、就業規則による労働条件の不利益変更法理の最高裁法理を条文として、このように取りまとめることが、労働契約法ができるところにおける一番の焦点だったわけです。

　一方労働契約の始まりから終わりまでを包括的に法律として条文化しようとすれば、例えば採用や内定や試用期間などというありとあらゆる過去に裁判例となっていることについて、いわゆる労働契約上の論点について条文化していこうとすると、それは常に変容を続けていますし、それをめぐる労使や学説の対立もかなり厳しく、結局1つの共通した法律の条文まで結びつかなかったのです。ですから労働契約法の第三章は労働契約の継続および終了となっていて、成立はすでに第二章であるからいいのだという考え方かもしれませんが、継続の中でも出向だけが取り上げられていて、通常の人事異動いわゆる人事権というものが取りあげられていません。

　しかも出向については、民法の規定によって労働契約の一身専属性から労働契約を第三者に移動させる場合には労働者の同意がいるということが原則でありながら、なぜか労働者に対して出向という第三者への、労働契約当事者以外への労務の提供を命ずることができる場合があるということをあらかじめ前提のものとしたうえで、それを命令権とし、なおかつその濫用を定めるという、非常に不思議な条文となったわけです。あるものを書かず、本来なら無いはずのものを書いて、さらにそれを濫用してはいけないと書いたというもので、原則が書かれていない。ですからこの出向という規定がこの14条に残ったというのは非常に不思議で、本当は人事権の根拠規定を落としたのであるなら14条を落としたの

でもよかったのではないかと思います。なぜなのかは今でも分かりません。

就業規則と人事権

　労働基準法89条の就業規則の必要的記載事項をもう一度見てみますと、実は人事異動が書かれていません。就業規則89条には人事異動が無いのです。始業終業時刻、休日休憩、労働時間、賃金、これらはいわゆる労働の提供の仕方と賃金です。それから労働契約の終了、退職、そして退職に伴ってわが国では多く行われていますので退職手当、それから臨時の賃金。ここまでがいってみれば通常労働契約として賃金と労務提供の交換ということを考えますと、一号から四号までは基本事項です。そこから先は「え？」と思うものがたくさん出てきます。例えば食費、作業費、その他の負担をさせるときの負担に関する事項。安全衛生は労働安全衛生法ができているように、労働基準法に内在するもので非常に重要であり、労働者保護として重要ですから、これは理解できます。そして職業訓練、災害補償、表彰、制裁とあります。

　ここまで具体的に列挙されていながら、どこにも転勤がありません。実は十号の前各号に掲げるもののほか当該事業場の労働者のすべてに適用される定めの一つとして、転勤規定というものがあるにすぎません。ですから就業規則の必要的記載事項ではないということになります。転勤がない会社には就業規則に転勤条項がないのは当たり前ということになります。

　こうしてみるとやはり出向というものは変なものといえます。労働基準法89条で、表彰および制裁の定めをするときはその種類および程度に関する事項という規定があり、労働契約の内容として就業規則だと労働契約法7条でいっているわけですから、そこに定められているものについて権利行使を勝手にしてはいけない、権利行使の濫用はいけない、ということは分かります。解雇についても、退職に関する事項がありますから、解雇権行使に濫用はいけないと書いてあります。ですから労働基準法89条の就業規則の内容と、労働契約法7条の就業規則の中身と、この労働契約法14、15、16条をもっと考えてみますと、人事権とは何なのだろうとまた思うことになります。常に労働基準法89条を考えなければなりません。

終章　人事権の展開と企業の実務

　休職も同じです。休職期間満了に伴う退職は退職に関する事項ですが、休職制度はじつは労働基準法89条10号です。事業場のすべてに提供される定めということです。休職というものもいってみればデファクトスタンダードなのです。法令によるものではなく様々な企業が繰り返してきた労働契約の運用によってできてきた制度です。

　出向も実はそうです。もともと出向もデファクトスタンダードです。ですから出向の有り様も、昔の出向と今の出向は違うということです。

③降格

降格とは何か

　労働法のどこにも降格という言葉はありません。つまり日常的に使われている言葉が紛争の内容として出てきたとき話題になるものです。ですから裁判例などでいわゆる降格といわれているとは思いますが、学問的にわれわれの整理としては、降格には3種類あるといわれています。

　まず人事権行使としての降格については、仕事の中身を変える降格ということで、もう少し俗な言い方をしますと左遷と言われるものです。職位の下方変動を伴う異動を降格と言っています。2番目の降格としては、人事制度上の降格、特に職能資格制度あるいは等級制度と言われる、各社の人事の格付け制度の中の降格というものです。これは実は労働契約の内容の変更になるのではないかということで、元々労働契約、就業規則などの人事制度規程のなかに下方への変動が根拠付けられていることが明確化されていることが必要だと言われています。したがって、人事制度上、等級制度上の降格の場合は、業務の変更を伴わないことをも当然に行われます。同じ仕事をしているけれども等級が下がるということで、賃金の減額が伴う場合には紛争の対象になります。3番目の降格が懲戒処分の1つとしての降格ということです。これは就業規則における懲戒規程のなかに降格という懲戒の内容を定め、その降格にあたる懲戒事由を定めることによって実施されるものです。過去の就業規則違反などに対応する制裁としての降格ということになります。

　この3つが非常に混同されて、同じ言葉であるために混同されていて、紛争の内容を判断する場合も、1番目の人事権行使としての降格なのか、人事等級制度上の降格なのか、懲戒としての降格なのかを、明らかにす

る必要があります。人事等級制度上の降格と懲戒としての降格は、当然ながら就業規則その他労働契約上の根拠が必要ですので、根拠のない降格はそれ自体無効とか実際には存在しなかった、無かったことになります。権利がありませんし、契約の中身として無いということになります。一方人事権行使としての降格は、人事権の行使ですから、配置転換など人事権行使の根拠規定があれば降格を含む人事権行使もできるということになりますが、一方で不利益を伴う人事権行使ですので通常甘受すべき不利益を著しく超えることもあるわけですから、そうしますと権利濫用という問題になって、果たしてそのような人事権行使をする理由が合理的に説明できるものかどうかという点をもう一度点検することが必要になります。

「マタハラ」と降格

最近のマタハラ最高裁判決（最一小判平26・10・23）が降格を問題としているということが話題になっています。最高裁判決は、妊娠に伴う軽易業務への転換を請求した女性労働者が副主任から一般職員に降格になった、と言っています。ただこの事件の問題点は、この降格が懲戒でないことが当事者間に明らかなのですが、果たして人事異動としての降格なのかそれとも等級資格制度としての降格なのか、最高裁判決を読んでも、最高裁に至るまでの地裁高裁裁判、事実審の判決を読んでも、それから差し戻し高裁判決を読んでも、実は明らかになっていません。その点がずっと無視されています。無視されているどころか、労使双方とも主張において、その性格があいまいなところをそれぞれお互いの利益のために使おうとしているような点があります。最高裁が本来この判決をするにあたっては、その降格が人事異動としての降格だったのか人事制度としての降格だったのかを明らかにするべきだったと思われますし、もし地裁高裁までで明らかになっていなければ、それを差し戻し審で明らかにするべきでした。しかしながら、差し戻し審で明確になるという訴訟指揮が行われたということがうかがわれる記載は認められませんでした。今後も降格というものが問題になるなかで、とくに人事権行使としての降格と人事制度上の降格の違いの性格の違いを明らかにしていくことが重要であると考えられます。

④限定正社員

限定正社員とは何か

　今回この人事権を取り上げた理由は、限定正社員という概念に対応する限定の無い正社員という概念を批判するためでもありましたので、その点からいえばこの限定正社員というものをあえて取り上げて検討するのはなぜかと思うかもしれません。労働契約において勤務地や職務内容あるいは労働時間を特定する労働契約はたくさんありましたし、それが正社員であったとしても当然それは過去から存在していたわけです。

　例えば、今の限定正社員の議論の中で、コース別人事制度における事務職というコースにあえてふれる方はいませんが、なぜそれがふれられないのでしょうか。コース別人事制度においては、勤務地や勤務内容やあるいは昇進昇格の上限の限定が無いといわれるいわゆる総合職というコースと、勤務地や勤務内容に限定があるために昇進昇格の上限にも限定がある、あるいは賃金体系も異なるという、コース別における事務職や一般職と呼ばれる方たちがいます。この制度は男女雇用機会均等法施行以降、急速にわが国の中で定着してきましたし、従前からあったものが明文化されただけとも言われています。それが男女別ではなく男女を超えて制度化されたという点では、既に限定正社員というような働き方は特に大企業においては定着していましたし、今更これを云々する必要性が本当にあったのかということを考えます。しかも現在、その限定正社員の議論を解雇権の濫用の議論との範囲の中で論ずることには大きな疑問があります。限定正社員だから解雇が容易だというのはおかしいですし、どうしても全く結びつきません。

　いわゆるジョブ型と今では表現されているような雇用契約を当然のものとしていた外資系の日本における企業体では、すべての労働者がジョブディスクリプションを明確にし、それに対応する責任を明確にし、それに対応する処遇というものを明確にしていました。したがって企業のサイズや企業の組織運営が変動されるときには、その労働契約の内容の変更をどう行うかという問題があり、合意された労働契約の内容変更を行う方法として、当然ながら合意ということが前提になりますが、合意が得られない場合に、変更解約告知という新労働条件における雇用を提

案して、旧来の労働条件の労働契約を解約するという方法論をとったということがあります。

　変更解約告知については、解雇法制あるいは解雇の問題だという議論と、労働条件変更の議論だという論じ方がありますが、私個人としては変更解約告知は解雇の問題ではなく、労働条件変更の問題として整理されるべきだと常々思っています。そのため変更解約告知が有効であるためには、労働条件変更に関する法理たとえば日本においては就業規則変更の法理を考える等との比較を考えることになりますが、やはり就業規則変更が集団的な労働条件の変更であること、変更解約告知が個別的な労働条件の変更であることによる差異は大きく、必ずしも就業規則変更に関する労働契約法10条をそのまま類推して適用していくことはできないのではないかと考えています。

　そして限定正社員について、解雇の問題ではないとすると、今度は均衡処遇の問題だと、限定があるから処遇が違うのだという議論がありますが、この点についても色々と疑問があります。ある調査結果で８割だとか９割だとか言われていますが、違うものを比べて８割だとか９割だとか、何を比較したのだろうと思います。賞与を除いた年収でしょうか。いずれにせよ報酬というのは、月例賃金だけではなく賞与や退職金の有無まで含めて検討することを考えると、月例賃金の８、９割というものが一人歩きするような考え方というのは危険ではないかと思います。８、９割ならいいというのも危険ですし、８、９割も払うということも危険ですし、どちらからみても危険ではないかと思います。ボーナスは除いていいのでしょうか。むしろボーナスは臨時の賃金で労使関係によって都度決まるものですから、そういう意味で継続的な統計はとれないといわれたほうがまだ分かりやすいですし、そのほうがはっきりします。本当は退職金のほうに目を向けなければなりません。退職金について違いがあるのかないのかということはみていかなければならないと思います。

「転換無期社員」の発生

　なぜそのようなことを言うかというと、限定正社員の供給の最たるものはこれから始まる有期労働契約の無期転換、いわゆる転換無期の人たちが、無期労働契約を持ちながら様々な労働条件に限定があるというグ

ループが新たに作られていくだろうというふうにいわれています。そのような中で労働契約法20条訴訟ということで、同一労働同一賃金の原則ということも話題なっています。今のところまだ同一労働同一賃金の原則は、裁判例である**長澤運輸事件・東京地判平28・5・13労判11135号11頁**をみても、時間単価を比較することだけに終始しているように思いますが、本来賃金というのは時間単価だけではありません。例えば月給制と時給制との違いや、あるいは退職金の有無の違いです。実は長澤運輸事件でもそのようなところは全くふれていません。ただ長澤運輸事件は月給と月給でした。月給が低い基本給プラス歩合給であることといわゆる固定給な月給との違いでしたので、そこのところは触れなかったのかもしれません。しかし比較の仕方は時間単価で比較しています。退職金のことはふれていません。一方、**ニヤクコーポレーション事件・大分地判平25・12・10労判1040号44頁**では、準社員と正社員の比較において不法行為として損害賠償認定をしたのは賞与部分がほとんです。実は退職金についても違法とは宣言しているのですが、まだ退職の効果が発生していないから損害が発生してないということで損害額の認定はしていません。ということはニヤクコーポレーション事件では、差別禁止というもとでは退職金の違いも差別として捉えています。

　では20条訴訟のなかで不合理な労働条件であってはならないというなかでは、退職金の違いというものはどういうことになるのでしょうか。今後、退職金制度を持たないことが多い有期労働契約社員が無期転換して限定正社員的に呼ばれるようになったときに、同一労働同一賃金の問題が発生するのかしないのか。実は20条ではありません。無期になってしまいますので20条訴訟ではなくなってしまいます。そうすると短時間ではなければもう20条から離れてしまいますので、労働条件決定自由の話でいくのか、労働契約法3条と労働基準法（差別してはならない）に戻るのか、実はこの均衡処遇の問題の論点はまだまだ広がりを持っているのだと思います。

⑤人事権行使と懲戒

　懲戒権の行使はさまざまな懲戒事由によって行われています。懲戒の規定には、懲戒の内容と懲戒権行使の事由とをそれぞれ明記することが

必要です。明示の方法としては、懲戒の内容ごとに懲戒事由を羅列する形と、懲戒権の内容と懲戒事由とをそれぞれ包括的に羅列する方法と両方を捉えていますが、この違いは特に意味があるとは思っていません。よくどちらがいいですかと聞かれますが、懲戒の権利行使を明確にするためには、例えば譴責になるのはこういう事由、出勤停止になるのはこういう事由というように、懲戒事由ごとに懲戒のあり方、懲戒の内容ごとに懲戒事由を明示するほうが望ましいのではないかという方がいますが、それにはあまり賛成していません。結局よくよく条文をみると、それぞれの事由のレベル、要するに情状の内容や事由の状況に応じて、どの事由でもどの懲戒権も行使できるように作られているのが通常ではないかと思います。そのなかで懲戒が罪と罰の関係である、罪であるその懲戒事由と罰である懲戒権の行使の内容を明らかにすることになりますと、どのような懲戒となる罪があるかというなかで人事権の行使がどう関係してくるかが問題となります。

　人事権の行使に対する拒否、要するに人事権行使に対する命令違反が懲戒となったとき、懲戒のあり方、懲戒の結果がどうなるかという点にフォーカスして考えますと、実は不思議なことが分かります。何かというと、配置転換命令、人事権行使の転勤命令に違反した懲戒については、ほとんどすべての企業で懲戒解雇がとられています。これは企業の組織そのものに対する秩序違反ですから、転勤命令権に違反して転勤に応じず従来の職場で労務提供を続けたとしても、企業が求める労務の提供ではないわけですから、結局それは労務の提供を拒絶した、しかも義務である労務の提供を拒絶したということになって、その対応が懲戒権行使としての企業外排除になるのは当然このことと思われます。

　そこで転勤命令権、場合によっては出向命令についても、出向命令権がある場合は同じように出向命令権に対する違反についても、懲戒解雇という方法がとられるわけですが、その懲戒解雇の紛争を見ますと、通常懲戒権行使の紛争であれば懲戒権行使が権利濫用であるかどうかが争点になりますが、この人事権行使に対する懲戒の場合は人事権行使が権利濫用であったかどうかという点が争点になります。つまり人事権行使が権利濫用と認められなければ、正当な権利行使であると認められれば、すなわちそれに対応する懲戒権行使としての懲戒解雇が権利濫用とされ

ることはなく、一方人事権行使が権利濫用と認められれば、それに対応する拒否に対しての懲戒権行使である懲戒解雇は当然ながら無効となります。

実は同じ懲戒解雇の紛争でありながら、判断の対象が人事権行使の内容であるか懲戒権行使の内容であるかというところで大きく異なってくるということが特徴になります。このことはなぜ起きるのだろうと考えたことはあまりないかもしれません。気がつくと、懲戒権行使、懲戒解雇は、人事権行使に対する違反については、懲戒解雇は当然のこととして捉えられているということをよく理解する必要があると思います。

⑥海外人事

海外人事の論点は2つあります。我が国で雇用した労働者を海外に異動する場合と、海外で雇用した労働者が海外から我が国に異動してくる場合との2つがあります。今のところ我が国では前者のほうが労働訴訟、労働紛争の中止の論点として捉えられていますが、今後は後者のほうが問題になってくると思っています。

最近すでに問題なっている例として、実はいわゆる研修生問題があります。これからは企業内研修生というものが多く行われるのではないか思います。各企業の海外における生産拠点で雇用された労働者が、我が国における生産拠点に生産労働力として移行してくるということです。現状では社内転勤研修ということであまり大きな問題にはなっていませんが、実はこれから労働力不足を補うために、海外での採用そして国内での就労ということが徐々に定着していくということはまぎれもない事実として予想できますので、後者に対する対応も検討していくべきだと思います。これを今後の研究課題として、海外人事についても国際的な人事として検討すべきではないかと思います。例えば生活のあり方としては、宗教などの際に対する配慮として、すでに各企業ではいわゆるムスリムの方のための食堂での扱い、ハラールに対する対応や、お祈りの時間やお祈りの場所の確保ということが現実に行われるようになってきています。それからその生活習慣に配慮した制服のあり方など、こういうことを実は企業の中でも具体的に検討が始まっています。まだ紛争になってきていないのでわれわれ弁護士のもとにそんなには見えてきませ

んが、実はそのような取り扱いを行っているわけです。
　そのような方々も、子会社における正社員で、正社員としてわが国の親会社に出向してきているわけです。親会社どころか子会社と子会社間の出向もあります。日本の生産子会社に海外生産子会社から出向してくるというようなことはこれから増えると思います。移民というかたちをとらない移民、企業内移動というかたちをとる移民です。そのような方々も意欲能力があって日本的正社員としてやっている方も多くいます。海外法人であれば人事制度はかなりジョブ型になっているようですが、そうでない場合もあります。ブルーカラーはそうなっていてもホワイトカラーはあまり明確になっていないかもしれません。海外で日本企業が採用ができないという問題においては、いわゆる日本の新入社員又は中途採用と同じ賃金を払いたがるからだといわれることがあります。本当は高いレベルの方を採用するのであれば、日本から外国に行っている方より高く払わなければならないかもしれません。しかし、ホワイトカラーの正社員だから日本的な枠にはめたがって失敗している例もあります。それは通用しないということです。海外で採用されても日本の本社と同じような役職につくということが普通にあります。そのような場合への対応はまだできていないと思われます。日本から海外へ行くほうへの対応ばかりでなく、海外から日本に来るほうへの対応が求められています。新しい観点です。

―――執筆者―――

安西　愈（あんざい　まさる）

1938年香川県生まれ。1958年香川労基局採用。労働省労働基準局に配転，勤務中に中央大学法学部卒業（通信教育），司法試験合格，69年労働省退職。71年弁護士登録（23期）。第一東京弁護士会副会長，東京基督教大学・中央大学法学部兼任講師，最高裁司法研修所教官（民事弁護），日弁連研修委員長，中央大学法科大学院客員教授，東京地方最低賃金審議会会長などを歴任。平成17年より第一東京弁護士会労働法制委員長。主な著書に，『人事の法律常識』『管理職のための人事・労務の法律』（以上，日経文庫），『労働基準法のポイント』（厚有出版），『採用から退職までの法律知識』『労働時間，休日，休暇の法律実務』『賃金，賞与，退職金の法律実務』（以上，中央経済社）等多数。

木下 潮音（きのした　しおね）

東京都出身。弁護士。早稲田大学法学部卒業。1982年10月 司法試験合格，1985年4月 司法修習終了。1992年イリノイ大学カレッジオブロー卒業，ＬＬＭ取得。2004年4月 第一東京弁護士会副会長就任（2005年3月退任），2010年4月 東京大学法科大学院客員教授就任（2013年3月退任），2013年4月 東京工業大学副学長就任，現在に至る。現在，経営法曹会議常任幹事，日本労働法学会理事。主な著書に，『論点体系　判例労働法1　労働契約の基本問題・成立と終了』（共著，第一法規出版），『ローヤリング労働事件』（共著，労働開発研究会）等。

石井 妙子（いしい　たえこ）

早稲田大学法学部卒業。1986年4月弁護士登録。1992年3月太田・石井法律事務所開設。1998年4月東京地方裁判所民事調停委員 拝命　現在に至る。2003年4月総務省人事・恩給局 公務員関係判例研究会委員（2014年より内閣官房内閣人事局公務員関係判例研究会）現在に至る。2008年4月早稲田大学法科大学院　非常勤講師（労働法）　2015年3月まで。現在，第一東京弁護士会労働法制委員会副委員長，経営法曹会議　常任幹事。人事・労務関係の法律実務を専門とする。主な著書に，『問題社員対応の法律実務』『続　問題社員対応の法律実務』（以上，経団連出版），『懲戒処分――適正な対応と実務』（共著，労務行政研究所）等。

小林 譲二（こばやし　じょうじ）

早稲田大学法学部卒業。1984年弁護士登録（36期）。第一東京弁護士会，東京法律事務所所属。もっぱら労働者・労働組合の代理人として活動。東京中央郵便局慣行休息事件，日本リーダーズダイジェスト社（日本法人閉鎖・全員解雇）事件，東陽社（朝日新聞社の専属広告代理店閉鎖・全員解雇）事件，アーク証券（資格等級降格・賃金減額）事件，エース

損保（能力を理由とする解雇）事件，ヒルトンホテル（有期労働契約における変更解約告知）事件，マイスタッフ・一橋出版（派遣契約における黙示の労働契約の成否）事件など，多数の労働事件を担当。早稲田大学法学研究科非常勤講師，国学院大学法科大学院客員教授などを歴任。現在，日本労働弁護団常任幹事，第一東京弁護士会労働法制委員会副委員長・外国法関係部会長。

山口 浩一郎（やまぐち　こういちろう）

東北大学法学部卒業。上智大学法学部教授，中央労働委員会会長，労働政策研究・研修機構理事長を経て，現在上智大学名誉教授，弁護士（第一東京弁護士会所属）。主な著者に，『労働組合法（第2版）』（有斐閣 1996年），『労災補償の諸問題（増補版）』（信山社 2008年），『統合人事管理』（監修・執筆，経団連出版 2015年）等。

相良 朋紀（さがら　とものり）

東京大学法学部第一類卒業。裁判官として任官し，東京地裁判事等を経て，東京地裁民事第19部（労働部）にて3年間部総括判事を務める。その後，最高裁判所司法研修所教官，前橋地裁所長，東京高裁部総括判事，最高裁判所司法研修所所長，仙台高裁長官、広島高裁長官等を歴任後，定年退官。現在は，TMI総合法律事務所に顧問弁護士として所属し，労働審判・労働関係訴訟への対応や商事関連訴訟の対応を手掛けている。

奥川 貴弥（おくかわ　たかや）

奥川法律事務所。1971年明治大学法学部卒業。同年司法修習生（25期）。1973年弁護士登録（第一東京弁護士会）。2002年第一東京弁護士会副会長。市川市個人情報保護審議会委員長。主な著書に，『民法小辞典』（共著，住宅新報社），『JR東海労組事件―不当労働行為者の範囲を拡大する最二小判2006.12.8〈前号特集補遺　最高裁判決2007―弁護士が語る〉』（共著，法学セミナー639号），『東芝柳町工場事件と日立メディコ事件を通じての判例分析』（月刊労委労協676号），『詳説　倒産と労働』（共著，「倒産と労働」実務研究会編，商事法務），『現代法律実務の諸問題セクハラ・パワハラ問題に関する実務』（日本弁護士連合会編，第一法規）等多数。

―――編集代表―――

倉重 公太朗（くらしげ　こうたろう）

慶應義塾大学経済学部卒業。安西法律事務所所属弁護士。第一東京弁護士会所属。第一東京弁護士会労働法制委員会外国法部会副部会長，日本人材マネジメント協会（JSHRM）執行役員，日本CSR普及協会　雇用

労働専門委員，経営法曹会議会員。経営者側労働法専門弁護士。労働審判・仮処分・労働訴訟の係争案件対応，団体交渉（組合・労働委員会対応），労災対応（行政・被災者対応）を得意分野とする。企業内セミナー，経営者向けセミナー，社会保険労務士向けセミナーを多数開催。著作は20冊を超えるが，主な著書に，『企業労働法実務入門』（編集代表，日本リーダーズ協会），『企業労働法実務入門【書式編】』（同左），『なぜ景気が回復しても給料が上がらないのか』（著者代表，労働調査会）。

内田 靖人（うちだ　やすひと）

セブンシーズ総合法律事務所。東京大学法学部卒。第一東京弁護士会労働法制委員会・基礎研究部会副部会長，経営法曹会議会員。主な著書に，『定額残業制と労働時間法制の実務』（共著，労働調査会），『統合人事管理―グローバル化対応の法律実務』（共著，経団連出版），『決定版！問題社員対応マニュアル』（共著，労働調査会），『めざせ！最強の管理職』（共著，民事法研究会），『フロー＆チェック　労務コンプライアンスの手引』（共著，新日本法規），『なぜ景気が回復しても給料は上がらないのか』（共著，労働調査会），『改正労働契約法の詳解』（共著，労働調査会）等。

小山 博章（こやま　ひろあき）

第一芙蓉法律事務所所属。2007年慶應義塾大学大学院法務研究科修了，2008年弁護士登録。経営法曹会議会員。第一東京弁護士会労働法制委員会基礎研究部会副部会長。日本労働法学会会員。主な著書に，『労務専門弁護士が教える SNS・ITをめぐる雇用管理―Q&Aとポイント・書式例―』（編著，新日本法規出版），『退職・解雇・雇止め―適正な対応と実務―』（共著，労務行政），『最先端の議論に基づく人事労務担当者のための書式・規定例』（編著，日本法令），『ローヤリング労働事件』（共著，労働開発研究会）等多数。

中山 達夫（なかやま　たつお）

中山・男澤法律事務所所属（第一東京弁護士会）。2007年3月慶應義塾大学法科大学院修了，2008年12月弁護士登録。経営法曹会議会員，第一東京弁護士会労働法制委員会基礎研究部会副部会長。労働審判・仮処分・労働訴訟の係争案件対応や人事労務に関する相談等を経営者側から行っている。主な著書に，『女性雇用実務の手引』（共著，新日本法規 2011年），『メンタル疾患の労災認定と企業責任～Q&Aでみる新「認定基準」と企業の安全配慮義務～』（共著，労働調査会 2013年），『リスクを回避する労働条件ごとの不利益変更の手法と実務』（共著，日本法令 2013年），『改訂第2版 最新実務労働災害』（共著，三協法規出版 2015年），『チェックリストで分かる有期・パート・派遣社員の法律実務』（共著，労務行政 2016年）等。

石井 拓士（いしい たくじ）

東京都出身。弁護士。早稲田大学法学部，慶應義塾大学法科大学院卒業。2009年弁護士登録（第一東京弁護士会）。第一東京弁護士会労働法制委員会委員，労使関係部会副部会長。太田・石井法律事務所にて，使用者側の立場から人事労務に関する諸問題を専門的に取り扱っている。主な著書に，『退職金・退職年金をめぐる紛争事例解説集』（共著，新日本法規出版 2012年），『懲戒処分 適正な対応と実務』（共著，労務行政 2013年）他多数。

瓦林 道広（かわらばやし みちひろ）

東京銀座法律事務所。福岡大学法科大学院修了。第一東京弁護士会労働法制委員会労働契約法部会副部会長。中小企業の労務問題，契約問題等を主に取り扱う。労務問題においては，企業の労務管理全般に関する法律相談や労働審判対応が多い。そのほか，各種交渉案件，一般民事事件も手掛ける。中小企業経営者，人事・労務担当者向けセミナー講師も担当。主な著書に，『改正労働契約法の詳解』（共著，労働調査会），『フロー＆チェック 労務コンプライアンスの手引き』（共著，新日本法規），『決定版！問題社員対応マニュアル』（共著，労働調査会），『定額残業制と労働時間法制の実務』（共著，労働調査会），『チェックリストで分かる有期・パート・派遣社員の法律実務』（共著，労務行政）。

――― 執筆者 ―――

山﨑 郁（やまざき かおる）

奥川法律事務所。東京大学法学部卒。第一東京弁護士会労働法制委員会委員。主な著書に，『フローチェック 労務コンプライアンスの手引』（共著，新日本法規），『定額残業制と労働時間法制の実務』（共著，労働調査会）。

藤田 進太郎（ふじた しんたろう）

東京大学法学部卒業。弁護士法人四谷麴町法律事務所代表弁護士。日本弁護士連合会労働法制委員会事務局員・最高裁判所行政局との協議会メンバー，東京三弁護士会労働訴訟等協議会メンバー，第一東京弁護士会労働法制委員会労働契約法部会副部会長，経営法曹会議会員。主な著書に，『産業医と弁護士が解決する社員のメンタルヘルス問題』（共著，中央経済社），『定額残業制と労働時間法制の実務』（共著，労働調査会）等。

片岡 邦弘（かたおか くにひろ）

東京都出身。早稲田大学法学部卒業。千葉大学大学院専門法務研究科法務専攻修了。2008年弁護士登録，服部明人法律事務所入所。株式会社

LIXILの社内弁護士を経て，公務就任のため弁護士登録を一時的に抹消。2016年7月より，東京都労働委員会事務局審査調整法務担当課長（特定任期付職員）。
（※著者が執筆を担当した部分につき，意見にわたる部分は執筆者個人の見解であり，執筆者の所属する組織とは何ら関係がありません。）

藤原 宇基（ふじわら　ひろき）

岩田合同法律事務所所属。岡山県出身。東京大学法学部卒。2008年弁護士登録。厚生労働省公共調達審査会委員，労働大学校新任労働基準監督官前期研修「労働基準法と民事法規」講師。主な著書に，『新・株主総会物語』（共著，商事法務 2017年），『174のQ&Aでみるマイナンバー制度の実務対応』（税務研究会出版局 2015年），『個人請負の労働者性の問題』（共著，第一東京弁護士会労働法制委員会編　労働調査会刊 2011年10月），『注意！判例をチェックしましょう』（労務事情　産労総合研究所連載）等。

村田 浩一（むらた　こういち）

東京都出身。弁護士。2007年中央大学法学部法律学科卒業。2009年中央大学法科大学院修了。使用者側の人事・労務分野を中心に，企業法務を取り扱う。主な著書・論文に，『現代型問題社員対策の手引き―生産性向上のための人事措置の実務―（第4版）』（共著,民事法研究会 2012年），『労働裁判における解雇事件判例集　改訂第2版』（共著，髙井・岡芹法律事務所監修，労働新聞社 2015年）等。

冨田 啓輔（とみだ　けいすけ）

東京都出身。弁護士。慶應義塾大学法学部法律学科，慶應義塾大学法科大学院卒業。慶應義塾大学法科大学院非常勤講師。使用者側人事労務専門事務所である第一芙蓉法律事務所にて，使用者側の立場から，訴訟対応（労働審判，仮処分，訴訟，労働委員会），団体交渉，ホットライン相談窓口対応，予防法務（就業規則改訂等），管理職・人事担当者研修等，を取り扱う。主な著書に，『企業実務に役立てる！最近の労働裁判例27』（共著，労働調査会），『決定版！問題社員対応マニュアル～「問題会社」とならないための実務的処方箋』（共著，労働調査会）等。

伊藤 尚（いとう　ひさし）

奥川法律事務所。神戸大学法学部卒。第一東京弁護士会労働法制委員会委員。

変化する雇用社会における人事権
～配転，出向，降格，懲戒処分等の現代的再考～

2017年3月25日　第1版1刷発行

編著者　第一東京弁護士会
　　　　労働法制委員会

執筆者　安西　愈
　　　　木下潮音
　　　　石井妙子
　　　　小林譲二
　　　　山口浩一郎
　　　　相良朋紀
　　　　奥川貴弥

編集代表　倉重公太朗
　　　　　内田靖人
　　　　　小山博章
　　　　　中山達夫
　　　　　石井拓士
　　　　　瓦林道広

執筆者　山﨑　郁
　　　　藤田進太郎
　　　　片岡邦弘
　　　　藤原宇基
　　　　村田浩一
　　　　冨田啓輔
　　　　伊藤　尚

発行者　江曽政英
発行所　株式会社労働開発研究会
〒162-0812　東京都新宿区西五軒町8-10
電話　03-3235-1861　FAX　03-3235-1865
http://www.roudou-kk.co.jp
info@roudou-kk.co.jp

©第一東京弁護士会労働法制委員会

ISBN978-4-903613-18-5

2017　Printed in Japan
印刷・製本　第一資料印刷株式会社

本書の一部または全部を無断で複写，複製転載することを禁じます。
落丁，乱丁の際はお取り替えいたしますので弊社までお送りください。（送料弊社負担）